山西博物院
古籍善本圖目

山西博物院　編著

國家圖書館出版社

圖書在版編目（CIP）數據

山西博物院古籍善本圖目：全二册 / 山西博物院編著. –– 北京：
國家圖書館出版社, 2017.12
ISBN 978-7-5013-6205-9

Ⅰ.①山… Ⅱ.①山… Ⅲ.①博物館—古籍—圖書目録—山西
②博物館—善本—圖書目録—山西 Ⅳ.①Z838

中國版本圖書館CIP數據核字(2017)第272212號

書　　名	山西博物院古籍善本圖目（全二册）
著　　者	山西博物院　編著
責任編輯	王燕來　黄鑫
設　　計	愛圖工作室
英文翻譯	趙大瑩

出　　版	國家圖書館出版社（100034 北京市西城區文津街7號）
	（原書目文獻出版社　北京圖書館出版社）
發　　行	010-66114536　66126153　66151313　66175620
	66121706（傳真）　66126156（門市部）
E-mail	nlcpress@nlc.cn（郵購）
Website	www.nlcpress.com（投稿中心）
經　　銷	新華書店
印　　裝	北京中華兒女印刷廠
版　　次	2017年12月第1版　2017年12月第1次印刷
開　　本	889×1194（毫米）　1/16
印　　張	46
印　　數	1–1500套

書　　號	ISBN 978-7-5013-6205-9
定　　價	480.00圓

序　言

　　全國各大博物院（館），多少都有些古籍收藏，但在内部建置上單有圖書館之設者，却爲數不多。山西博物院則不僅有圖書館之設，更有令人稱道的館藏。

　　北宋開寶五年（972）刻元符三年（1100）印《大般若波羅蜜多經》，即是北宋官刻《開寶藏》的遺珍，雖係零種，但透過它，可以使人們回窺一千多年前我國雕印的第一部釋家《大藏經》的真實面貌。北宋元豐三年至政和二年（1080-1112）福州東禪寺等覺禪院所刻《菩薩善戒經》《説一切有部集異門足論》《一切經音義》《法苑珠林》《佛吉祥德贊》《如來智印經》《海意菩薩所問淨印法門經》等，都是福州東禪寺所刻《崇寧萬壽大藏》的零種，透過它們可以回窺千年前我國佛寺開雕的第一部釋家《大藏經》的真容。

　　《荀子評註》三十二卷、《淮南子評注》不分卷、《太原段帖》不分卷，皆是傅山的稿本。傅山乃明末清初著名思想家、書法家、醫學家，山西引以爲榮的大學問家。山西博物院居然收藏三部他的書稿，其珍貴程度不言而喻。

　　明萬曆北京國子監刊本《宋書》《南齊書》《梁書》《陳書》《魏書》《北齊書》《周書》《晉書》《隋書》《唐書》《宋史》《遼史》《金史》《元史》等，亦都帶有傅山的批注，不僅爲這幾種史書增色，從中亦可讀出傅山的史論、史評、史觀。

　　山西博物院曾經獲得傅增湘雙鑑樓部分舊藏。傅氏乃藏書大家，眼力過人，經他甄選而入藏的圖書，多有講究。今轉歸山西博物院，亦爲之增彩。如明影抄宋紹興淮南路轉運司刻本《史記》一百三十卷，就值得特別注意。宋洪邁《容齋隨筆·續筆》卷十四《周蜀九經》載："紹興中，分命兩淮江東轉運司刻三史（《史記》《漢書》《後漢書》）板。其兩《漢書》内，凡欽宗諱并小書四字曰'淵聖御名'。"南宋高宗乃徽宗第九子，欽宗异母弟，對欽宗遭遇十分惋惜，因而十分敬重，稱之爲"臨御沉機淵斷，聖不可測。乃遭厄運，暫爲北狩。朕念手足之恩，嘗若神會"。證明南宋紹興間兩淮江東路確實受命開雕《史記》《漢書》《後漢書》，但迄今已無全帙存世。此雖係明代影抄，紹興本基本面貌借此可以略知，洵爲珍貴。

　　明萬曆刊本《養正圖解》，乃明焦竑撰、丁雲鵬繪圖的蒙養作品。書名典出《周易》"蒙以養正，聖功也"。唐孔穎達《正義》解釋："能以蒙昧隱默，正道自養，乃成至聖之功。"書中内容選自周文王以迄宋代童蒙養正故事，繪圖六十幅，每圖有解説。萬曆刊本即此書最早刻本。

　　《歐陽文忠公集》一百五十三卷《年譜》一卷《附録》五卷，明天順六年（1462）程宗刻本。傅增湘跋稱此本源自宋慶元本，其"字體秀逸，雅有松雪齋風範，鐫工尤爲精麗。其初印之本，楮墨明湛，世人往往誤爲元刊。如《天禄琳瑯書目》所載元本，正是此刻。近時涵芬樓印行《四部叢刊》，於廠市訪購元本，爲盛意園藏書，售價至逾千金，及細觀之，實即此本之初印者耳。然則此本之精妙，寧不與元刻同珍也哉！"

　　明萬曆四十年（1612）刻本《太原府志》、清順治十一年（1654）刻本《太原府志》、清康熙五十一年（1712）刻本《徐溝縣志》、清雍正七年（1729）刻本《陽高縣志》、清乾隆十九年（1754）刻本《廣靈縣誌》、清雍正九年（1731）刻本《重修太原縣志》、清乾隆二十八年（1763）刻同治九年（1870）孔廣培增刻本《渾源州志》、清乾隆五十五年（1790）湧雲樓刻本《平定州志》等幾十部山西志書，形成了山西博物院藏書的一大特點。

　　面對如此豐富珍稀的古籍收藏，是終日守望，滿足於取取歸歸，還是精心護持、悉心整理，乃至編出圖目，揭示館藏，促使"書寫在古籍裏的文字都活起來"，反映着職事人員不同的生活哲學和人生態度。對待古籍藏品，凡屬善本，皆以文物相待，是博物院（館）共同的看法和做法。而一旦成爲文物，就要跟其他文物一樣，深奔地宫，輕易不能爲人所用。從保護的角度講，無可厚非；從研究的角度講，無論院（館）内外，都可能要受到不同程度的制約，這大概是包括博物院（館）人在内的廣大讀者的普遍感受。山西博物院則取積極態度，編成《山西博物院古籍善本圖目》，使人不僅藉此可知其藏書，還可以因目見圖，獲知其書的真實面目。

　　山西博物院圖書館館長谷錦秋同志，是一位極富事業心的女士。嘗有幸親聆她講博物院展陳文物，每件的淵源始末都能娓娓道來，使人既長知識，又得文化享受。受命接任圖書館館長，已是中年轉行，但僅僅十年，她能從一個外行，成長爲組識、領導、編製該院古籍圖目的裏手，由衷敬佩。

　　圖目即將版行，錦秋同志來電表達請序誠意。我是古籍行當的老兵，雖不會寫序，但盛情難却，衹得姑妄言之。

李致忠

2017 年國慶節前於北京，時年七十有九

Preface

Most domestic museums in China have some old Chinese books, but only a few of them have a library. The Shanxi Museum has not only a library, but also a remarkable collection.

For instance, *Da bore boluomiduo jing* (Mahāpraj āpāramitā-sūtra) is the treasure printed in the fifth year of Kaibao Reign (972) of the Northern Song dynasty. The copy in existent today provides the possibility to know the real appearance of the first Chinese Buddhist Canon which was printed over one thousand years ago. The printing blocks, including *Yiqie jing yinyi* (Pronunciations and meanings of all the sūtras), *Fayuan Zhulin* (Forest of Gems in the Garden of the Dharma), *Pusa shanjie jing* (Sara on the good rules of the bodhisattvas), etc., were carved by the Dongchan (Dengjue) Temple in Fuzhou between the third year of Yuanfeng Reign (1080) and the second year of Zhenghe Reign (1112) of the Northern Song dynasty. Those are all from *Chongning wanshou Tripitaka* which was printed by Dongchan Temple, showing the original condition of the first Chinese Buddhist Canon printed by the Chinese Buddhist temples.

The Xunzi Pingzhu (Commentaries of Xunzi)*, Huainan zi Pingzhu* (Commentaries of Huainan zi) and *Taiyuan duantie*, are manuscripts of Fu Shan (1607-1684). Fu Shan is a famous ideologist, calligrapher, and medical scientist, whom was regarded as an honor of Shanxi by the local people. Unexpectedly, the Shanxi Museum holds three titles of Fu Shan's manuscripts, whose value are self-evident.

In addition, the books printed by the Guozi jian (Directorate of Education) in Beijing in the Wanli Period (1573-1620), such as *Songshu* (History of the Song), *Nan-Qi shu* (History of the Southern Qi), *Liangshu*

(History of the Liang), *Chenshu* (History of the Chen), *Weishu* (History of the Wei), *Bei-Qi shu* (History of the Northern Qi), *Zhoushu* (History of the Zhou), *Jinshu* (History of the Jin dynasty), *Suishu* (History of the Sui), *Tangshu* (Old history of the Tang), *Songshi* (History of the Song), *Liaoshi* (History of the Liao), *Jinshi* (History of the Jurchen Jin), *Yuanshi* (History of the Yuan) , were all annotated by Fu Shan. Fu Shan's annotations have added the value of those books, at the meantime, reflected his treatises in the histories, historiography, and historical points of view.

Shanxi Museum also has a collection from Shuangjian Library of Fu Zengxiang (1872-1949). Fu Zengxiang is a famous book collector, who was particular about selection of rare books. So the succession of holding some of his books adds to the prestige of the whole collection in the Museum Library. Special attention should be paid to the Ming traced edition of *Shiji* (Records of the Historian), on base of the printed copy made by Transport Commission of Huainan Circuit at Shaoxing Reign (1131-1162) of the Southern Song dynasty. According to Hong Mai (1123-1202)'s note in *Zhoushu Jiujing*, juan 14 of *Rongzhai suibi xubi* (miscellaneous records of Hong Mai), the Transport Commission of Lianghuai Dong Circuit was commanded to print Sanshi (Three histories, which are *Shiji, Hanshu* (History of the Former Han) *and Hou-Hanshu* (History of the Later Han) during the Shaoxing Reign. However, there is no completed copy in existent today. This copy of Ming traced edition is very precious for its value of basic appearance of Shaoxing edition.

The Wanli edition of *Yangzheng Tujie* (Illustrated and Explanations on Correct Cultivation), was compiled by Jiao Hong (1541-1620) and illustrated by Ding Yunpeng (1547-ca. 1628). Jiao Hong obtained his metropolitan jinshi degree in 1589 and was appointed as one of the jiangguan (lecturers) to the royal princes. In order to instruct Prince Zhu Changluo (1582-1620), the eldest son and eventual heir apparent of the Wanli emperor (r. 1573-1619), to continue proper governance of the country, Jiao Hong compiled this book.

The name of the book was cited from *Zhouyi* (Changes). The *Yangzheng Tujie* is an illustrated compendium of sixty maxims and exemplary deeds of imperial heirs apparent drawn from history. The Wanli edition is the earliest print of this book.

Ouyang wenzhong gong ji (Collected works of Ouyang Xiu, 153 juan, with Biography, 1 juan, and Supplement, 5 juan) was printed by Cheng Zong in the sixth year of Tianshun Reign (1462), Ming dynasty. According to Fu Zengxiang's postscript, this edition is originated from Qingyuan edition of the Southern Song dynasty. Because of its elegant characters, whose style is similar to the famous calligrapher Zhao Mengfu (1254-1322), as well as the fine engraving, the first copies of this book are marvelous beautiful. The clear ink and paper of those copies misled the people to regard them as Yuan edition. Though it is a Ming edition, its exquisite art should be treasured the same as Yuan edition.

The local gazetteers compose another character of old Chinese books kept in the Shanxi Museum. For example, Wanli edition (1612) of *Taiyuan fu zhi* (Local Gazetteers of Taiyuan Province), Shunzhi edition (1654) of *Taiyuan fu zhi*, Yongzheng edition (1731) of *Chongxiu Taiyuan fu zhi* (Revised edition of Local Gazetteers of Taiyuan Province), Kangxi edition (1712) of *Xugou xianzhi* (Local Gazetteers of Xugou County), Yongzheng edition (1729) of *Yanggao xianzhi* (Local Gazetteers of Yanggao County), Qianlong edition (1754) of *Guangling xianzhi* (Local Gazetteers of Guangling County), Qianlong edition (1763) of *Hunyuan xianzhi* (Local Gazetteers of Hunyuan County), Qianlong edition (1790) of *Pingding zhouzhi* (Local Gazetteers of Pingding Subprefecture), etc., are all fine editions of Shanxi local references.

When faced to such rich and precious collections, it becomes a choice for all the librarians. Should we keep them in the book stacks and just circulate them in a special reading room, or carefully preserve and conserve, and even catalogue them so as to reveal their contents to the public? The choice reflects different attitudes of the librarians towards life and work. Referring to old Chinese books, if they are ranked as rare books, they will be treated seriously as cultural relics. This is the common opinion of the museums and libraries in China. However, once they become cultural relics, it means they will be kept in the special basement and become hardly access to the public. A stable condition is undoubtedly good for the long-term preservation of the collections. But at the same time, limited circulation means fewer studies on them, no matter the librarians or the scholars. The Shanxi Museum has its choice. They actively compiled this catalogue with fine pictures of their precious books, so the readers can easily know the library holdings and check the book appearances.

The Library President of the Shanxi Museum, Ms. Gu Jinqiu, is dedicated to her work. I have luckily listened to her explanation on the museum collection many years ago, which was very informative and interesting. About ten years ago, she was appointed as the Library President at her middle age. After that, she has quickly acquired the skills on cataloging old Chinese books, so now she has already been an expert to lead her colleagues. I heartily have high esteem for her ability.

The Catalogue of Rare Books in the Shanxi Museum is going to be published now. Ms. Gu Jinqiu called me to write a preface. As an aged specialized librarian of old Chinese books, although I am not good at this, I have to tell something for what is worth.

Li Zhizhong

79 years old man

Written before the National Day Holiday, 2017

凡　例

　　一、本書收録山西博物院圖書館藏善本古籍，以館藏清代乾隆六十年（1795）以前之印本、寫本爲主，并酌情著録嘉慶以後較稀見之印本及稿、抄、校本。

　　二、本書著録內容，包括書名、卷數、著者、版本、冊數、行款版式、刻工、寫工、收藏概況、鈐印諸項。

　　（一）書名：以卷端所題爲準，照録原文。地方志於書名前冠以纂修時代，加方括號標明。

　　（二）卷數：一律注明原書卷數，原書卷數不清者，標作□卷或□□卷。不全之書，現存卷數及卷次另行注明。

　　（三）著者：一般均著録其本名。如本名無考或所題著者有疑問時，暫照原題著録，於前面冠以“題”字。

　　（四）版本：凡本書抄、刻、印年代，刊刻機構或主持者可考者，詳細著録版本信息。如不可考，則依鑒定情況酌情著録。凡屬著者手書或經著者手校修訂者，均著録爲稿本。

　　（五）校跋：凡有藏書家自撰或臨録他人批校題跋者，均分別注明校跋者或所録校跋者之姓名，以供校勘及研究版本源流之參考。

　　（六）版式：各書不論刻本、活字印本或抄本，均儘量注明行格字數、邊欄版口等情況，以供考訂各書版本之異同。

　　（七）版框尺寸以半葉爲單位，以邊欄綫內沿（雙邊者以內邊）爲基準。一般以卷端首葉爲據，若首葉殘損，或係補版及抄配，則別擇他葉。無邊框之本尺寸省略。

　　三、正文中部分叢書、叢編之書括注子目，索引僅保留叢書名及其作者，不保留子目及其作者。

　　四、本書按經、史、子、集、叢五部編排。序次依據《中國古籍善本書目》。

目　録

下册

Table of Contents

Volume 1

Volume 2

經　部

【易類】

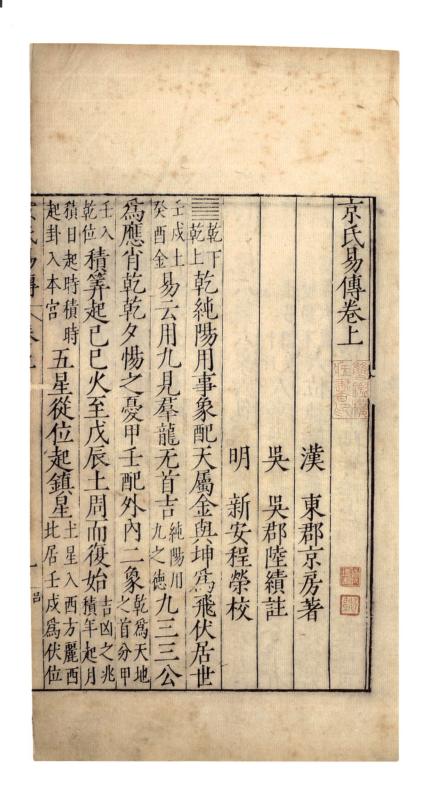

1 **京氏易傳三卷** （漢）京房撰 （三國吳）陸績注 明萬曆二十年（1592）程榮刻漢魏叢
書本 一冊

半葉九行二十字，小字雙行同，白口，左右雙邊，單白魚尾。框高19.6厘米，廣14.2厘米。
藏印"雙鑑樓藏書印"（朱文）、"沅叔"（朱文）、"傅增湘"（白文）。傅增湘舊藏。

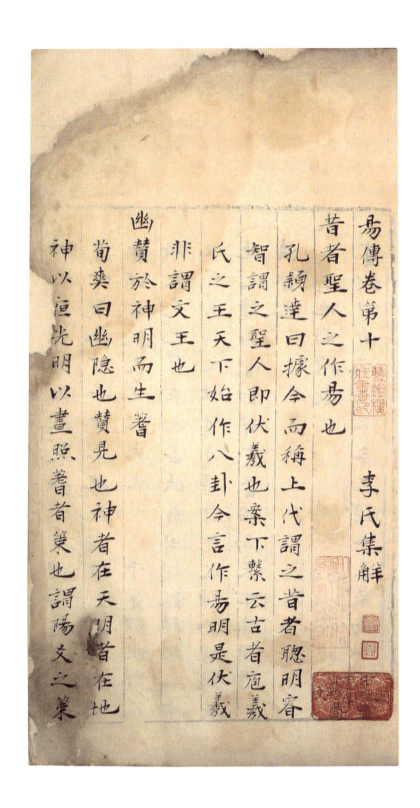

2 易傳集解十七卷　（唐）李鼎祚撰　明抄本　一冊

　　半葉九行十八字，白口，四周單邊。框高 23.2 厘米，廣 16.7 厘米。存一卷（十）。藏印"傅增湘"（白文）、"雙鑑樓藏書印"（朱文）、"傅沅叔藏書印"（朱文）、"傅沅叔藏書記"（朱文）。傅增湘舊藏。

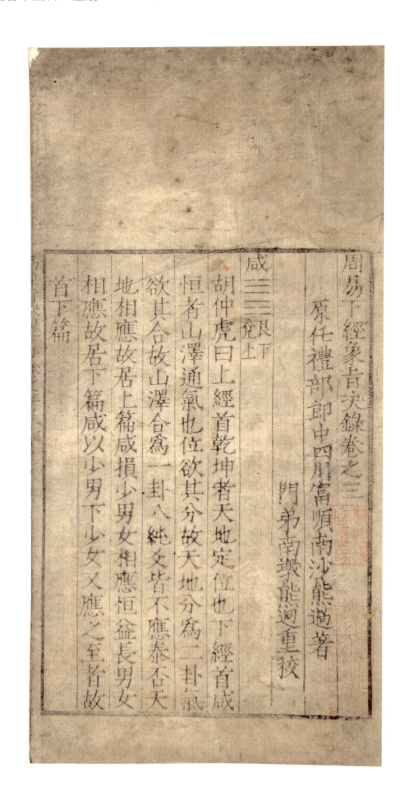

3 周易象旨決錄七卷 （明）熊過撰 明嘉靖四十一年（1562）熊迴刻本 四册

　　半葉十行二十字，白口，四周單邊。框高18.5厘米，廣13.6厘米。存五卷（三至七）。
藏印"雙鑑樓藏書印"（朱文）、"傅沅叔藏書印"（朱文）、"傅沅叔藏書記"（朱文）。
傅增湘舊藏。

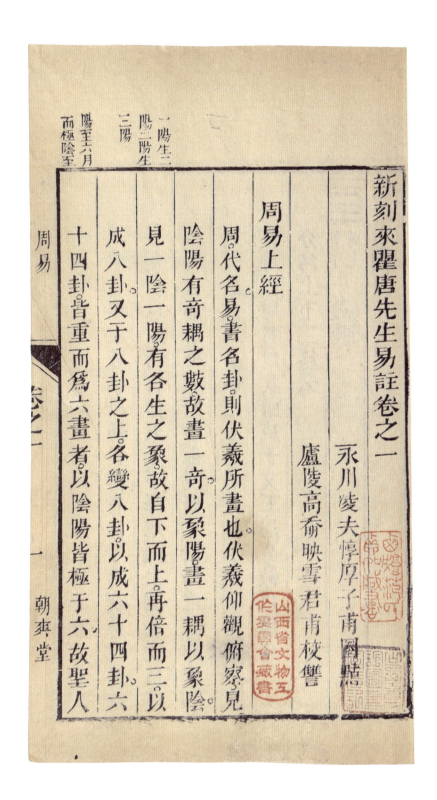

4　新刻來瞿唐先生易註十五卷首一卷末一卷　（明）來知德撰　清康熙朝爽堂刻本　十二册

半葉九行二十二字，白口，四周單邊，單黑魚尾。框高 19.5 厘米，廣 13.9 厘米。藏印"西城范氏貞如藏書"（朱文）。范貞如舊藏。

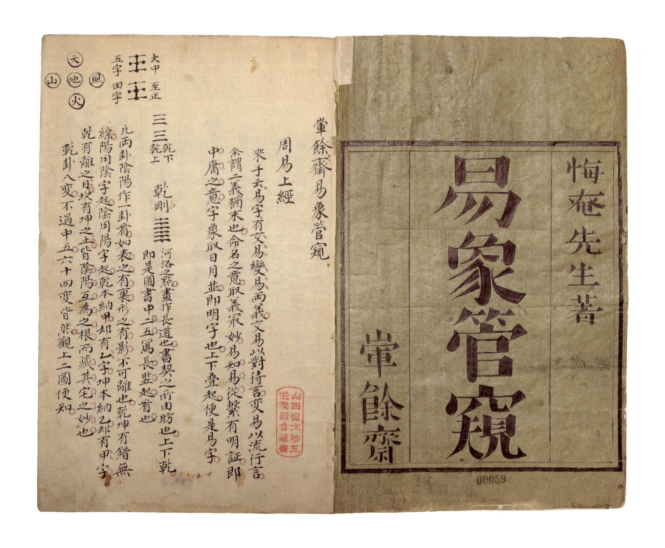

5　易象管窺不分卷　（明）黃正憲撰　清乾隆二十六年（1761）馬爾楷抄本　六冊
　　半葉行字不等。無欄格。題名據內封所題。

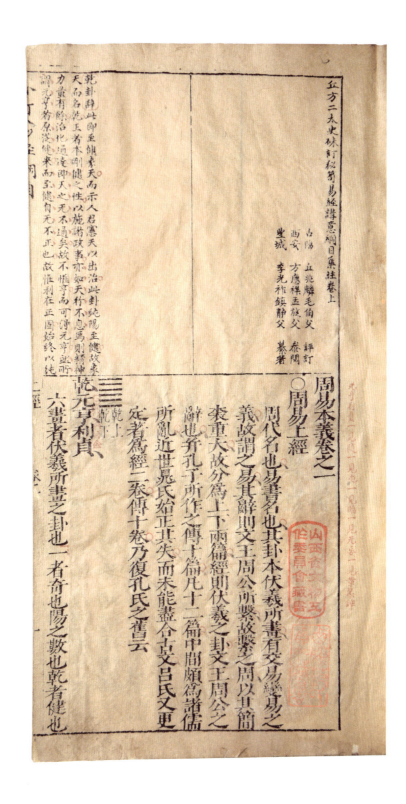

6　丘方二太史硃訂秘笥易經講意綱目集註四卷　（明）李光祚輯　周易本義不分卷　明天啓五年（1625）書林周鳴岐啓新齋刻三色套印本　四冊

　　上下兩欄。上欄小字二十行二十六字，下欄大字十一行二十三字，白口，四周單邊。框高 25.6 厘米，廣 12.3 厘米。藏印"西城范氏貞如藏書"（朱文）。范貞如舊藏。

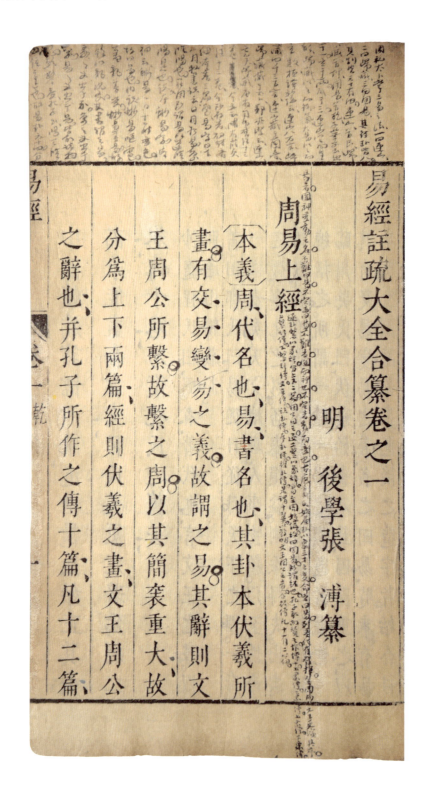

7　易經註疏大全合纂六十四卷首一卷周易繫辭註疏大全合纂四卷　（明）張溥輯　明崇禎七
年（1634）刻本　佚名批校　十二册

　　半葉八行十八字，小字雙行十七字，白口，左右雙邊，單黑魚尾。框高 20.3 厘米，廣
14.6 厘米。藏印"西城范氏貞如藏書"（朱文）。范貞如舊藏。

圖數圖象之義　卷一

圖書之蘊與先後天之旨文王周公言之於辭占之內者

未之易知自夫子有彖象文言之論著删一一可尋而其

所録未者又揽發之於繫詞可謂了无遺義使不知詞之

根象象之根數則不知後天之本先天圖象之本圖數行

於卦爻繫詞之外另立河圖洛書之説與先天後天之解

遂紛紛而莫之遠也世有人焉一意下學於河洛圖象皆

不先自立解而但於卦爻繫詞之際紬繹其説之所録未

而還觀象數則所以油然默喻於不自巳者皆非膚而不

易紀　圖象義　〔五〕

8　郁溪易紀十六卷　（清）郁文初撰　清抄本　十六冊

　　半葉九行二十二字，小字雙行同，白口，左右雙邊，單黑魚尾。框高 20 厘米，廣 14.4 厘米。藏印"渾源田氏所藏"（白文）。

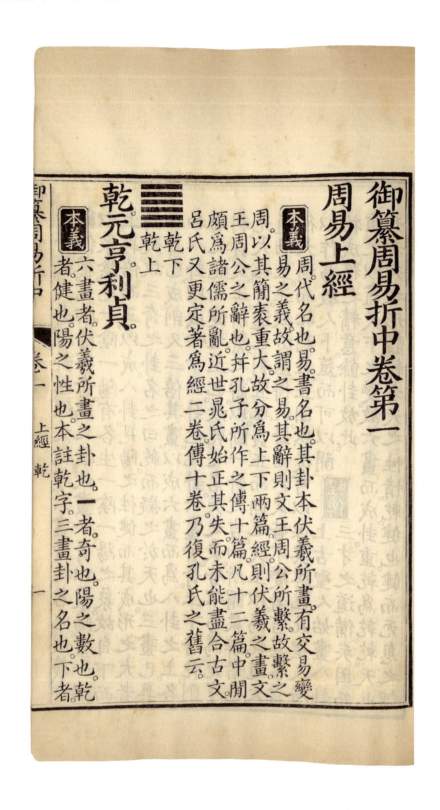

9　御纂周易折中二十二卷首一卷　（清）李光地等撰　清康熙五十四年（1715）武英殿刻本　十册

半葉八行十八字，小字雙行二十一字，白口，四周雙邊，單黑魚尾。框高 22.5 厘米，廣 16.2 厘米。藏印"渾源田氏所藏"（白文）。

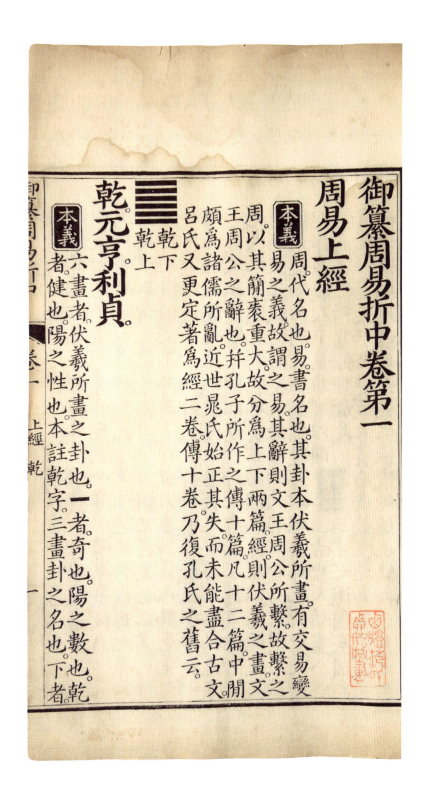

10　御纂周易折中二十二卷首一卷　（清）李光地等撰　清刻本　十冊

　　半葉八行十八字，小字雙行二十一字，白口，四周雙邊，單黑魚尾。框高 22.5 厘米，廣 16.3 厘米。藏印"西城范氏貞如藏書"（朱文）。范貞如舊藏。

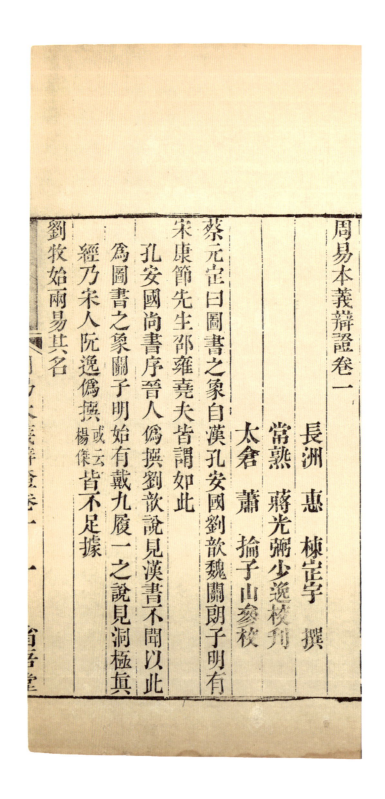

11　周易本義辯證五卷　（清）惠棟撰　清常熟蔣氏省吾堂彙刻本　四册

半葉十行二十一字，黑口，左右雙邊，單黑魚尾。框高17.7厘米，廣13.1厘米。内封題"周易本義辯證　惠棟先生著　省吾堂藏板"。版心下題"省吾堂"。

易經揲一卷一

周易上經

臣 梁錫璵集傳

周代名易書名夫成於代者以代名故書分屬於虞
夏商周而禮作於周者專屬之周蓋書以紀事禮以
定制固皆一代之事易以明理豈一代之事乎故繫
傳屢言易而不著周即論易之興而言殷周之際亦
因興而推其時非以時而繫夫易况與非創也犧先
之矣爻爻因畫而繫耳特周禮因連山歸藏而於易
著周以別後遂沿以爲名爾易從日從月取坎離
之象乎繫傳曰易有大極大極者易之原也又曰易

易學啟蒙補卷上

易辭之繫由卦而生也易卦之畫由俯仰遠近觀而
得也至河圖之出奇耦生成尤所以發聖人之獨知故
繫辭傳曰河出圖洛出書聖人則之漢孔氏安國劉氏
歆皆言包犧則圖畫卦意其時古易與河圖並存故二
家得以確有所指迨王韓作注遺象數而談虛理其傳
遂泯宋邵子河圖洛書及先後天卦圖源出希夷而朱
子表章之因作啟蒙而以本圖書原卦畫明著策考變
占立義爲書四篇然後四聖本天牖民之旨其根本次
第始明蓋河圖之數與繫辭傳所云天一至地十者合

12　易經揲十四卷易學啟蒙補二卷　（清）梁錫璵撰　清乾隆十六年（1751）刻本　十冊
半葉十行二十一字，白口，四周雙邊，單黑魚尾。框高 18.9 厘米，廣 14 厘米。

【書類】

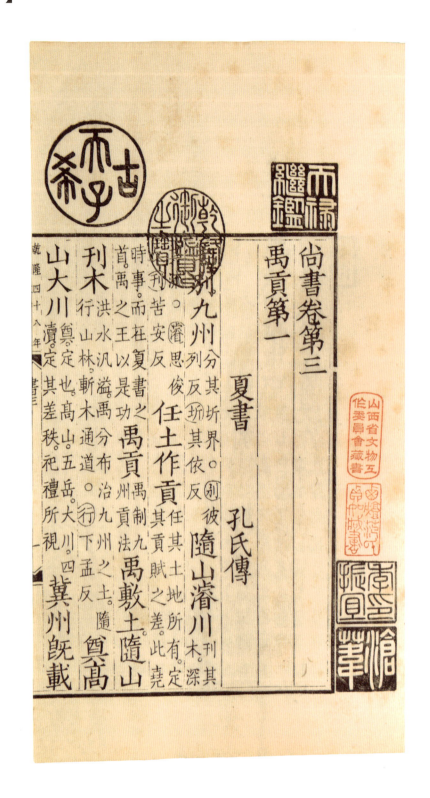

13　尚書十三卷　題（漢）孔安國撰　附考證　清乾隆四十八年（1783）武英殿刻本（卷一至二抄配）　五冊

半葉八行十七字，小字雙行同，白口，四周雙邊，雙對黑魚尾，有書耳。考證半葉十行二十一字。框高 19.9 厘米，廣 13.6 厘米。藏印"西城范氏貞如藏書"（朱文）。版心上題"乾隆四十八年武英殿仿宋本"。范貞如舊藏。

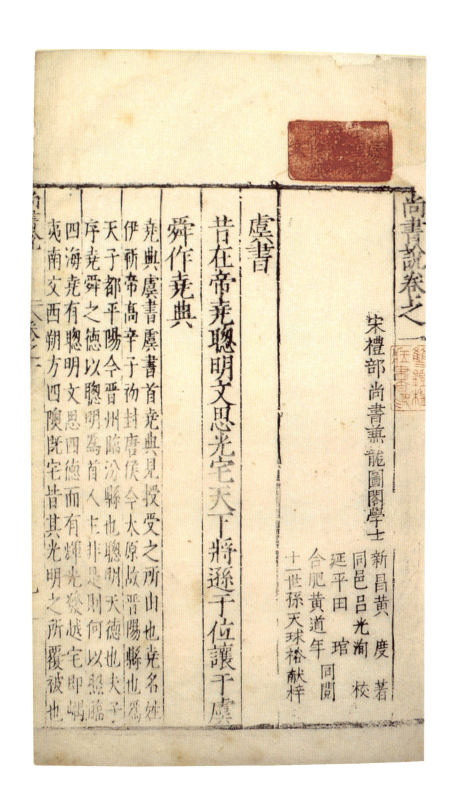

14　尚書說七卷　（宋）黃度撰　明萬曆四年（1576）呂光洵刻本　六冊

　　半葉十行二十字，小字雙行同，白口，左右雙邊，單白魚尾。框高19.2厘米，廣14.8厘米。存六卷（一至四、六至七）。藏印"雙鑑樓藏書印"（朱文）。傅增湘舊藏。

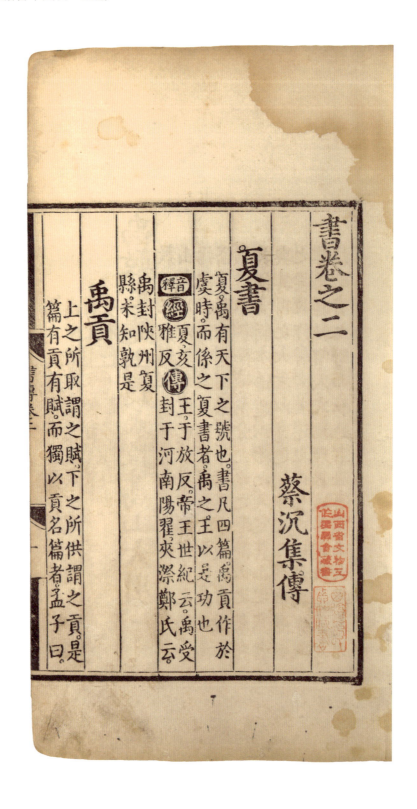

15　書集傳六卷圖一卷　（宋）蔡沈撰　（元）鄒季友音釋　**朱子説書綱領一卷**　（宋）朱熹撰　明正統十二年（1447）内府刻本（卷一抄配）　六册

　　半葉八行十四字，小字雙行十七字，粗黑口，四周雙邊，雙順黑魚尾。框高 22.9 厘米，廣 16.2 厘米。存六卷（一至六）。藏印"西城范氏貞如藏書"（朱文）。范貞如舊藏。

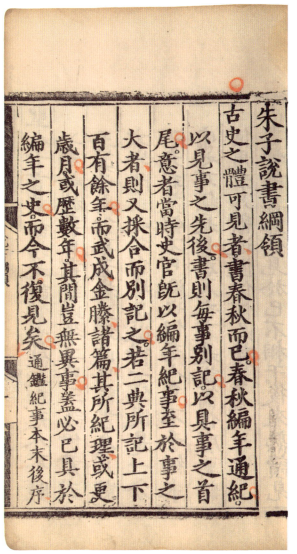

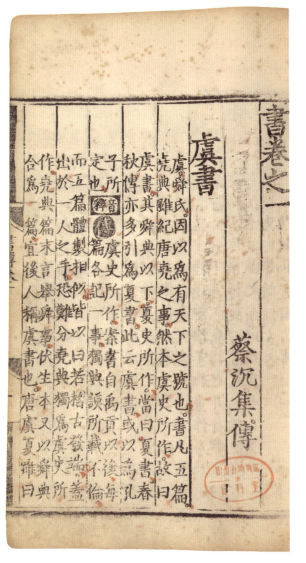

16　書集傳六卷圖一卷　（宋）蔡沈撰（元）鄒季友音釋　朱子説書綱領一卷　（宋）朱熹
撰　明正統十二年（1447）内府刻後印本　五册

　　半葉八行十四字，小字雙行十七字，粗黑口，四周雙邊，雙順黑魚尾。框高 22.7 厘米，
廣 16.5 厘米。存七卷（一至三、五至六，圖，朱子説書綱領）。

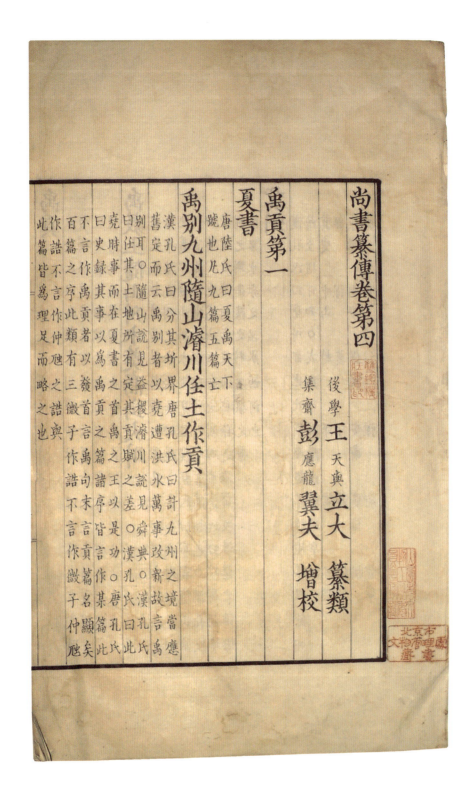

17　尚書纂傳四十六卷　（元）王天與撰　清影抄本　一冊

　　半葉十二行二十字，小字雙行同，白口，左右雙邊。框高 28.2 厘米，廣 21.2 厘米。存
十七卷（四至十、三十七至四十六）。藏印"雙鑑樓藏書印"（朱文）、"傅沅叔藏書記"
（朱文）。傅增湘舊藏。

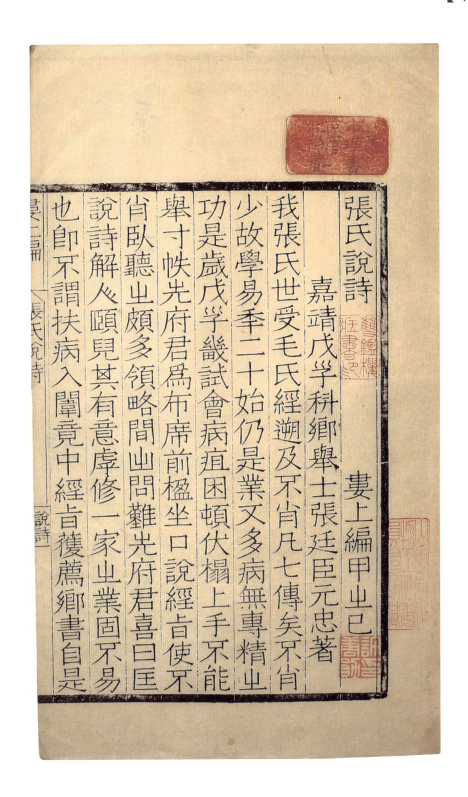

張氏說詩

嘉靖戊學秝鄉舉士張廷臣元忠著

妻上編甲山已

我張氏世受毛氏經遡及不肖凡七傳矣不肖
少故學易季二十始仍是業又多病無專業
功是歲戊學譏試會病疧困頓伏榻上手不能
舉寸帙光府君爲布席前榾坐口說經言使不
肖臥聽山頗多領略間山問難光府君喜曰匡
說詩解多頤見其有意虖脩一家业业固不易
也卽不謂扶病入闈竟中經言獲薦鄉書自是

說詩

張氏說詩

18 張氏說詩一卷 （明）張廷臣撰 明萬曆二十九年（1601）刻本 一冊

半葉九行十八字，白口，左右雙邊，單白魚尾。框高 19 厘米，廣 13.2 厘米。藏印"雙鑑樓藏書印"（朱文）、"傅沅叔藏書記"（朱文）、"許唐勛印"（白文）。卷末刊題記"右張氏說詩先刻於嘉靖四十四年乙丑　今年萬曆辛丑重刻於木鷹軒中　連叙通計二十五葉"。傅增湘舊藏。

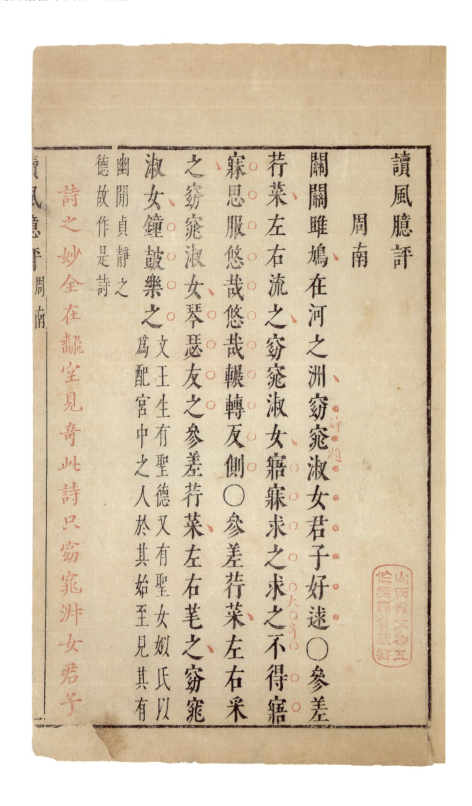

19　讀風臆評不分卷　（明）戴君恩撰　明萬曆四十八年（1620）閔齊伋刻朱墨套印本　二冊
　　半葉九行十九字，小字雙行同，白口，四周單邊。框高 21.5 厘米，廣 14.6 厘米。入選
第二批《國家珍貴古籍名録》（03272）和第二批《山西省珍貴古籍名録》（00135）。

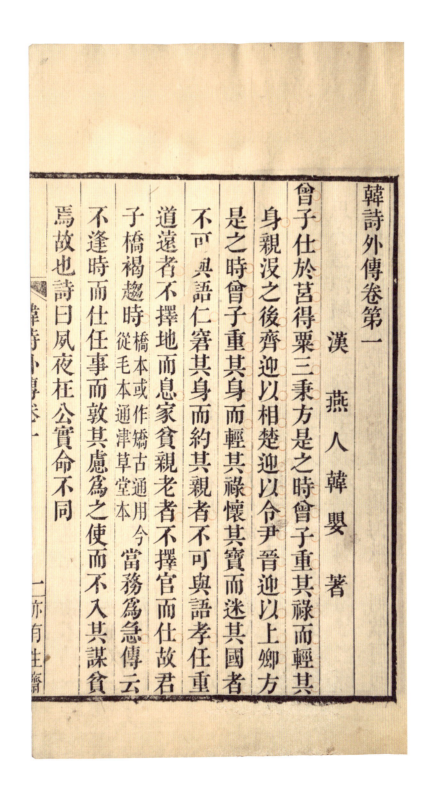

20　韓詩外傳十卷　（漢）韓嬰撰　（清）趙懷玉校正　**序説一卷補逸一卷**　清乾隆五十五年
（1790）趙氏亦有生齋刻本　一册

半葉十行二十一字，小字雙行同，白口，左右雙邊，單黑魚尾。框高18.3厘米，廣
13.1厘米。存六卷（一至五、序説）。內封題“韓詩外傳　亦有生齋藏版”“乾隆五十五
年校刻”。版心下題“亦有生齋校正本”。叙説末題“江寧劉文奎、楷鐫字”。

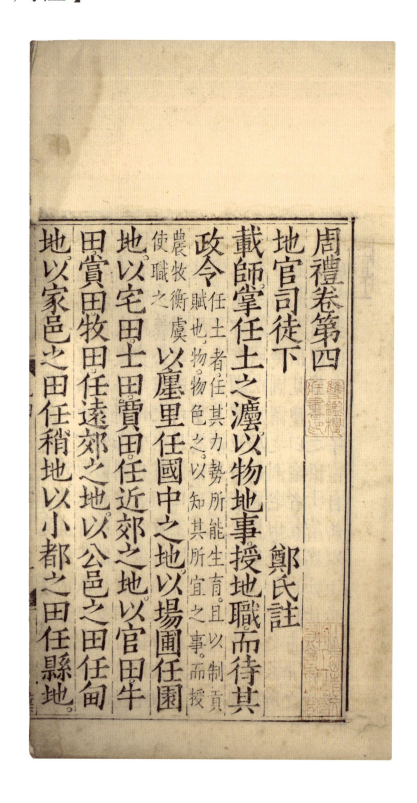

21　周禮十二卷　（漢）鄭玄注　明嘉靖徐氏刻三禮本　二冊

　　半葉八行十七字，小字雙行同，白口，四周雙邊，雙對黑魚尾，有書耳。框高20.3厘米，廣13.4厘米。存二卷（四至五）。藏印“雙鑑樓藏書印”（朱文）、“傅沅叔藏書印”（朱文）。版心下題刻工：葉、子、方等。傅增湘舊藏。

22　周禮十二卷　（漢）鄭玄注　明嘉靖徐氏刻三禮本　十二冊

　　半葉八行十七字，小字雙行同，白口，四周雙邊，雙對黑魚尾，有書耳。框高 20.3 厘米，廣 13.5 厘米。藏印"沅叔"（朱文）、"傅增湘"（白文）、"雙鑑樓藏書印"（朱文）、"傅沅叔藏書記"（朱文）、"增湘"（白文）、"企驎軒"（白文）。版心下題刻工：葉、子、方等。金鑲玉裝。傅增湘舊藏。

23　周禮注疏四十二卷附考證　（漢）鄭玄注　（唐）陸德明音義　（唐）賈公彥疏　清乾隆四年（1739）武英殿刻本　十四冊

　　半葉十行二十一字，小字雙行同，白口，左右雙邊，單黑魚尾。框高22.7厘米，廣15.2厘米。藏印"雙鑑樓"（朱文）、"雙鑑樓藏書印"（朱文）、"傅沅叔藏書記"（朱文）。版心上題"乾隆四年校刊"。傅增湘舊藏。

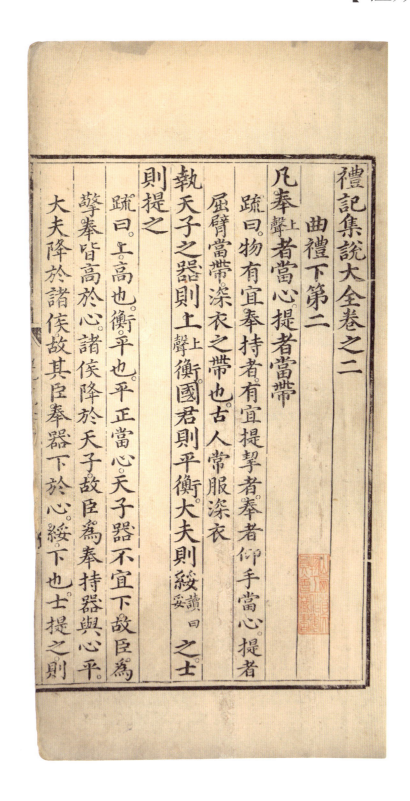

24　禮記集説大全三十卷　（明）胡廣等輯　明刻本　佚名批注　四册

　　半葉十行二十二字，小字雙行同，黑口，四周雙邊，雙對黑魚尾。框高 27.4 厘米，廣
17.7 厘米。存四卷（二至三、五至六）。

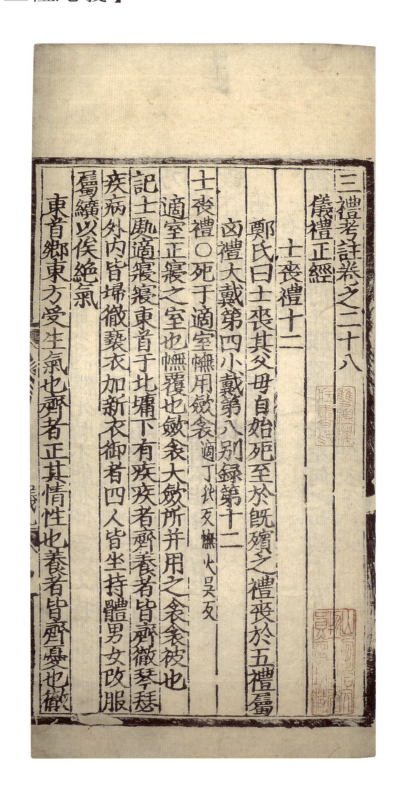

25　三禮考註六十四卷序錄一卷綱領一卷　（元）吳澄撰　明成化九年（1473）謝士元刻本　二冊

　　半葉十一行二十四字，黑口，四周雙邊，雙順黑魚尾。框高 21.9 厘米，廣 13.9 厘米。存二十四卷（二十八至五十一）。藏印"雙鑑樓藏書印"（朱文）。傅增湘舊藏。

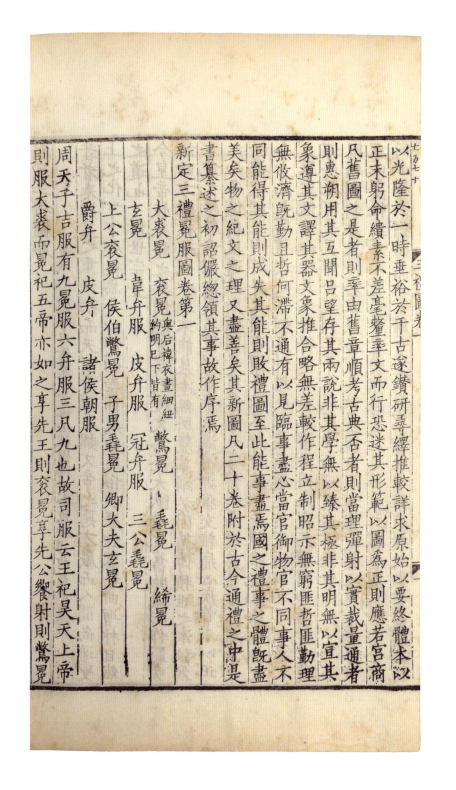

新定三禮冕服圖卷第一

書纂述之初詔儼總領其事故作序焉

美矣物之紀之理又盡善矣其新圖凡二十卷附於古今通禮之中是

同能得其能則成失其能則敗禮圖至此能事盡善矣其新圖凡二十卷附於古今通禮之體既盡

無攸濟既勤且晢何滯不通有以見臨事盡心當官御物官不同事人不

象遵其文譯其器文象推合略無差較作程立制昭示不無窮匪晢匪勤理

則惠朝用其互聞品望存其兩說非其學無以臻其極非其明無以宣其

凡舊圖之是者則率由舊章順考古典否者則當理彈射以實裁量通者

正末躬命續素不差毫釐率文而行恐迷其形範以圖爲正則應若宮商

以光隆於一時垂裕於千古遂鑽研尋繹推較原始以要終體本以

大裘冕 袞冕 鷩冕 毳冕 絺冕

玄冕 韋弁服 皮弁服 冠弁服 三公毳冕

上公袞冕 侯伯鷩冕 子男毳冕 卿大夫玄冕

爵弁 皮弁 諸侯朝服

周天子吉服有九冕服六弁服三凡九也故司服云王祀昊天上帝則服大裘而冕祀五帝亦如之享先王則袞冕享先公饗射則鷩冕

26　**新定三禮圖二十卷**　（宋）聶崇義集注　清康熙成德刻通志堂經解本　二册
　　半葉十六行二十二至三十三字，小字雙行字不等，白口，左右雙邊，雙順黑魚尾。框高21.8厘米，廣16.7厘米。

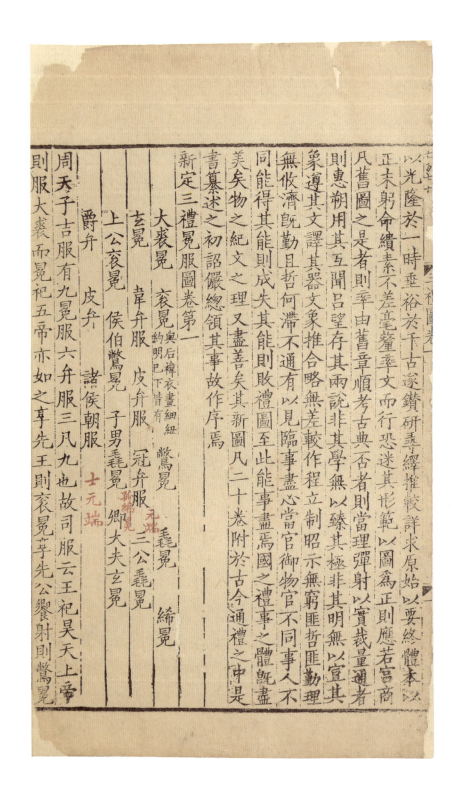

27　新定三禮圖二十卷　（宋）聶崇義集注　清康熙成德刻通志堂經解本　傅增湘校　四冊
　　半葉十六行二十二至三十三字，小字雙行字不等，白口，左右雙邊，雙順黑魚尾。框高21.8厘米，廣16.8厘米。藏印“沅叔”（朱文）、“傅增湘”（白文）、“雙鑑樓藏書印”（朱文）、“傅沅叔藏書記”（朱文）。版心上題字數。傅增湘舊藏。

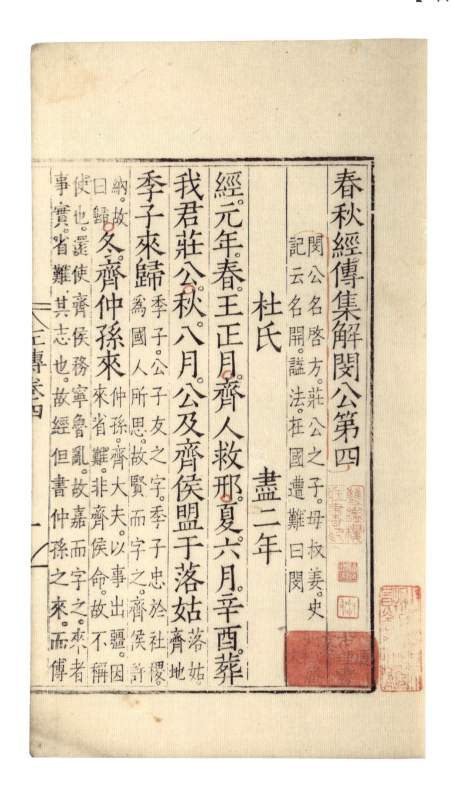

納。故
事實。省難。其志也。故經但書仲孫之來。而傳
使也。還使齊侯務寧魯亂。故嘉而字之。來者
日鰌　冬。齊仲孫來　仲孫。齊大夫。以事出疆。因
季子來歸　為國人所思。故賢而字之。齊侯許
我君莊公秋八月公及齊侯盟于落姑齊地
經元年。春王正月。齊人救邢夏六月辛酉葬
　　　　　　　　　　盡二年
杜氏
閔公名啓方。莊公之子。母叔姜。史
記云名開。謚法。在國遭難曰閔
春秋經傳集解閔公第四

28　春秋經傳集解三十卷　（晉）杜預撰　（唐）陸德明釋文　明嘉靖刻本　傅增湘校　六冊
　　半葉八行十七字，小字雙行同，白口，四周雙邊，雙對白魚尾。框高 21.5 厘米，廣
14.1 厘米。存六卷（四至九）。藏印“沅叔”（朱文）、“傅增湘”（白文）、“雙鑑樓
藏書印”（朱文）、“傅沅叔藏書記”（朱文）。傅增湘舊藏。

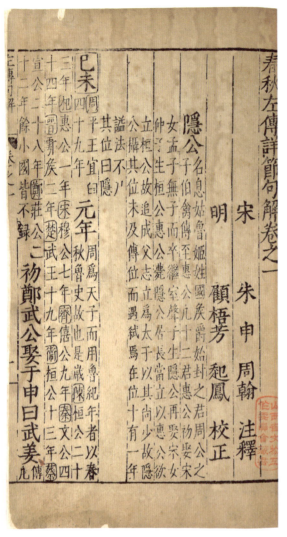
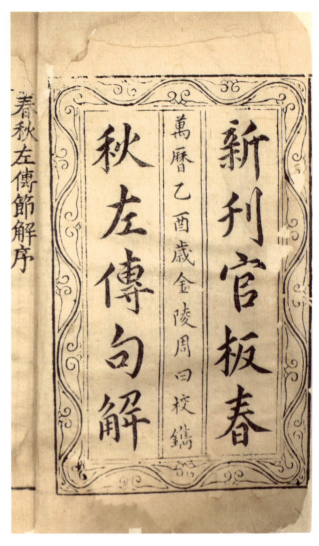

29　春秋左傳詳節句解三十五卷　（宋）朱申撰　明萬曆十三年（1585）周曰校刻本　十二册

半葉十行二十一字，小字雙行同，白口，四周單邊，單黑魚尾。框高 20.9 厘米，廣 14.7 厘米。内封題"新刊官板春秋左傳句解　萬曆乙酉歲金陵周曰校鐫"。

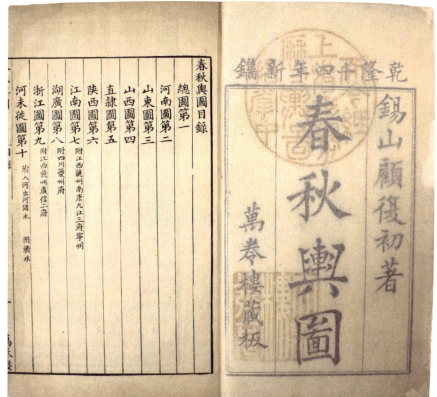

30　春秋輿圖一卷　（清）顧棟高撰　清乾隆十四年（1749）萬卷樓刻本　一冊

　　半葉十一行二十五字，白口，四周單邊。框高21.2厘米，廣14.9厘米。藏印"沅叔"（朱文）、"傅增湘"（白文）、"雙鑑樓藏書印"（朱文）。內封題"春秋輿圖　錫山顧復初著　萬卷樓藏板""清乾隆十四年新鐫"。版心下題"萬卷樓"。傅增湘舊藏。

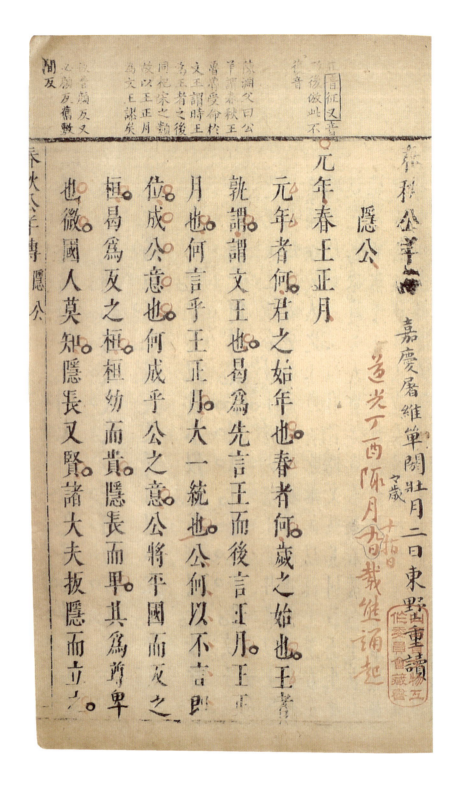

31　春秋公羊傳十二卷　（明）閔齊伋注　攷一卷　（明）閔齊伋撰　春秋穀梁傳十二卷　（明）
閔齊伋注　攷一卷　（明）閔齊伋撰　明末文林閣唐錦池刻本　佚名題識并批注　六冊
　　半葉九行十九字，小字雙行同，白口，四周單邊。框高21.3厘米，廣14.5厘米。藏印
"臣震"（白文）。内封題"閔板三訂公羊傳　文林閣唐錦池梓"；又内封題"閔板三訂穀
梁傳　文林閣唐錦池梓"。

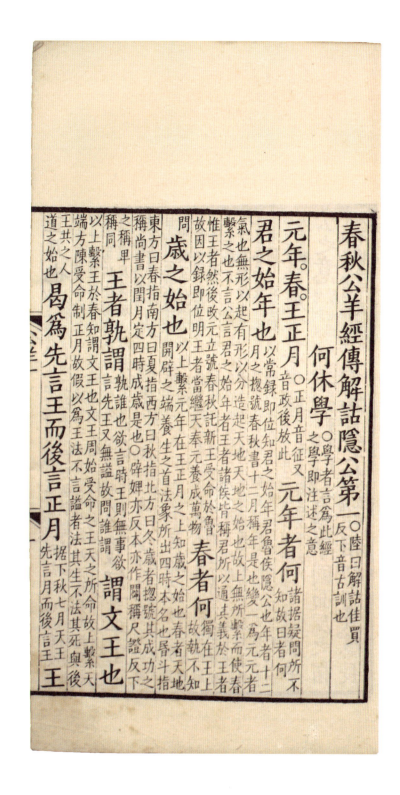

32　春秋公羊經傳解詁十二卷　（漢）何休撰　清揚州汪氏問禮堂影宋刻本　四冊

半葉十一行十九字，小字雙行二十七至二十九字，白口，左右雙邊，雙順黑魚尾。框高
17.6厘米，廣12.5厘米。內封題"宋紹熙本公羊傳注　揚州汪氏問禮堂栞"。

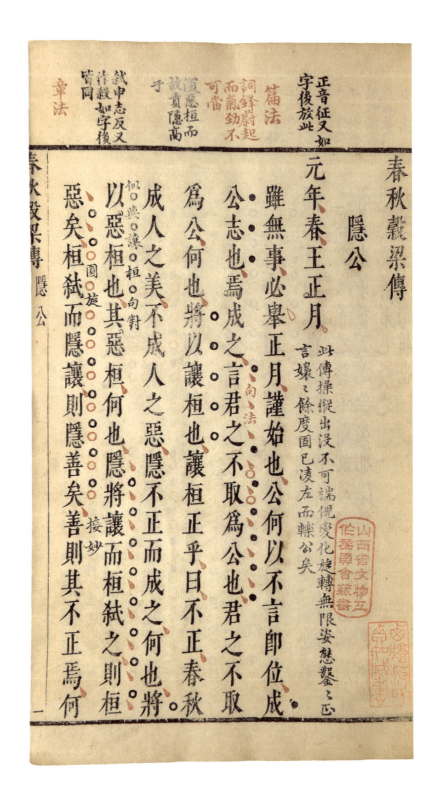

33 春秋穀梁傳十二卷 （明）閔齊伋裁注 攷一卷 （明）閔齊伋撰 明天啓元年（1621）
閔齊伋刻三色套印本 四冊
　　半葉九行十九字，白口，四周單邊。框高 21.6 厘米，廣 15.3 厘米。眉欄鐫評。藏印“西
城范氏貞如藏書”（朱文）。范貞如舊藏。

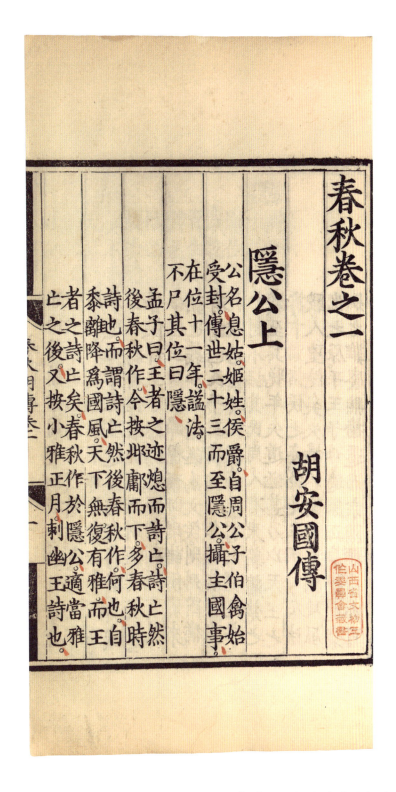

34　春秋胡傳三十卷　（宋）胡安國撰　明正統十二年（1447）司禮監刻本（卷二十九至三十有抄配）　四冊

　　半葉八行十四字，小字雙行十七字，黑口，四周雙邊，雙順黑魚尾。框高 22.8 厘米，廣 16.2 厘米。入選第二批《國家珍貴古籍名録》（03361）和第二批《山西省珍貴古籍名録》（00139）。

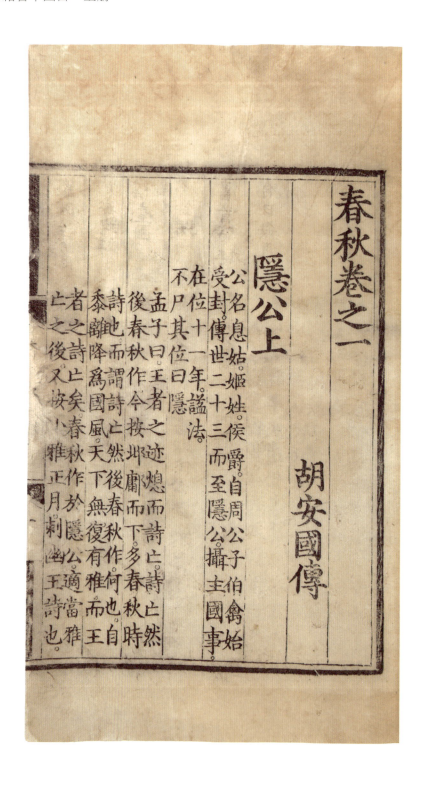

35　**春秋胡傳三十卷**　（宋）胡安國撰　明正統十二年（1447）司禮監刻本　六册

半葉八行十四字，小字雙行十七字，黑口，四周雙邊，雙順黑魚尾。框高 22.8 厘米，廣 16.3 厘米。藏印 “盧江王書畫記”（朱文）。

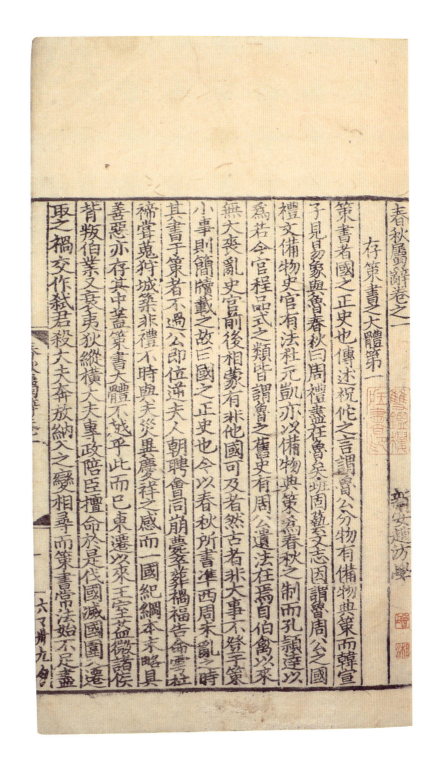

36　春秋屬辭十五卷　（元）趙汸撰　元至正二十年至二十四年（1360-1364）休寧商山義塾刻本　四冊

　　半葉十三行二十七字，小字雙行同，細黑口，左右雙邊，雙對黑魚尾。框高16.8厘米，廣13.6厘米。存八卷（一至三、六至七、十三至十五）。藏印"王履吉印"（白文）、"雙鑑樓藏書印"（朱文）、"傅沅叔藏書記"（朱文）。版心下題字數，又題刻工：肖、文等。經明王寵、傅增湘遞藏。

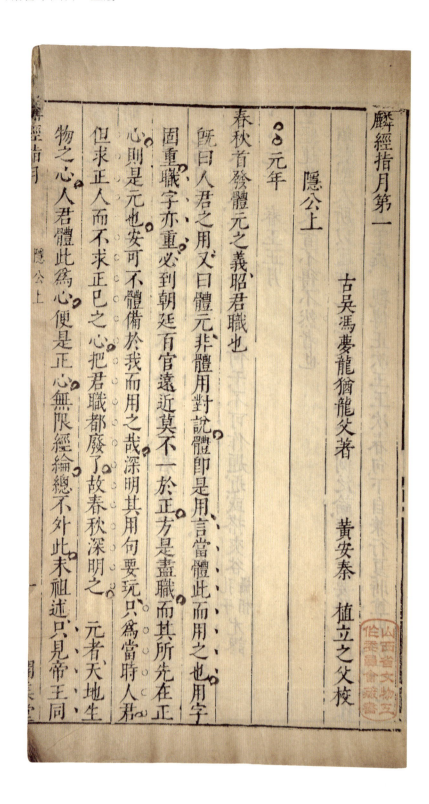

37　**麟經指月十二卷**　（明）馮夢龍撰　明泰昌元年（1620）閒美堂刻本　佚名批校　十二册
　　半葉十行三十字，小字雙行同，白口，左右雙邊。框高22.8厘米，廣14.5厘米。内封題"馮猶龍先生春秋指月"。版心下題"閒美堂"。

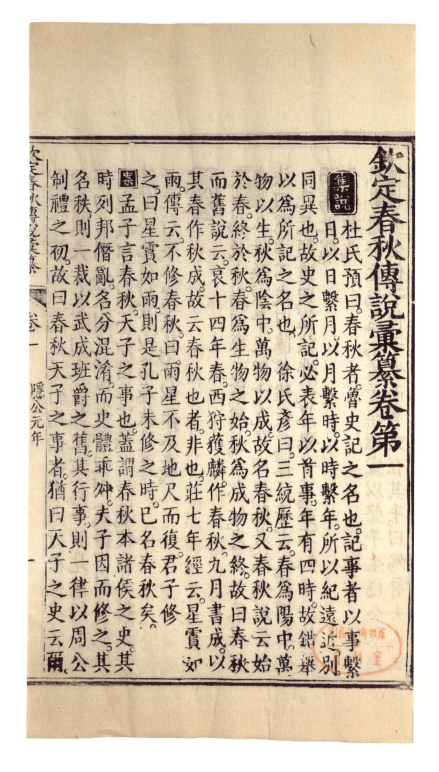

38　欽定春秋傳說彙纂三十八卷首二卷　（清）王掞　（清）張廷玉等撰　清康熙六十年（1721）
內府刻本　二十四冊
　　半葉十六行二十一字，白口，四周雙邊，單黑魚尾。框高 22.4 厘米，廣 16.1 厘米。

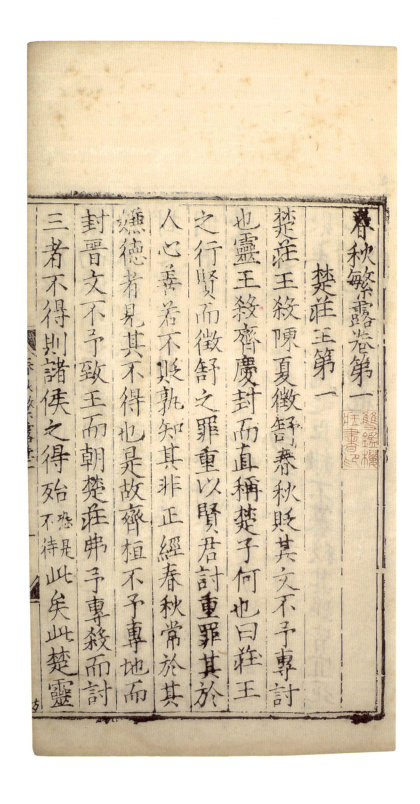

39　春秋繁露十七卷　（漢）董仲舒撰　明刻本　二冊

　　半葉九行十七字，白口，四周雙邊，雙對黑魚尾。第二冊爲粗黑口，單黑魚尾。框高20.4厘米，廣14.2厘米。存六卷（一至二、十四至十七）。藏印"雙鑑樓藏書印"（朱文）、"傅沅叔藏書印"（朱文）。版心下題刻工：見、菊、芳等。傅增湘舊藏。

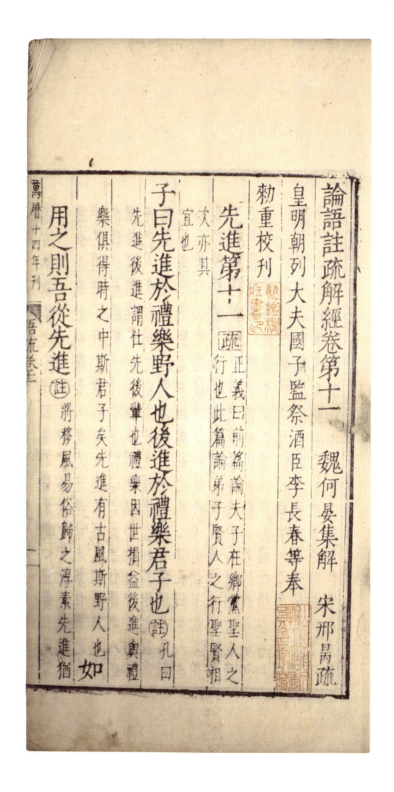

40　論語註疏解經二十卷　　（三国魏）何晏集解　　（宋）邢昺疏　明萬曆十四年（1586）北京
國子監刻十三經注疏本　一冊

　　半葉九行二十一字，小字雙行同，白口，左右雙邊，單黑魚尾。框高23.5厘米，廣
15.1厘米。存四卷（十一至十四）。藏印“雙鑑樓藏書印”（朱文）、“傅沅叔藏書印”（朱
文）。版心上題“萬曆十四年刊”。傅增湘舊藏。

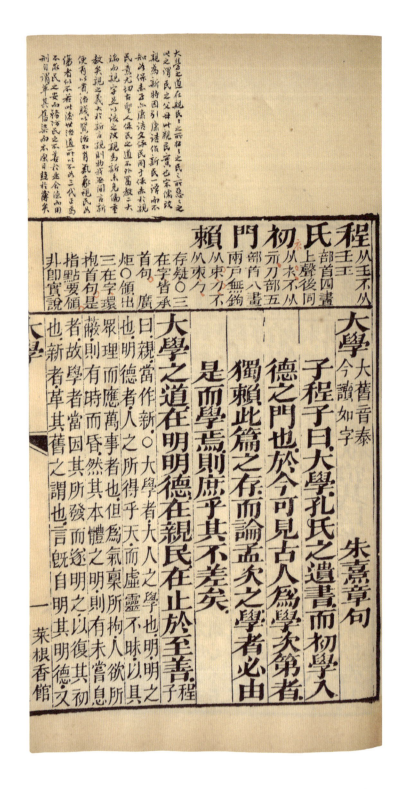

41　四子書十九卷　［大學一卷　中庸一卷　論語十卷　孟子七卷］　清同治五年（1866）菜根香館刻本　趙昌燮批注　六冊

　　上下兩欄。半葉九行十七字，小字雙行同，白口，左右雙邊，單黑魚尾。上欄鐫評。框高 19.8 厘米，廣 13.9 厘米。内封題“四子書　同治丙寅重校宋本　維經堂發兌　順德霞石何氏梓行”。版心下題“菜根香館”“何氏藏板”。

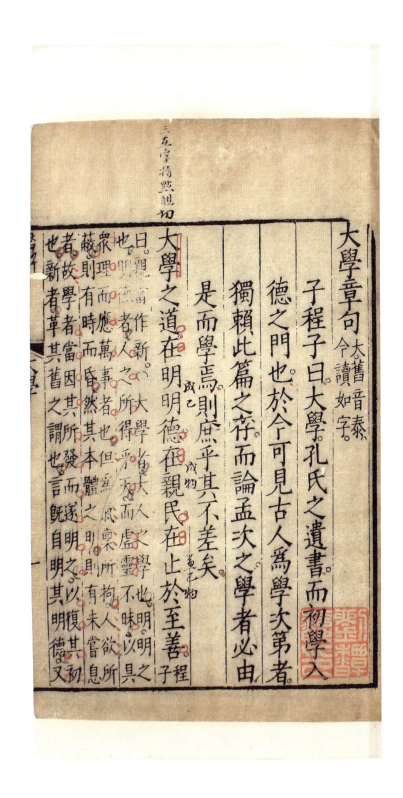

42　四書章句集註二十六卷　（宋）朱熹撰　清嘉慶十六年（1811）璜川吳氏真意堂刻本　佚名批校　六冊

　　半葉九行十七字，小字雙行同，白口，左右雙邊，單黑魚尾。框高19厘米，廣14.2厘米。存十二卷（大學章句一卷、中庸章句一卷、論語集註十卷）。內封題“嘉慶辛未璜川吳氏校刊於真意堂”。

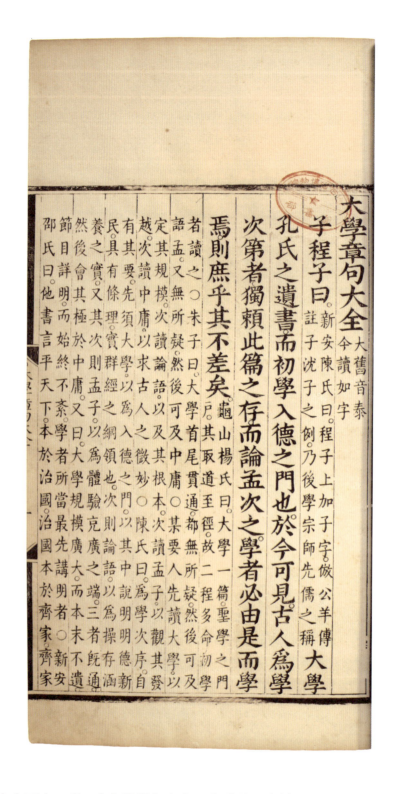

43　四書集註大全四十三卷　［大學章句大全一卷或問一卷讀大學法一卷　中庸章句大全一卷或問一卷讀中庸法一卷　論語集註大全二十卷序説一卷讀論語孟子法一卷　孟子集註大全十四卷序説一卷］　（明）胡廣等輯　明內府刻本　四十冊

　　半葉十行二十二字，小字雙行同，黑口，四周雙邊，雙對黑魚尾。框高 26.1 厘米，廣 18.1 厘米。

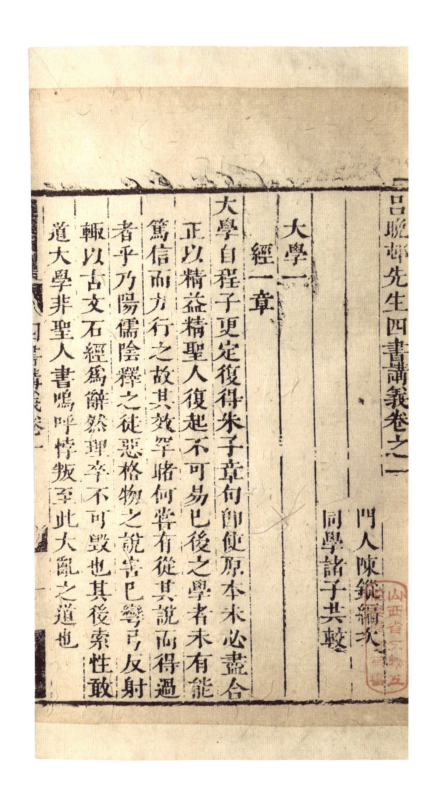

44　吕晚邨先生四書講義四十三卷　（清）吕留良撰　清康熙刻本　佚名批校　六册

　　半葉十一行二十一字，小字雙行同，黑口，左右雙邊，雙對黑魚尾。框高 17.8 厘米，廣 13.5 厘米。内封題"吕晚邨先生四書講義"。

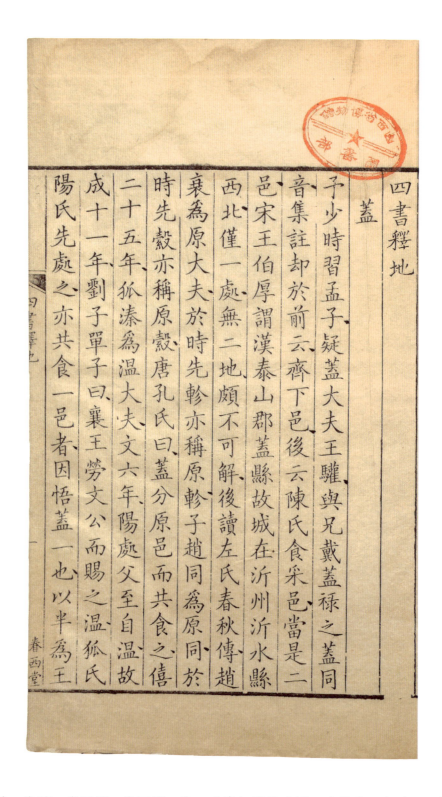

45　四書釋地一卷續一卷又續二卷三續二卷　　（清）閻若璩撰　清乾隆八年（1743）眷西堂刻
本　五冊

　　半葉十一行二十字，白口，左右雙邊，單黑魚尾。框高 19.4 厘米，廣 14.8 厘米。藏印“儀
徵劉孟瞻氏藏書印”（白文）、“閘田張氏聞三藏書”（朱文）。內封題“四書釋地　附釋
地續　又續　三續　太原閻百詩徵君撰　眷西堂藏版”。版心下題“眷西堂”。

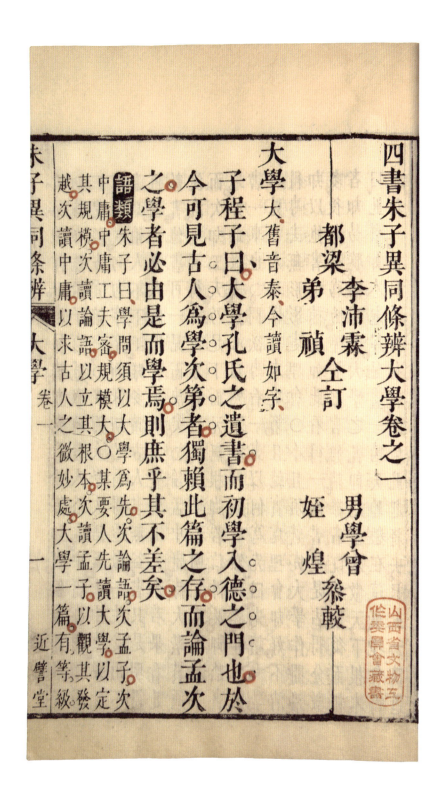

46　四書朱子異同條辨四十卷　（清）李沛霖　（清）李禎撰　清康熙近譬堂刻本　朱筆圈
點　二十一冊

　　半葉九行二十至二十一字，小字雙行二十字，白口，左右雙邊，單黑魚尾。框高20.9厘米，
廣14.3厘米。藏印“藜光樓”（白文）。牌記題“四書朱子異同條辨　都梁李岱雲李兆恒
全訂　藜光樓梓行”。版心下題“近譬堂”。有朱文木記“江南學院頒行”。包背裝。

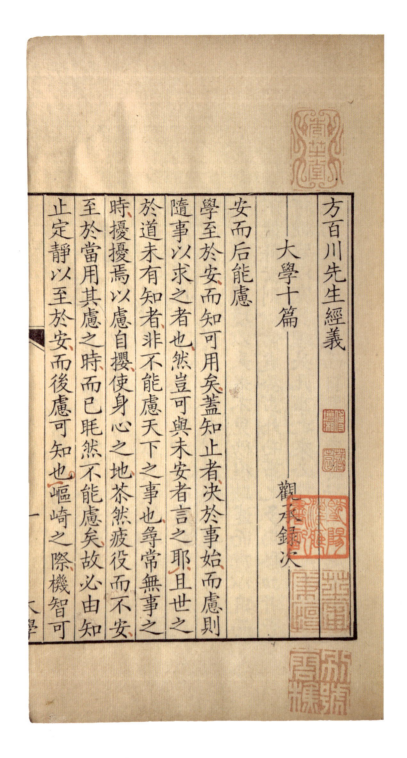

47 方百川先生經義不分卷 （清）方舟撰　清刻本　傅增湘跋　朱筆圈點　二冊

　　半葉十行二十字，白口，左右雙邊，單黑魚尾。框高 18.4 厘米，廣 13.8 厘米。存六十八篇（大學十篇、論語三十一篇、中庸十一篇、孟子十六篇）。藏印"秀芝堂"（朱文）、"暨陽沈氏藏書記"（朱文）、"藏園"（朱文）、"傅增湘"（白文）、"癸卯館元"（朱文）、"增湘長壽"（白文）、"雙鑑樓"（朱文）、"雙鑑樓藏書印"（朱文）、"傅沅叔藏書印"（朱文）、"江安傅沅叔收藏善本"（朱文）、"藏園"（朱文）、"增湘"（白文）。傅增湘舊藏。

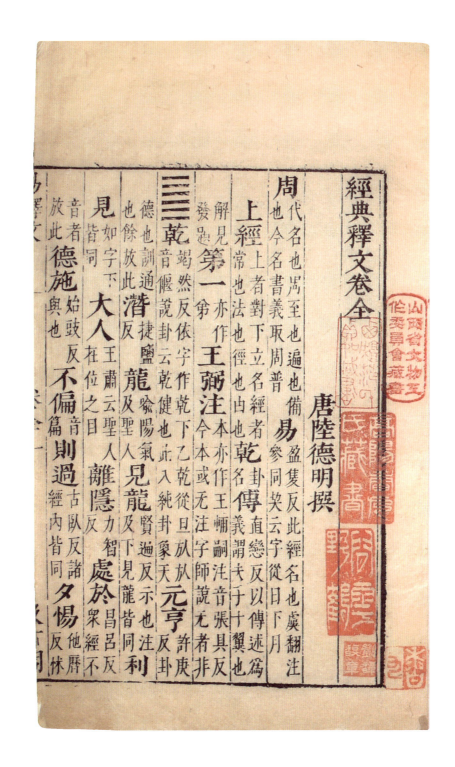

48　經典釋文一卷　（唐）陸德明撰　明崇禎毛氏汲古閣刻津逮秘書本　一冊

　　半葉九行二十一字，小字雙行同，白口，左右雙邊。框高17.7厘米，廣12.3厘米。藏印"劉譚馥章"（白文）、"劉譚馥印"（白文）、"閑雲野鶴"（白文）、"高陽香九氏藏書"（白文）、"香九"（白文）、"西城范氏貞如藏書"（朱文）。版心下題"汲古閣"。范貞如舊藏。

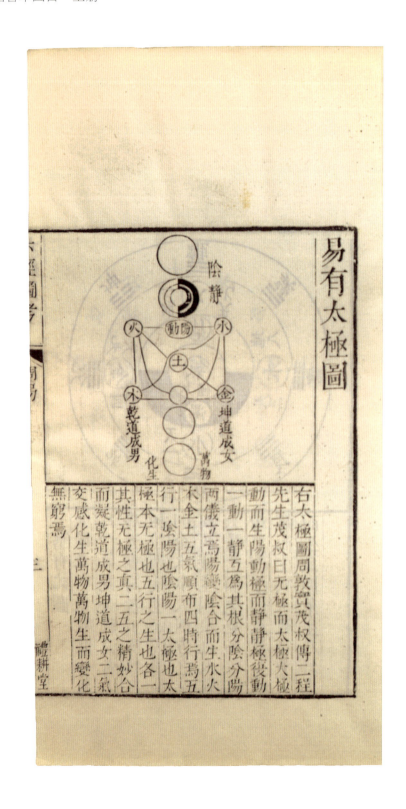

49　六經圖考不分卷　（宋）楊甲撰　清康熙禮耕堂刻本　六冊
　　半葉九行二十字，白口，四周單邊，單黑魚尾。框高 19.3 厘米，廣 13.5 厘米。版心下題"禮耕堂"。內封題"六經圖考　宋布衣楊先生撰　禮耕堂重訂"。

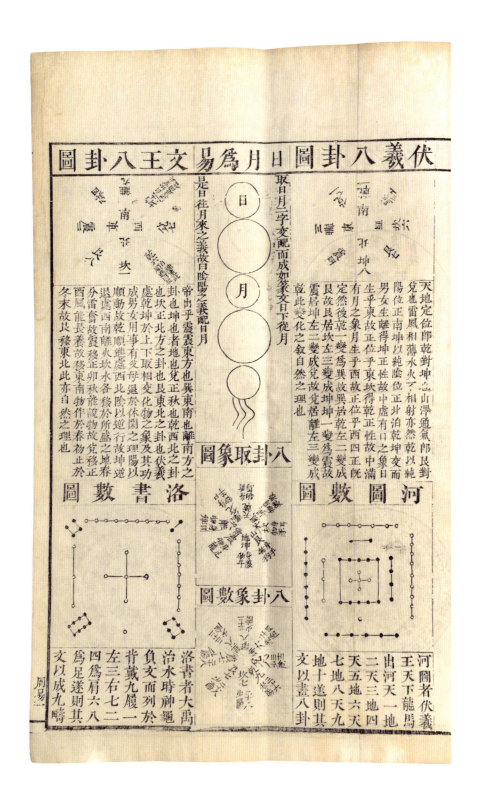

50　六經全圖不分卷　（清）牟欽元編輯　清道光十一年（1831）慕古堂刻本　一冊

　　半葉行字不等，四周單邊。框高41.5厘米，廣30厘米。內封題"六經全圖　依鵝湖書院石本校定　慕古堂藏板""道光辛卯孟春重鎸"。

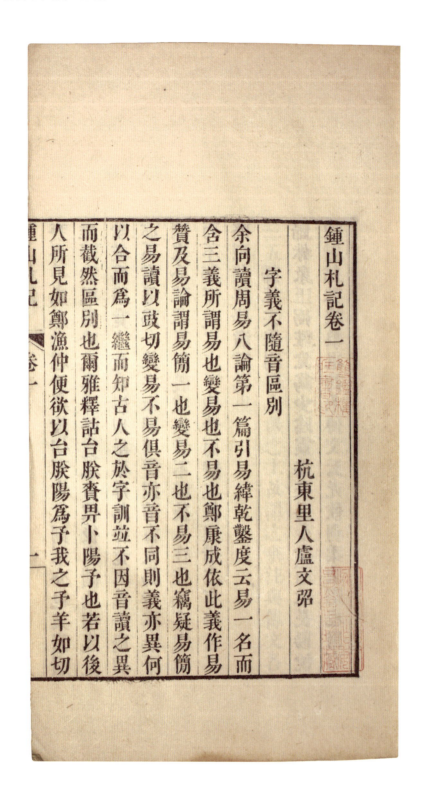

51　鍾山札記四卷　（清）盧文弨撰　清乾隆五十五年（1790）抱經堂刻本　二册
　　半葉十行二十一字，白口，左右雙邊，單黑魚尾。框高17.9厘米，廣13.2厘米。藏印"雙鑑樓藏書記"（朱文）、"傅沅叔藏書記"（朱文）。内封題"鍾山札記　乾隆庚戌孟冬　抱經堂刻本"。傅增湘舊藏。

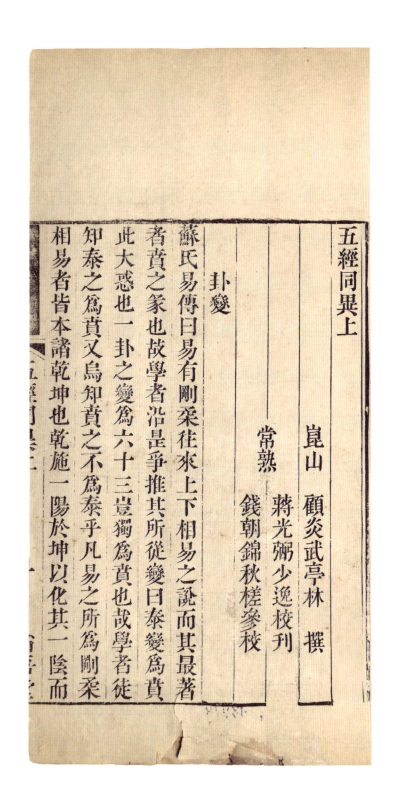

五經同異上

　　　　　　崑山　顧炎武亭林　撰

　　　常熟　蔣光彌少逸　校刊

　　　　　錢朝錦秋樵　參校

卦變

蘇氏易傳曰易有剛柔往來上下相易之謂而其最著
者賁之彖也故學者沿是爭推其所從變曰泰變為賁
此大惑也一卦之變為六十三豈獨為賁也哉學者徒
知泰之為賁又烏知賁之不為泰乎凡易之所為剛柔
相易者皆本諸乾坤也乾施一陽於坤以化其一陰而

52　五經同異三卷　（清）顧炎武撰　清常熟蔣氏省吾堂彙刻本　十六冊
　　半葉十行二十一字，黑口，左右雙邊，單黑魚尾。框高17.7厘米，廣13.1厘米。內封題"五
經同義　顧亭林先生著　省吾堂藏版"。版心下題"省吾堂"。

53

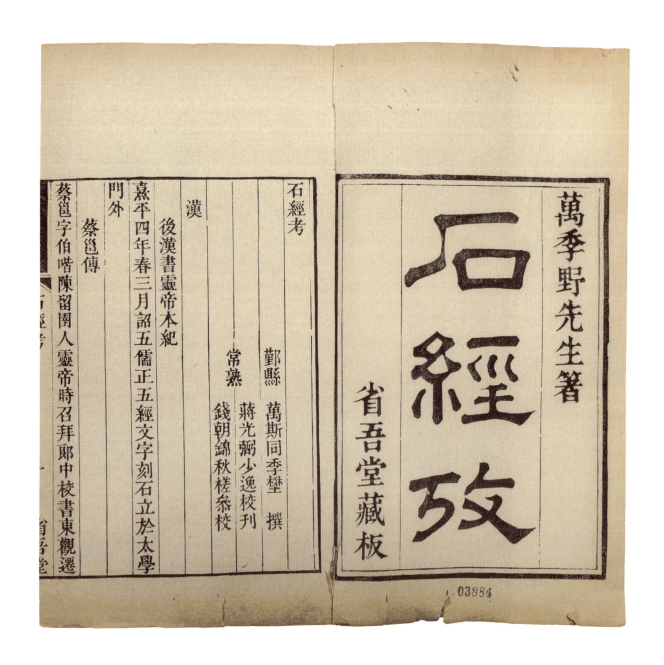

53　石經考不分卷　（清）萬斯同撰　清常熟蔣氏省吾堂彙刻本　二冊

　　半葉十行二十一字，黑口，左右雙邊，單黑魚尾。框高 26.8 厘米，廣 16.4 厘米。內封題"萬季野先生著　石經考　省吾堂藏板"。版心下題"省吾堂"。

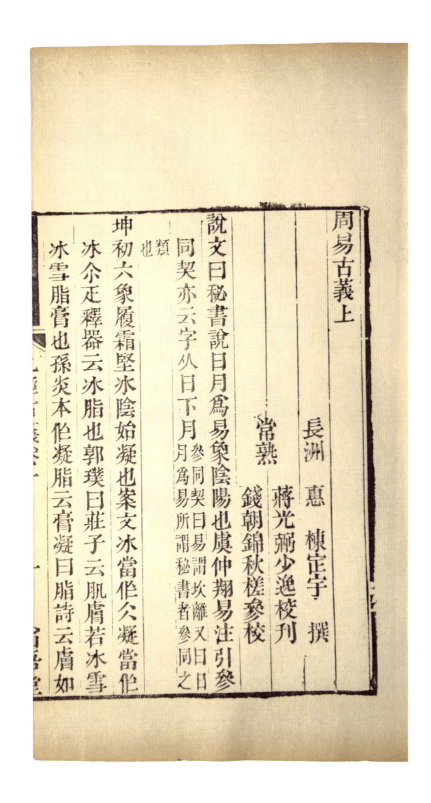

54　**九經古義十六卷**　（清）惠棟撰　清常熟蔣氏省吾堂彙刻本　五冊

　　半葉十行二十一字，黑口，左右雙邊，單黑魚尾。框高 26.8 厘米，廣 16.4 厘米。内封
題"惠棟先生著　九經古義　省吾堂藏板"。版心下題"省吾堂"。

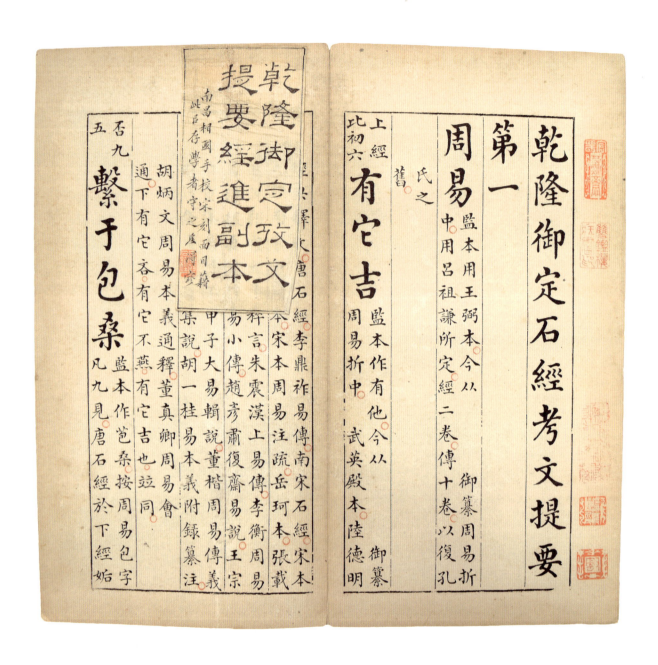

55　乾隆御定石經考文提要十三卷　（清）彭元瑞撰　清乾隆五十九年（1794）彭元瑞寫本　楊繼振題識　傅增湘、胡嗣瑗、邵章、陳雲誥、郭則澐、邢端等跋　六册

　　半葉五行十字，小字雙行二十字，白口，四周單邊。框高 24.3 厘米，廣 12 厘米。藏印"南昌彭氏"（朱文）、"東壇"（朱文）、"雙鑑樓藏書印"（朱文）、"藏園秘笈"（朱文）。經折裝。傅增湘舊藏。

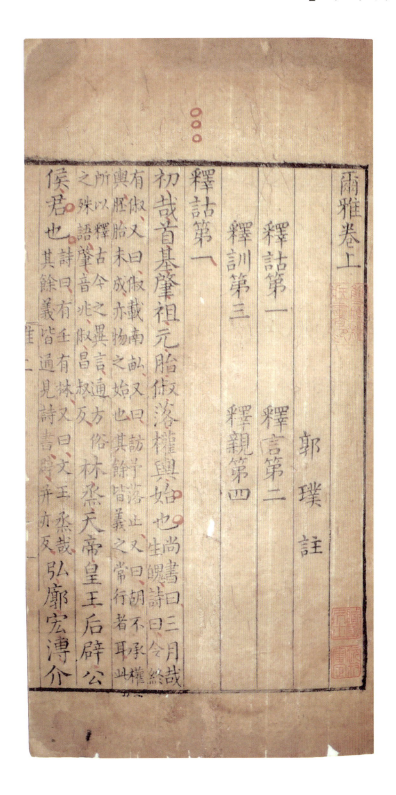

56　爾雅三卷　（晉）郭璞注　明刻本　二冊

半葉九行二十字，小字雙行同，白口，四周單邊。框高19.9厘米，廣13.2厘米。藏印"令樹"（朱文）、"沅叔審定"（朱文）、"藏園居士"（朱文）、"雙鑑樓藏書印"（朱文）、"傅沅叔藏書記"（朱文）、"雙鑑樓藏書記"（白文）、"龍龕精舍"（朱文）。傅增湘舊藏。

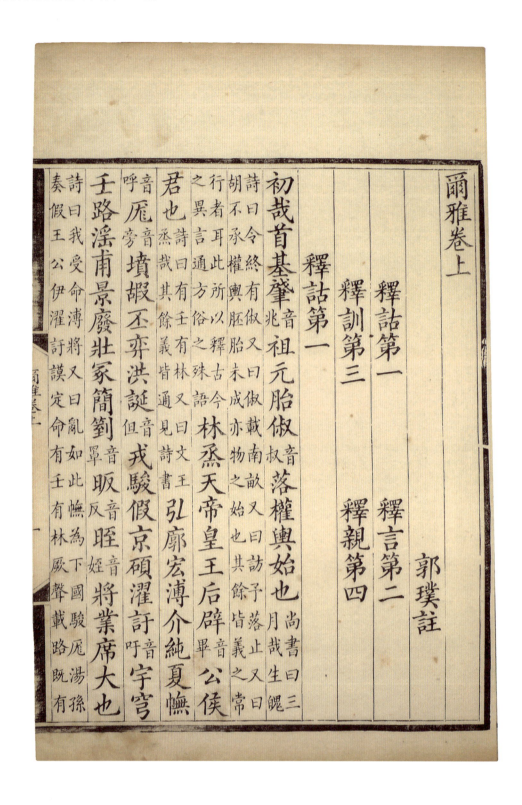

57　爾雅三卷　（晉）郭璞注　清嘉慶六年（1801）藝學軒刻本　三册

　　半葉十二行二十字，小字雙行同，黑口，四周雙邊，雙對黑魚尾。框高 28 厘米，廣 22.8 厘米。藏印"渾源田氏所藏"（白文）。内封題"爾雅音圖　嘉慶六年影宋繪圖本重摹刊　藝學軒藏版"。卷中末題"秣陵陶士立臨字　當塗彭萬程刻"。

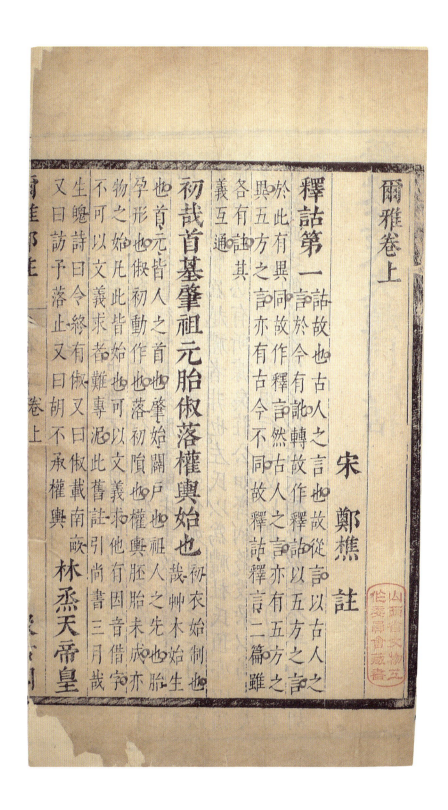

58　爾雅三卷　（宋）鄭樵注　明末毛氏汲古閣刻津逮秘書本　三冊

　　半葉九行十九字，小字雙行同，白口，左右雙邊，單白魚尾。框高19.3厘米，廣14.4厘米。版心上題"爾雅鄭註"，下題"汲古閣"。

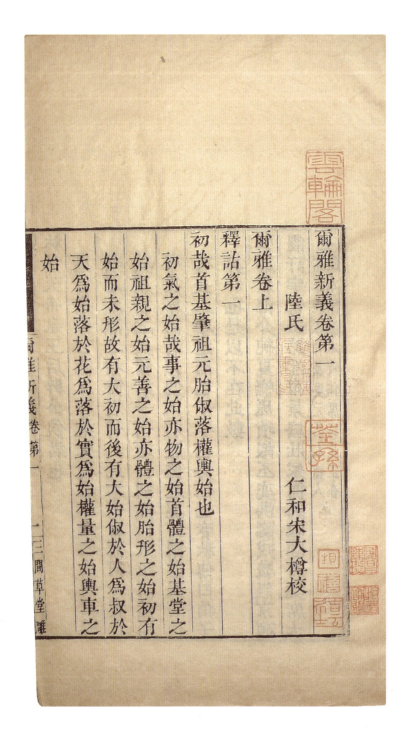

59　爾雅新義二十卷　（宋）陸佃撰　（清）宋大樽校　叙録一卷　（清）宋大樽輯　清嘉慶
十三年（1808）陸芝榮三間草堂刻本　二册
　　半葉十行二十字，小字雙行同，粗黑口，左右雙邊。框高17.2厘米，廣13.7厘米。藏印“吉
雲居士”（朱文）、“禧”（白文）、“荃孫”（朱文）、“雲輪閣”（朱文）、“海昌陳
琰”（朱文）、“拾遺補闕”（朱文）、“雙鑑樓藏書印”（朱文）、“傅沅叔藏書記”（朱
文）。内封題“爾雅新義　三間草堂藏版”“嘉慶戊辰秋鐫”。版心下題“三間草堂雕”。
傅增湘舊藏。

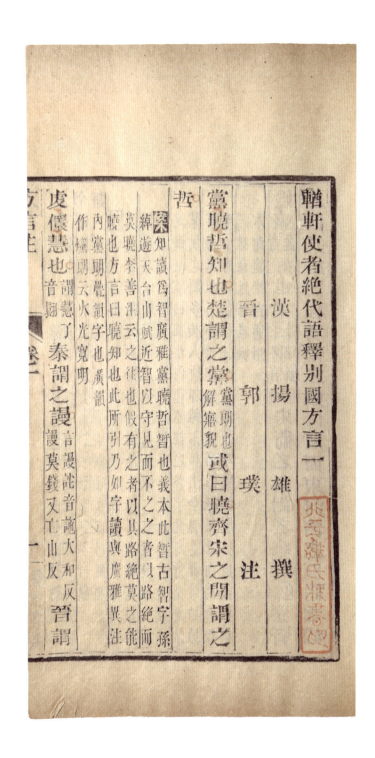

60 輶軒使者絕代語釋別國方言十三卷 （漢）揚雄撰 （晉）郭璞注 清乾隆武英殿聚珍版叢書本 （清）謝珊崎跋 二冊

半葉九行二十一字，小字雙行同，白口，四周雙邊，單黑魚尾。框高 19.1 厘米，廣 12.6 厘米。藏印"謝"（朱文）、"北平謝氏藏書印"（朱文）、"珊崎"（朱文）、"謝寶樹印"（白文）。版心下題校勘官：彭紹觀、費振勳等。謝珊崎舊藏。

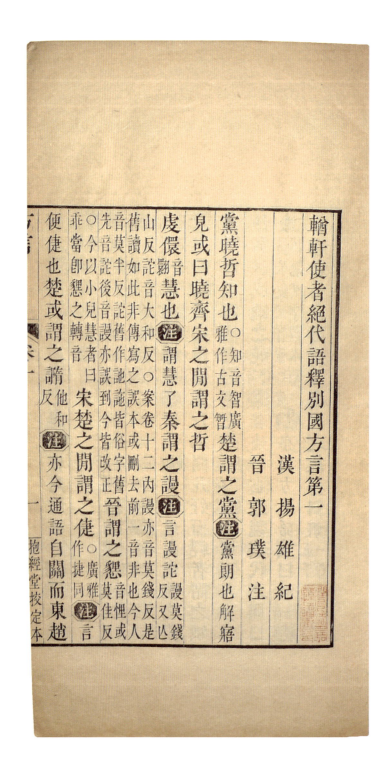

61　輶軒使者絕代語釋別國方言十三卷　（漢）揚雄撰　（晉）郭璞注　校正補遺一卷　（清）盧文弨撰　清乾隆盧文弨刻抱經堂叢書本　二冊

　　半葉十行二十字，小字雙行同，白口，左右雙邊，單黑魚尾。框高18.4厘米，廣13.2厘米。藏印"潤州法嘉蓀讀書印"（朱文）、"京江法氏"（朱文）、"法辛侶珍藏印"（朱文）。內封題"方言　乾隆甲辰　杭州刻本"。版心下題"抱經堂校定本"。

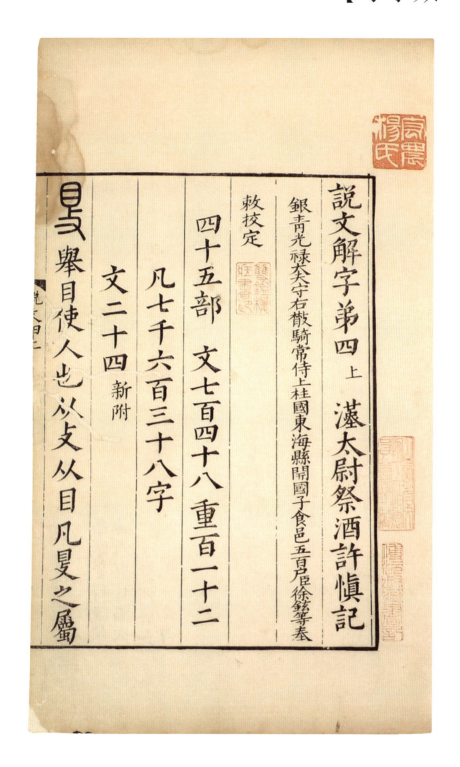

62 説文解字十五卷 （漢）許慎撰 （宋）徐鉉等校定 清初毛氏汲古閣刻本 許寶蘅
跋 三冊

　　半葉七行字不等，小字雙行二十二字，白口，左右雙邊，單黑魚尾。框高 21 厘米，廣
15.8 厘米。存九卷（四至十二）。藏印"楊紹廉印"（白文）、"宏農楊氏"（白文）、"雙
鑑樓藏書印"（朱文）、"傅沅叔藏書記"（朱文）、"傅沅叔藏書印"（朱文）。傅增湘
舊藏。

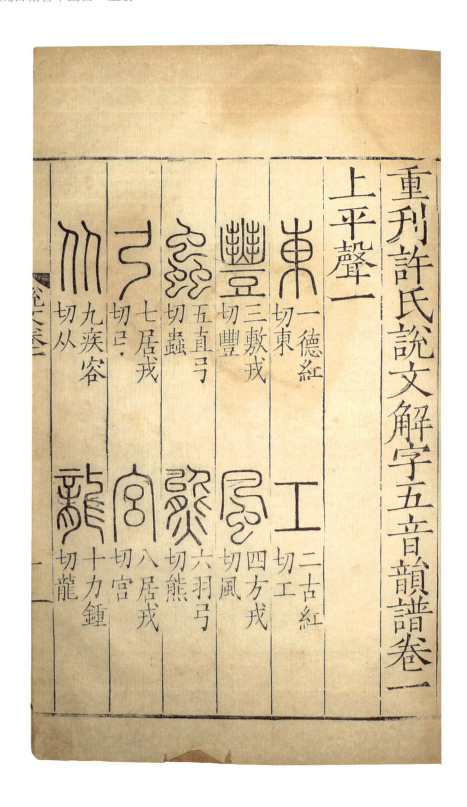

63　重刊許氏説文解字五音韻譜十二卷　（宋）李燾撰　明刻本　六册
　　半葉七行字不等，小字雙行二十字，白口，左右雙邊，單黑魚尾。框高 19.4 厘米，廣
15 厘米。存六卷（一至六）。藏印“玉樹堂”（白文）、“李洊之印”（白文）、“劍門”
（白文）、“習之氏”（朱文）。

64　説文解字補義十二卷　（元）包希魯撰　明刻本（卷三、七有抄配）　三冊

半葉六行字不等，小字雙行二十四至二十五字，粗黑口，四周雙邊，單黑魚尾。框高20.1厘米，廣13.1厘米。存三卷（三、七至八）。藏印"雙鑑樓藏書印"（朱文）、"傅沅叔藏書記"（朱文）。傅增湘舊藏。

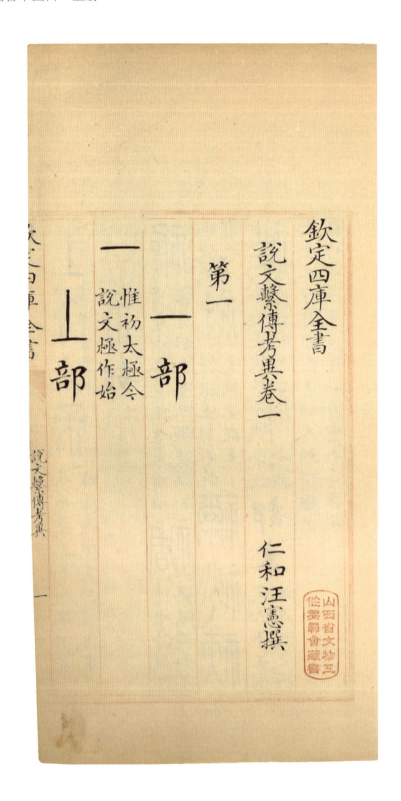

65 說文繫傳考異四卷　（清）汪憲撰　附録一卷　（清）朱文藻編　清抄本　二冊
　半葉六行字不等，小字雙行二十一字，白口，四周雙邊，單紅魚尾。框高 20.5 厘米，
廣 13.7 厘米。附録半葉八行二十一字。

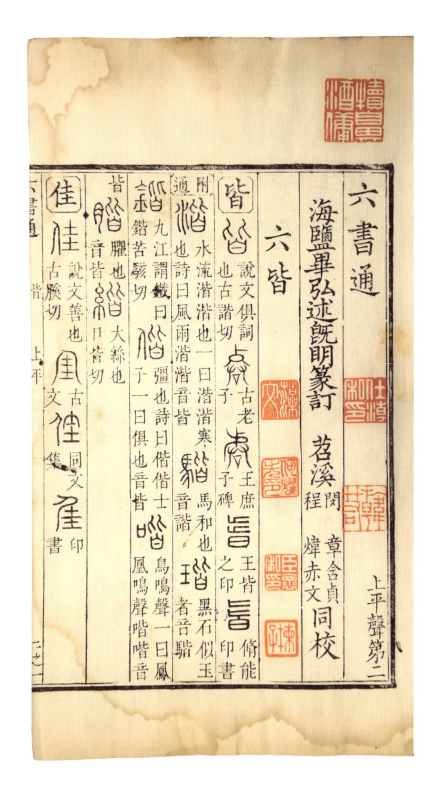

66　六書通十卷　（明）閔齊伋撰　清刻本　五冊

半葉八行字不等，小字雙行二十四字，白口，四周雙邊。框高 21.4 厘米，廣 15.2 厘米。存九卷（二至十）。藏印"韓若"（朱文）、"棟子"（朱文）、"何耀先印"（朱文）、"飲美酒服紈素"（朱文）、"藻文"（白文）、"臣裹私印"（白文）、"仕淳私印"（白文）、"鳳浦居士"（白文）。

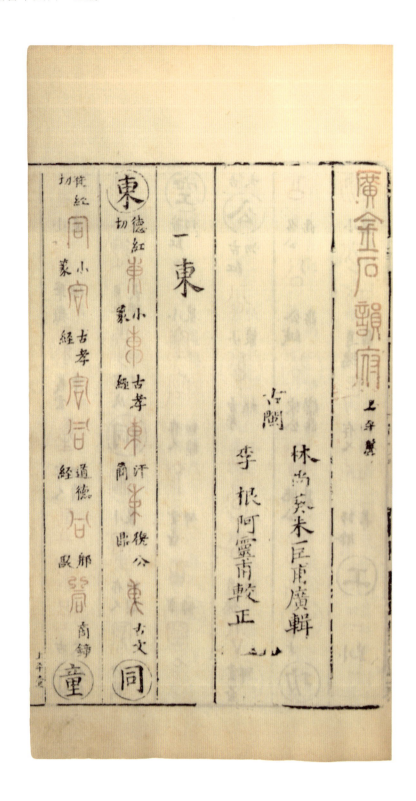

67　廣金石韻府五卷字略一卷　（清）林尚葵輯　清康熙九年（1670）周亮工賴古堂刻朱墨套印本　三冊

半葉六行字不等，白口，四周單邊。框高 21.9 厘米，廣 15 厘米。藏印"西城范氏貞如藏書"（朱文）、"嵩秀堂藏書"（白文）。内封題"廣金石韻府　賴古堂重訂　大業堂藏板"。范貞如舊藏。

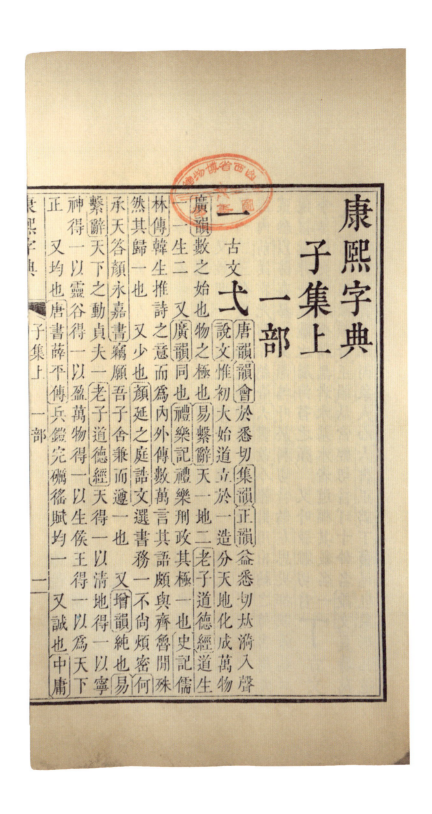

68　康熙字典十二集三十六卷總目一卷檢字一卷辨似一卷補遺一卷等韻一卷備考一卷　（清）
張玉書　（清）陳廷敬　（清）凌紹雯等纂修　清康熙內府刻本　四十冊
　　半葉八行字不等，小字雙行二十四字，白口，四周雙邊，單黑魚尾。框高 19.8 厘米，
廣 14 厘米。藏印"勁節堂印"（白文）。

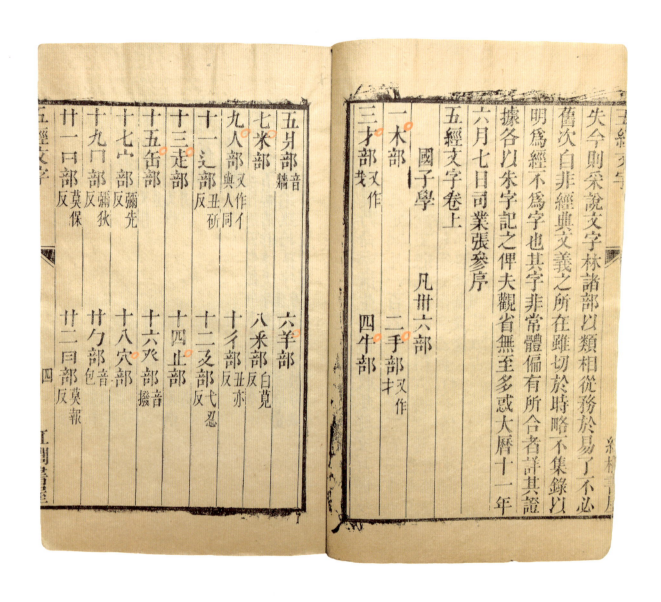

69　五經文字三卷　（唐）張參撰　新加九經字樣一卷　（唐）唐玄度撰　五經文字疑一卷九
經字樣疑一卷　（清）孔繼涵撰　清乾隆三十三年（1768）紅榈書屋刻本　一册
　　半葉九行二十字，小字雙行同，白口，左右雙邊，單黑魚尾。框高20.2厘米，廣13.5厘米。
版心題"紅榈書屋"。

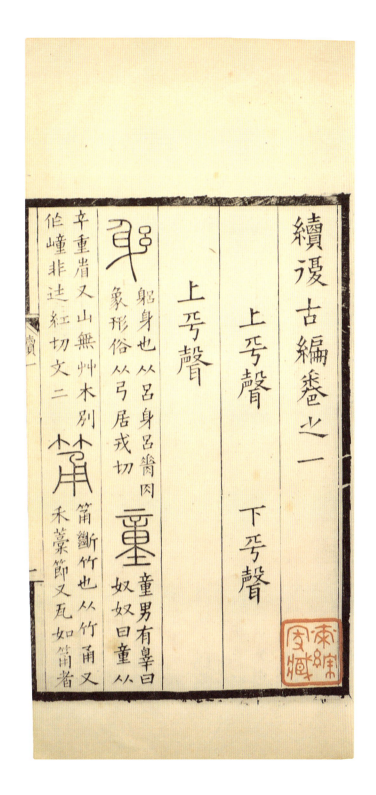

70　續復古編四卷　（元）曹本撰　清光緒十二年（1886）歸安姚氏咫進齋刻本　四冊

　　半葉五行字不等，小字雙行二十字，黑口，左右雙邊，單黑魚尾。框高 20.6 厘米，廣 13.5 厘米。藏印"張爾續所藏金石文字"（朱文）、"爾續家藏"（朱文）、"壬戌"（白文）、"爾續長壽"（白文）。牌記題"光緒十有二年歸安姚氏咫進齋叚䀴宋樓影元鈔本重模棗木"。

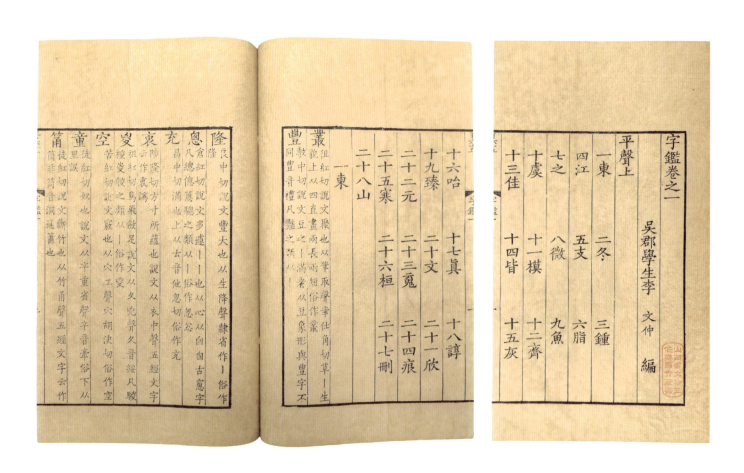

71　字鑑五卷　（元）李文仲撰　清康熙四十八年（1709）張士俊刻澤存堂五種本　四册
　　半葉八行字不等，小字雙行十八字，白口，四周單邊，單黑魚尾。框高 19.1 厘米，廣 13.8 厘米。藏印"閩田張氏聞三藏書"（朱文）。

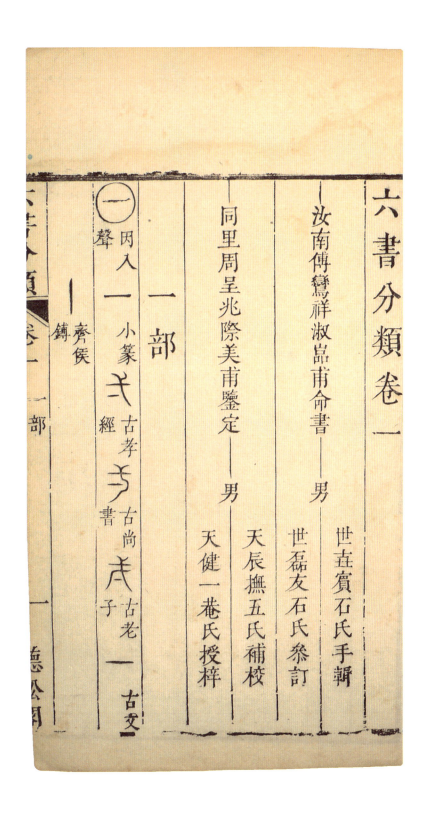

72　六書分類十二卷首一卷　（清）傅世垚輯　清康熙四十四年（1705）聽松閣刻本　二十四冊
　　半葉八行大小字不等，白口，四周單邊，單黑魚尾。框高19.1厘米，廣13.5厘米。藏
　　印"呂氏書巢珍藏"（朱文）。內封題"六書分類　帚菴秘書"。版心下題"聽松閣"。

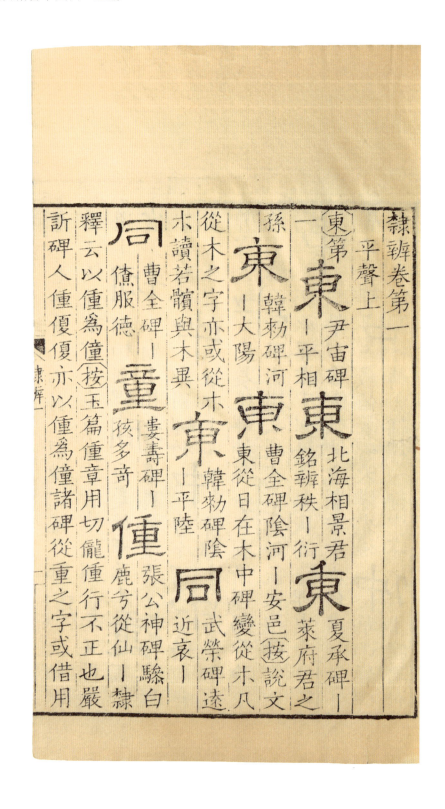

73　隸辨八卷　（清）顧藹吉撰　清乾隆八年（1743）黃晟刻本　八册

半葉六行大字不等，小字十二行二十字，白口，四周單邊，單黑魚尾。框高 19 厘米，廣 14.6 厘米。

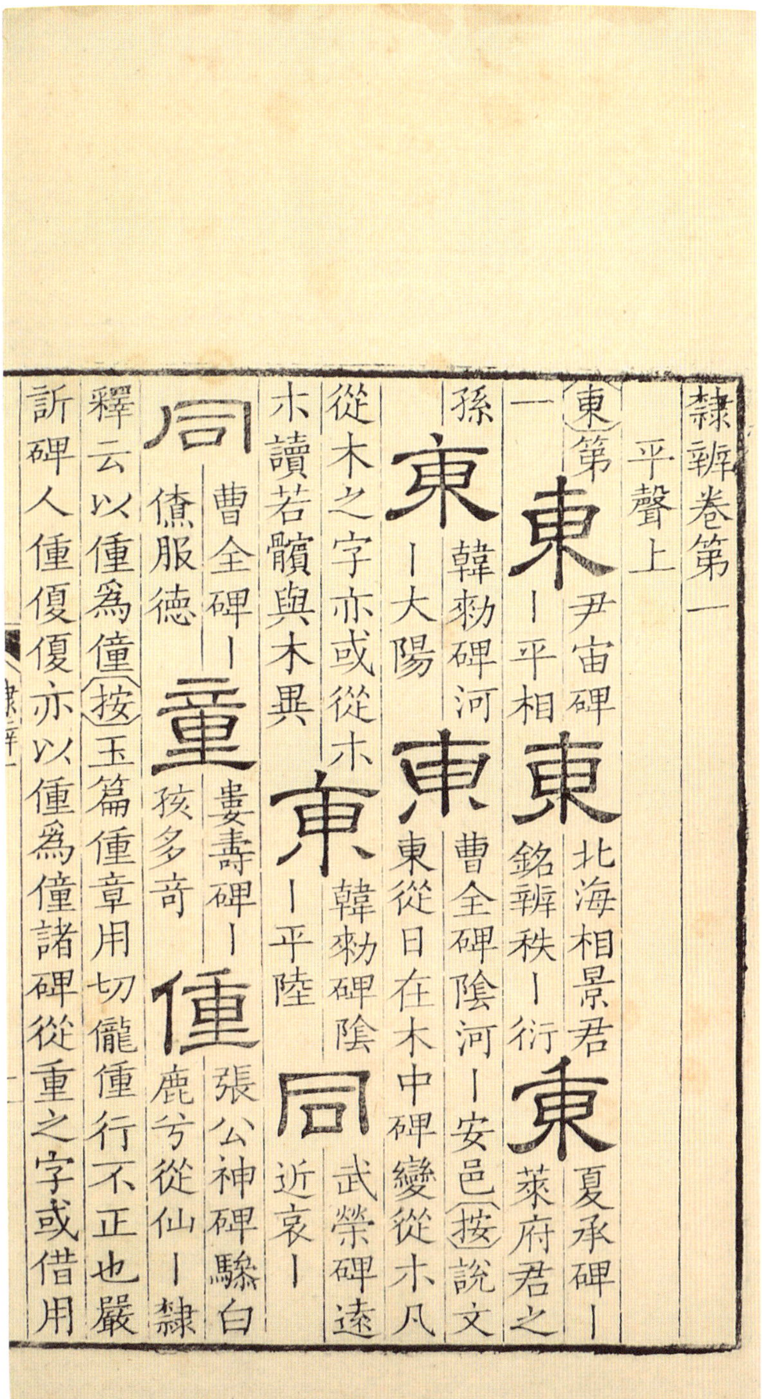

74　**隸辨八卷**　（清）顧藹吉撰　清乾隆八年（1743）黄晟刻本　十六册

半葉六行大字不等，小字十二行二十字，白口，四周單邊，單黑魚尾。框高 19 厘米，廣 14.7 厘米。内封題“隸辨　顧南原撰集　辪灣聚錦堂發兑”。

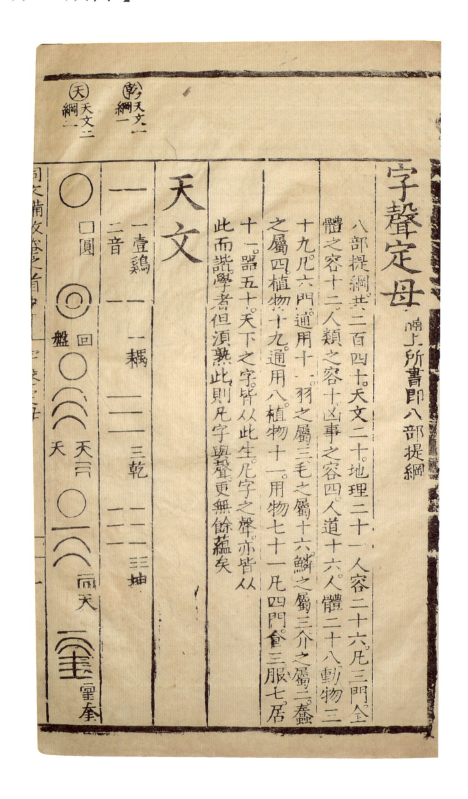

75　同文備攷八卷首三卷聲韻會通一卷韻要粗釋四卷　（明）王應電撰　明刻本　一册

　　半葉七行字不等，小字雙行二十八字，白口，四周單邊。框高 24.2 厘米，廣 15.2 厘米。
存一卷（首卷中）。

天竺字母說

粵稽象教之興原於天竺。郎厄 韶轄珂克 大藏一十二部聲輪
宏轉徧滿寰區惟昔釋迦敷座談經現身說法廣宣
妙義辨析微言一則爲諸大沙于闐發圓明一則以
提醒衆生解脫纏縛遂使逃津克渡彼岸同登原未
嘗立定門法以何語言文字設爲教品但就其因
現示色身所著之處以何語言聲韻爲
之唱說固已聖慈廣被妙化宏敷其間義以音宣爲
由呼出音呼相繫韻切從生天竺字母有自來矣韻

天竺音韻翻切配合十二譜

第一譜翻切三十四字配合音韻十六字除配阿字
仍得本音外每字各成十五字共成五百一十字

76 欽定同文韻統六卷 （清）允禄等纂 清乾隆十五年（1750）內府刻朱墨套印本 四册
半葉九行二十字，白口，四周雙邊，單黑魚尾。框高 21 厘米，廣 13.8 厘米。

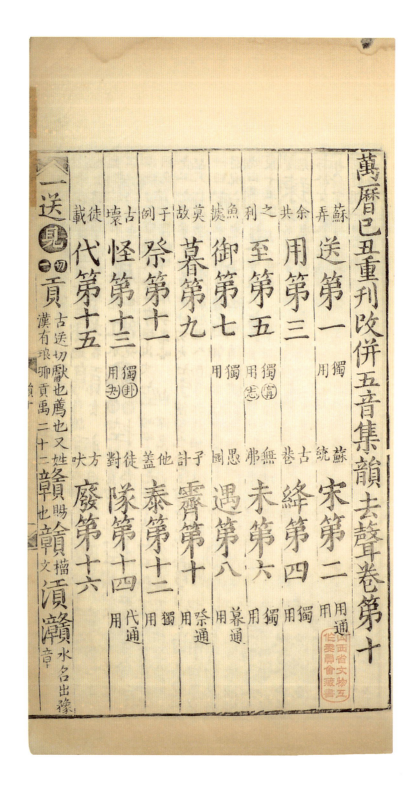

77 大明萬曆己丑重刊改併五音集韻十五卷 （金）韓道昭撰　明崇禎二年至十年（1629-1637）
金陵圓覺庵釋新仁刻本　二冊

　　半葉十行字不等，小字雙行三十二字，白口，四周單邊，雙對黑魚尾。框高 28.7 厘米，
廣 18.9 厘米。存六卷（十至十五）。卷後題"崇禎己巳至丁丑完金陵圓覺後學沙門新仁同
衆姓重刊"。

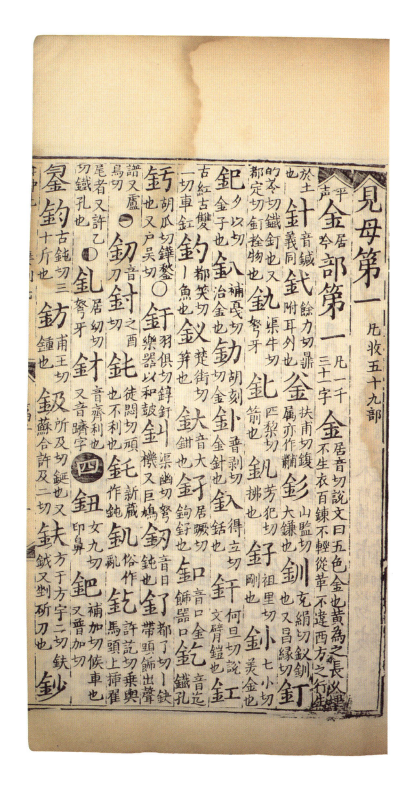

78 大明萬曆己丑重刊改併五音類聚四聲篇十五卷 （金）韓道昭撰 明崇禎二年至十年
（1629-1637）金陵圓覺庵釋新仁刻本 一冊

半葉十行字不等，小字雙行三十二字，白口，四周單邊，雙對黑魚尾。框高28.7厘米，
廣18.10厘米。存三卷（一至三）。版心上題刻工：甘仲元、王誦、王詠、王汝棣、王汝桂
等。卷後題"崇禎己巳至丁丑完金陵圓覺後學沙門新仁同衆姓重刊"。

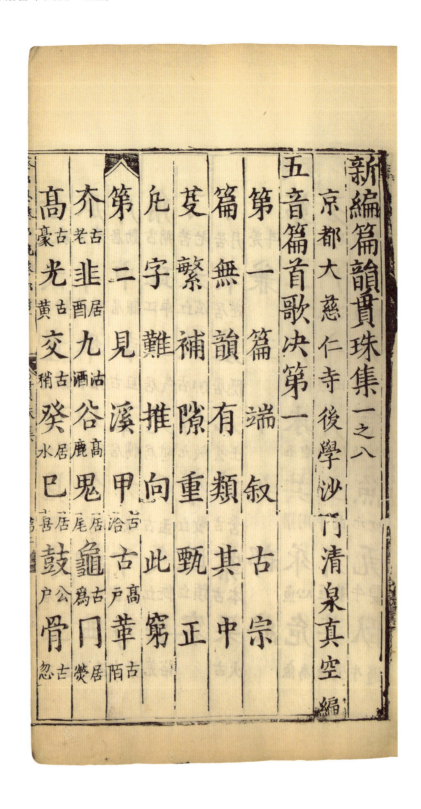

79　新編篇韻貫珠集八卷　（明）釋真空撰　明崇禎二年至十年（1629-1637）金陵圓覺庵釋
新仁刻本　一册

　　半葉十行字不等，小字雙行三十二字，白口，四周雙邊，雙對黑魚尾。框高 28.7 厘米，
廣 18.11 厘米。卷後題"崇禎己巳至丁丑完金陵圓覺後學沙門新仁同衆姓重刊"。

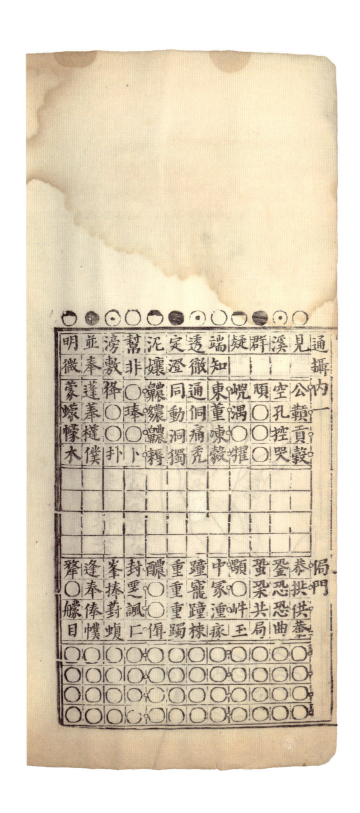

80　經史正音切韻指南一卷附切韻門法一卷　（元）劉鑑撰　明嘉靖四十三年（1564）金臺衍法寺重刻本　一冊

　　半葉行字不等，白口，四周雙邊，單黑魚尾或無魚尾。框高 19.7 厘米，廣 19.4 厘米。劉鑑序後鎸"大明嘉靖歲次甲子孟秋金臺衍法寺後裔怡菴本讚捐資重刊"二行。

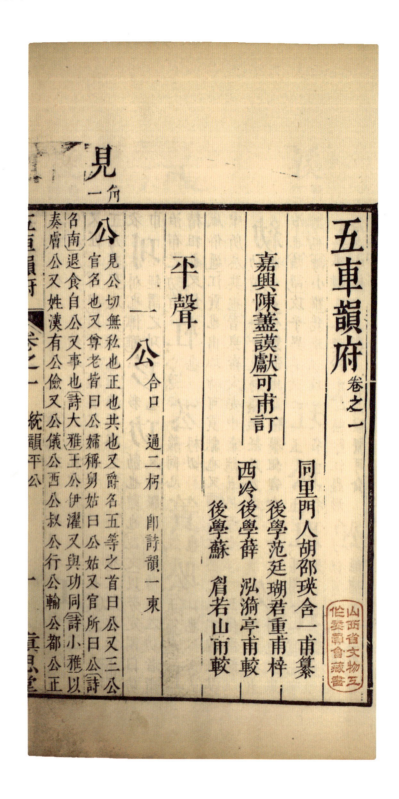

81　五車韻府十卷　（明）陳藎謨撰　清康熙四十七年（1708）慎思堂刻本　十冊

　　半葉八行字不等，小字雙行二十四字，白口，左右雙邊，單黑魚尾。框高 20 厘米，廣
14.5 厘米。內封題"增刪韻府群玉　鴛湖陳獻可先生訂　本衙藏板""丁丑新刊"。版心下題"慎
思堂"。

史　部

【紀傳類】

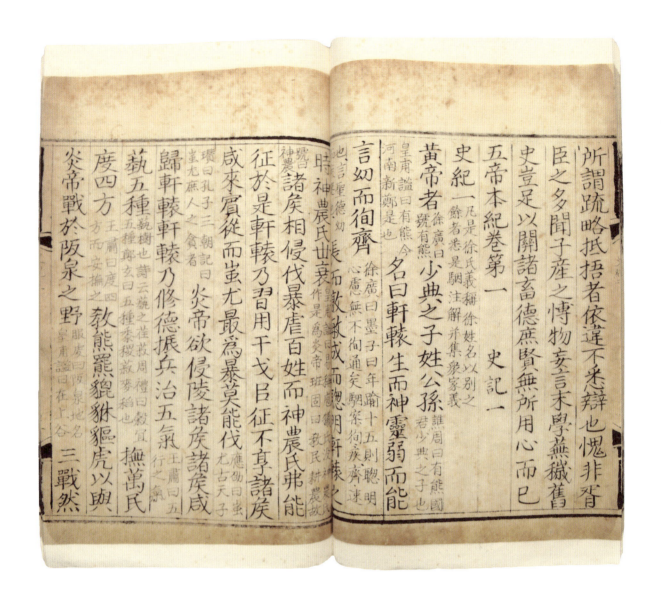

1 史記一百三十卷 （漢）司馬遷撰 （南朝宋）裴駰集解 明影抄宋紹興淮南路轉運司刻
本 傅增湘跋 三十五冊

　　半葉九行十六字，小字雙行二十字，粗黑口，四周雙邊，雙對黑魚尾。框高22.4厘米，
廣17.9厘米。存一百九卷（一至二、五至八、十五至三十二、三十九、四十四至四十六、
五十至一百三十）。藏印"雙鑑樓"（朱文）、"藏園"（朱文）、"雙鑑樓藏書印"（朱
文）、"雙鑑樓珍藏印"（朱文）、"傅增湘"（朱文）、"江安傅增湘沅叔珍藏"（朱文）、
"江安傅沅叔收藏善本"（朱文）、"沅叔"（朱文）、"傅增湘印"（朱文）、"江安傅
氏洗心室藏"（朱文）、"江安傅忠謨晉生珍藏"（白文）、"傅忠謨印"（白文）、"忠
謨讀書"（白文）。金鑲玉裝。傅增湘舊藏。入選第三批《國家珍貴古籍名録》（07473）
和第三批《山西省珍貴古籍名録》（00359）。

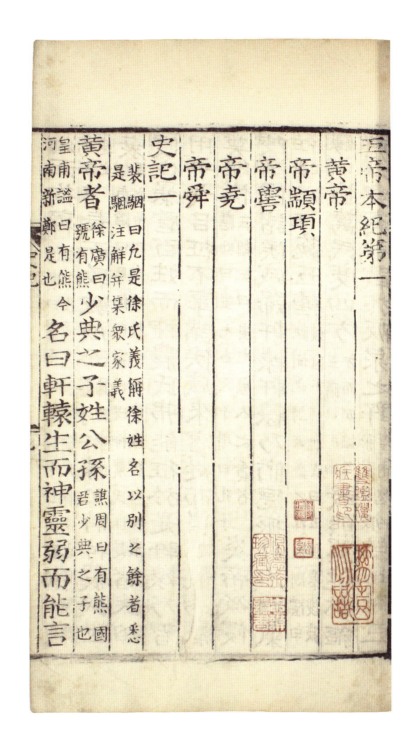

2　史記一百三十卷　（漢）司馬遷撰　（南朝宋）裴駰集解　明正德十年（1515）白鹿洞書院刻本　二十册

　　半葉十行十九字，小字雙行同，白口，四周單邊，單黑魚尾。框高21.7厘米，廣14.6厘米。藏印“雙鑑樓藏書印”（朱文）、“企驌軒”（白文）、“增湘”（白文）、“雙鑑樓藏書印”（朱文）、“沅叔”（朱文）、“佩德齋藏書印”（朱文）、“傅增湘”（白文）、“佩德齋”（朱文）、“傅沅叔藏書記”（朱文）、“晉生心賞”（白文）、“忠謨讀書”（白文）。傅增湘舊藏。入選第五批《國家珍貴古籍名録》（11552）。

東莞徐廣研核眾本爲作音義具列異同兼述訓解麤有所發明
而殊恨省略聊以愚管增演徐氏未經傳百家并先儒之說豫是
有益悉皆抄內刪其要實之繇朝陽飛塵之集華嶽以
書音義時見微意亦采其要實之繇朝陽飛塵之集華嶽以
書音義稱目集解者莫知氏姓今直云漢書音義或云都無姓名者但云
徐氏義稱臣瓚者既不知其氏又不見名○(注)今唯云瓚曰以別之
所謂疏略抵捂者依違不悉辯也愧非胥臣之多聞子產之博物
妄言末學蕪穢舊史豈足以關諸蓄德庶賢無所用心而已

史記一　〔徐著張晏是駰注解并集眾家義〕

五帝本紀第一　　徐廣曰　一作五帝本紀序

黃帝者　少典之子姓公孫

生而神靈弱而能言幼而徇齊　　　　　　　　　名曰軒轅　長

——

而敷德搜明軒轅之時神農氏世衰
諸侯相侵伐暴虐百姓而神農氏弗能征於是軒轅乃習用干
戈以征不享諸侯咸來賓從而蚩尤最爲暴莫能伐
炎帝欲侵陵諸侯諸侯咸歸軒轅軒轅乃修德振兵治五
氣藝五種撫萬民度四方　　　　　　　　三戰
然後得其志蚩尤作亂不用帝命於是黃帝乃徵師諸侯與蚩尤
戰於涿鹿之野遂禽殺蚩尤
而諸侯咸尊
軒轅爲天子代神農氏是爲黃帝天下有不順者黃帝從而征之
平者去之披山通道未嘗寧居
至于海登丸山　　　　　　　　　及岱宗西至于空桐

3　史記一百三十卷　　（漢）司馬遷撰　　（南朝宋）裴駰集解　　明崇禎十四年（1641）毛氏汲古閣刻清順治十一年（1654）重修本　清葉樹廉跋　九冊

　　半葉十二行二十五字，小字雙行三十七字，白口，左右雙邊，單黑魚尾。框高21.7厘米，廣15.7厘米。存一百九卷（一至七十九、一百一至一百三十）。版心上題"汲古閣"。藏印"石君"（朱文）、"葉樹廉印"（白文）、"樸學齋"（朱文）、"吉壽堂嚴氏家藏"（朱文）、"裕初"（朱文）、"嚴晉之印"（白文）、"嚴福之印"（白文）、"愛亭家藏"（朱文）、"太史之章"（朱文）、"南宮第一"（朱文）、"瀛海僊班"（朱文）、"傅沅叔藏書記"（朱文）。傅增湘舊藏。

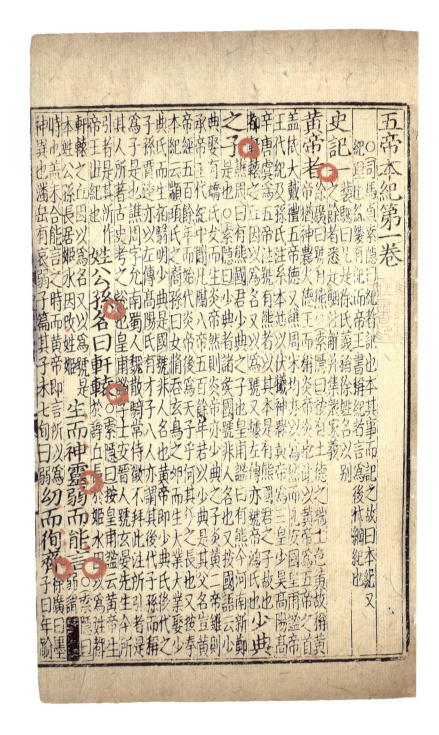

4　史記一百三十卷　（漢）司馬遷撰　（南朝宋）裴駰集解　（唐）司馬貞索隱　明天順游
明刻本　三十一冊

　　半葉十四行二十五字，小字雙行同，黑口，四周雙邊，雙順黑魚尾。框高 19.2 厘米，
廣 12.9 厘米。存一百十四卷（一至二、十九至一百三十）。藏印"雙鑑樓藏書印"（朱文）、
"傅增湘印"（白文）、"江安傅沅叔收藏善本"（朱文）、"沅叔審定"（朱文）、"萊
娛室印"（朱文）、"晉生心賞"（朱印）、"忠謨繼鑑"（白文）、"蕉林藏書"（朱文）。
朱筆圈點、批校。傅增湘舊藏。

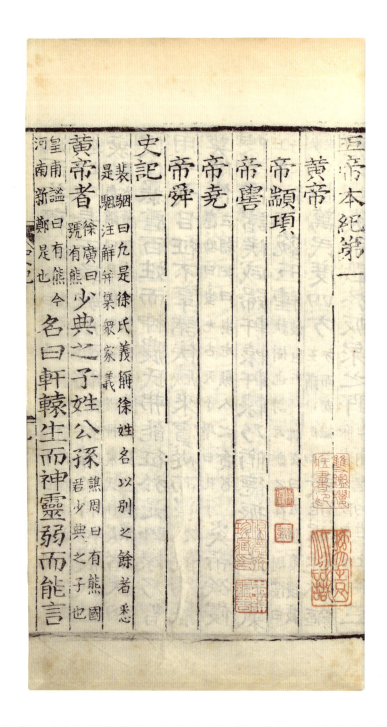

5 史記一百三十卷 （漢）司馬遷撰 （南朝宋）裴駰集解 （唐）司馬貞索隱 （唐）張守節正義 明嘉靖四年至六年（1525-1527）王延喆刻本（卷一百十七配明嘉靖四年汪諒本） 傅增湘批校并題識 四十八册

　　半葉十行十八字，小字雙行二十三字，白口，左右雙邊，單黑魚尾。框高19.6厘米，廣13厘米。藏印“季雅”（白文）、“解縉之印”（朱文）、“玉堂清叟”（朱文）、“文淵閣印”（朱文）、“雲間潘氏仲履父圖書”（朱文）、“長白毓本務游父讀書印”（朱文）、“江安傅氏藏園鑑定書籍之記”（朱文）、“藏園”（朱文）。傅增湘舊藏。入選第五批《國家珍貴古籍名録》（11555）。

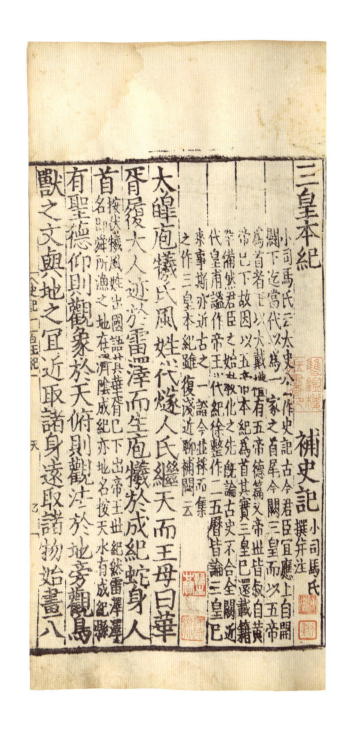

6　史記一百三十卷　（漢）司馬遷撰　（南朝宋）裴駰集解　（唐）司馬貞索隱　（唐）張守節正義　明嘉靖十三年（1534）秦藩朱惟焯刻二十九年（1550）重修本　朱筆批校、圈點　二十册

　　半葉十行十八字，小字雙行二十三字，白口，左右雙邊，單白魚尾。框高19.5厘米，廣13厘米。藏印"沅叔"（朱文）、"傅增湘"（白文）、"雙鑑樓藏書印"（朱文）、"增湘"（朱文）、"傅沅叔藏書記"（朱文）、"佩德齋珍藏印"（朱文）、"佩德齋"（朱文）、"忠謨讀書"（白文）、"企驪軒"（白文）、"晉生心賞"（白文）。傅增湘舊藏。

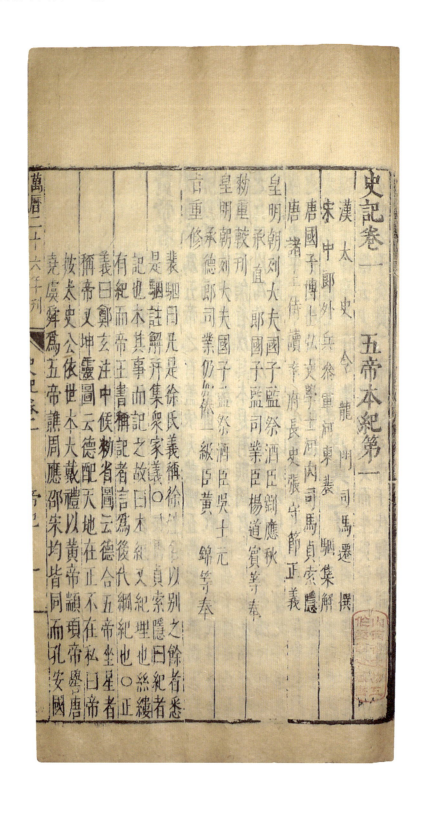

7　史記一百三十卷　（漢）司馬遷撰　（南朝宋）裴駰集解　（唐）司馬貞索隱　（唐）張守節正義　**補一卷**　明萬曆二十六年（1598）北京國子監刻本　二十六冊

　　半葉十行二十一字，小字雙行同，白口，左右雙邊，單黑魚尾。框高 22.6 厘米，廣 15.3 厘米。藏印“悔菴”（朱文）。版心上題“萬曆二十四年刊”“萬曆二十六年刊”。

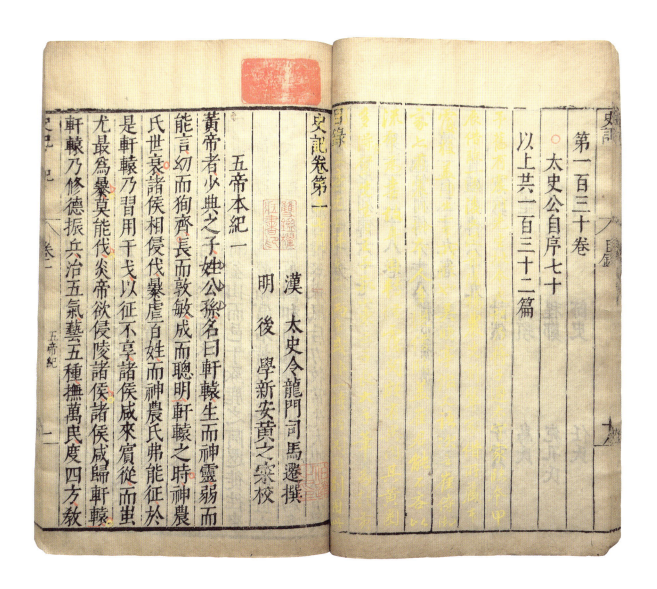

8　史記一百三十卷　（漢）司馬遷撰　（明）黃之寀校　明萬曆黃之寀刻二十子本　佚名黃筆題跋　朱筆圈點、批校　十二冊

　　半葉十行二十字，白口，左右雙邊，單白魚尾。框高 19.6 厘米，廣 13.9 厘米。藏印"由敦"（朱文）、"師茗一字菫堂"（朱文）、"壽德"（朱文）、"雙鑑樓藏書印"（朱文）、"伯達之印"（朱文）。清汪由敦、傅增湘遞藏。

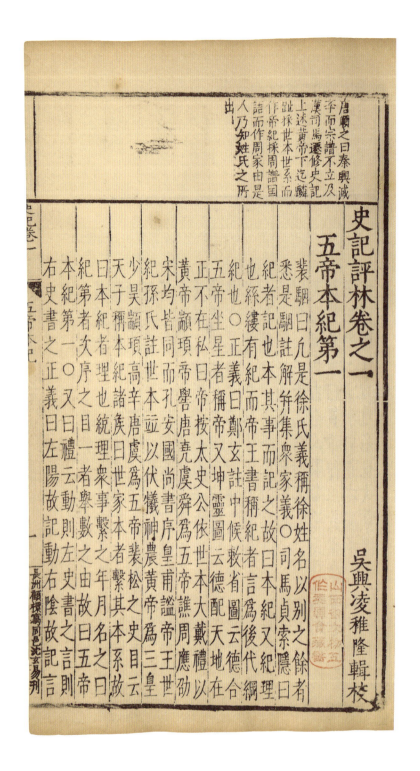

9　史記評林一百三十卷　（明）凌稚隆輯　明萬曆二年至四年（1574-1576）凌稚隆刻本　四十冊

　　上下兩欄，半葉十行十九字，小字雙行同，白口，左右雙邊，單黑魚尾。上欄鐫評。框高24.7厘米，廣14.7厘米。藏印"承裕堂曹氏珍藏"（朱文）、"承裕堂曹氏圖章"（白文）、"曹氏之印"（朱文）、"似我觀書"（白文）。版心下題寫工：顧摸；又題刻工：張璈、錢世英、沈玄易、章右之等。

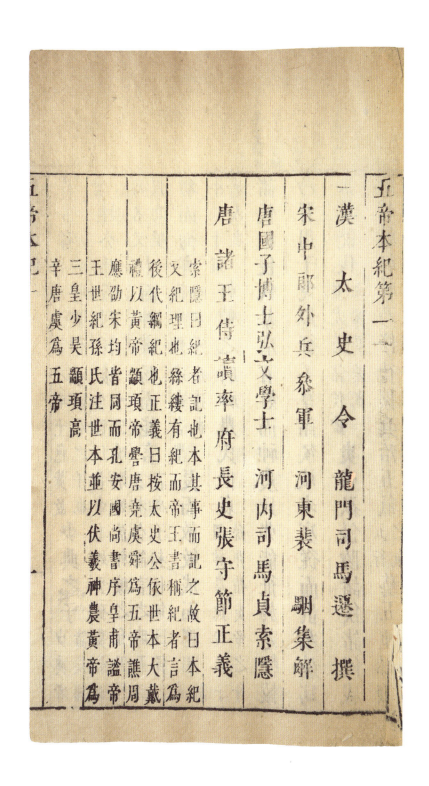

10　史記評林一百三十卷　（明）凌稚隆　（明）陳卧子輯　明萬曆致和堂刻本　三十二册

　　半葉九行二十字，小字雙行同，白口，左右雙邊。框高19.9厘米，廣14.5厘米。存七十卷（一至七十）。藏印“石屏”（朱文）。内封題“史記　凌以棟　陳卧子兩先生纂著　致和堂梓行”。

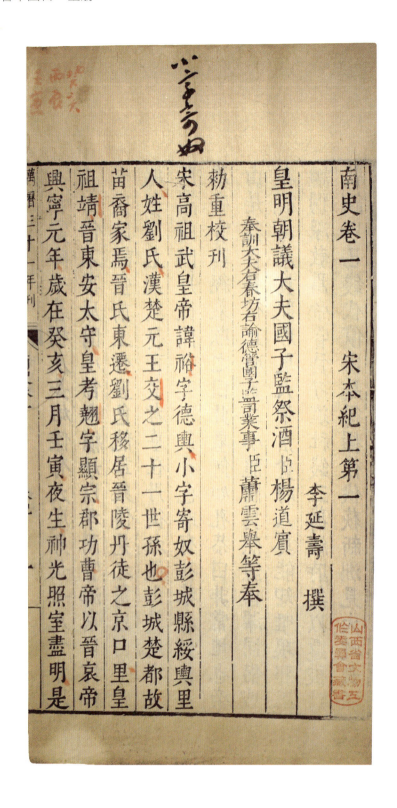

11　南史八十卷　（唐）李延壽撰　明萬曆三十一年（1603）北京國子監刻本　清傅山批
注　二十冊

　　半葉十行二十一字，白口，左右雙邊，單黑魚尾。框高23.5厘米，廣15.3厘米。藏印"傅
山印"（白文）。版心上題"萬曆三十一年刊"。清傅山舊藏。

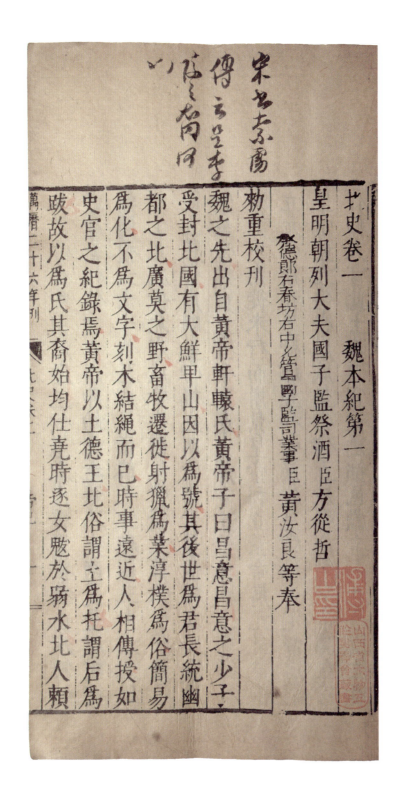

12　北史一百卷　（唐）李延壽撰　明萬曆二十六年（1598）北京國子監刻本　清傅山批注　三十冊

半葉十行二十一字，白口，左右雙邊，單黑魚尾。框高 22.5 厘米，廣 15.1 厘米。存九十九卷（一至五十六、五十八至一百）。藏印“傅山印”（白文）。版心上題“萬曆二十六年刊”。清傅山舊藏。

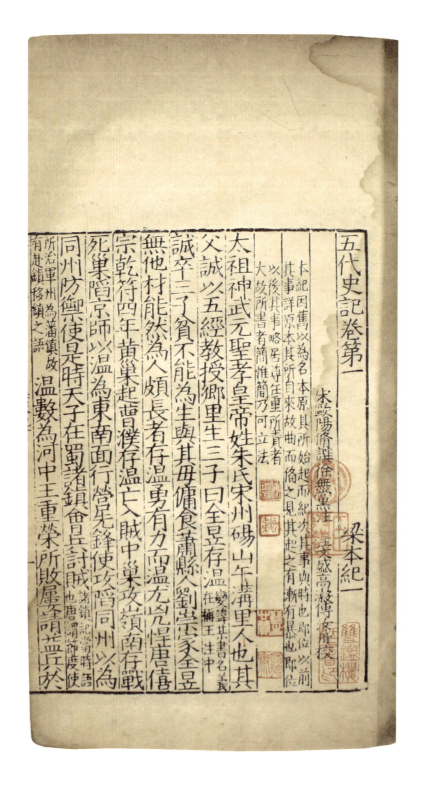

13　五代史記七十四卷　（宋）歐陽修撰　（宋）徐無黨注　明嘉靖汪文盛等刻本　二十四冊

半葉十二行二十二字，白口，四周單邊。框高 17.9 厘米，廣 12.9 厘米。藏印"吳郡馮氏家藏書畫印"（白文）、"營居太守丞印"（白文）、"霍商"（白文）、"傅沅叔藏書印"（朱文）、"傅增湘"（白文）、"沅叔"（朱文）、"企驎軒"（白文）、"佩德齋珍藏印"（朱文）、"忠謨讀書"（白文）。傅增湘舊藏。

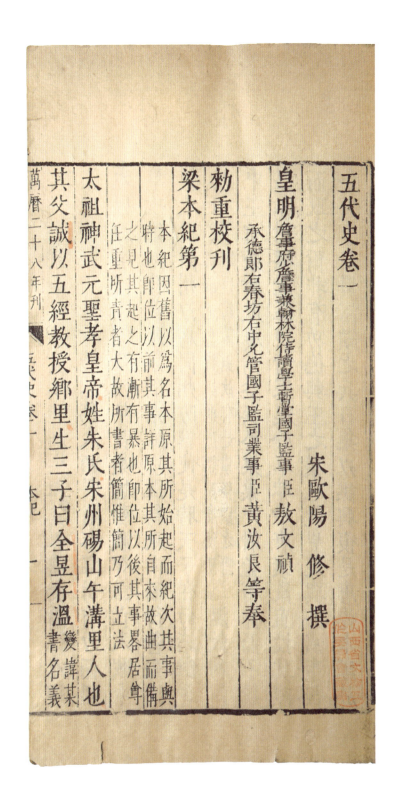

14　五代史七十四卷　（宋）歐陽修撰　（宋）徐無黨注　明萬曆二十八年（1600）北京國子
監刻本　清傅山批注　十冊

　　半葉十行二十一字，小字雙行同，白口，左右雙邊，單黑魚尾。框高 23.5 厘米，廣
15.2 厘米。藏印"傅山印"（白文）。版心題"萬曆二十八年刊"。清傅山舊藏。

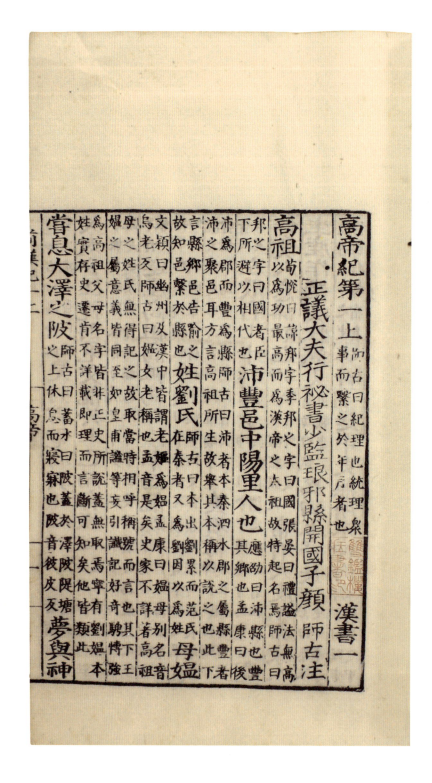

15　前漢書一百卷　（漢）班固撰　（唐）顏師古注　明刻嘉靖十六年（1537）廣東崇正書院重修本　三十九册

　　半葉十行二十二字，小字雙行同，白口，四周單邊。框高 19 厘米，廣 13.8 厘米。藏印"雙鑑樓藏書印"（朱文）、"企驊軒"（白文）。牌記題"嘉靖丁酉冬月廣東崇正書院重修"。傅增湘舊藏。

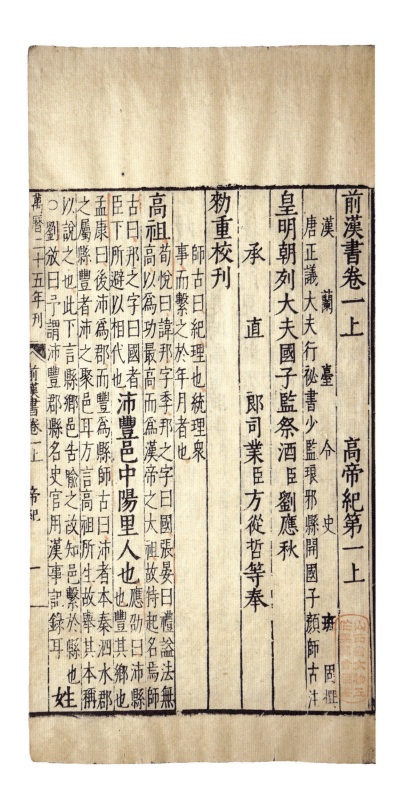

16　前漢書一百卷　（漢）班固撰　（唐）顏師古注　明萬曆二十五年（1597）北京國子監刻本　清傅山批注　十九冊

　　半葉十行二十一字，小字雙行同，白口，左右雙邊，單黑魚尾。框高 22.6 厘米，廣 15.5 厘米。存七十三卷（一至七十三）。版心上題"萬曆二十五年刊"。清傅山舊藏。

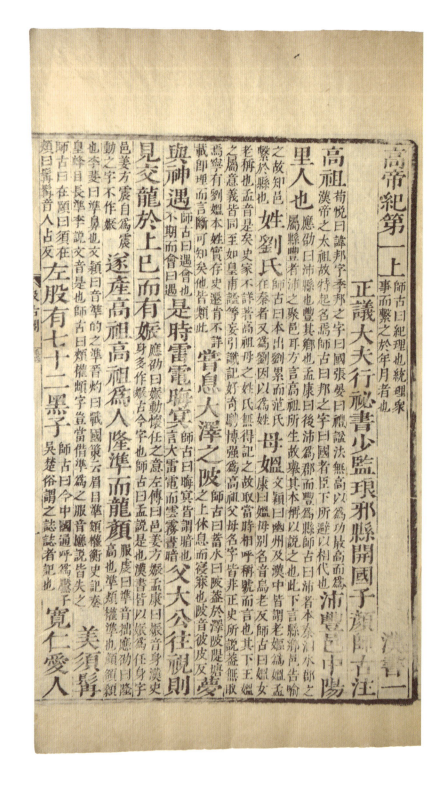

17　漢書一百卷　（漢）班固撰　（唐）顏師古注　明崇禎十五年（1642）毛氏汲古閣刻本　二十四冊

半葉十二行二十五字，小字雙行三十七字，白口，左右雙邊，單黑魚尾。框高21.9厘米，廣15.4厘米。牌記題"皇明崇禎十有五年歲在橫艾敦牂如月初吉琴川毛氏開雕"。版心題"汲古閣""毛氏正本"。

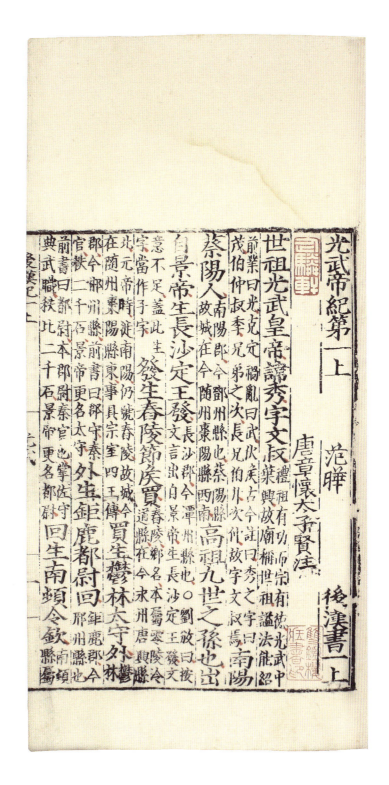

18　後漢書九十卷　（南朝宋）范曄撰　（唐）李賢注　志三十卷　（晉）司馬彪撰　（南朝梁）劉昭注　明嘉靖十六年（1537）廣東崇正書院重刻本　朱、墨筆圈點　六十四冊

　　半葉十行二十二字，小字雙行同，白口，四周單邊。框高19.2厘米，廣14厘米。藏印"雙鑑樓藏書印"（朱文）、"企驎軒"（白文）。牌記題"明嘉靖丁酉冬日廣東崇正書院重修"。傅增湘舊藏。

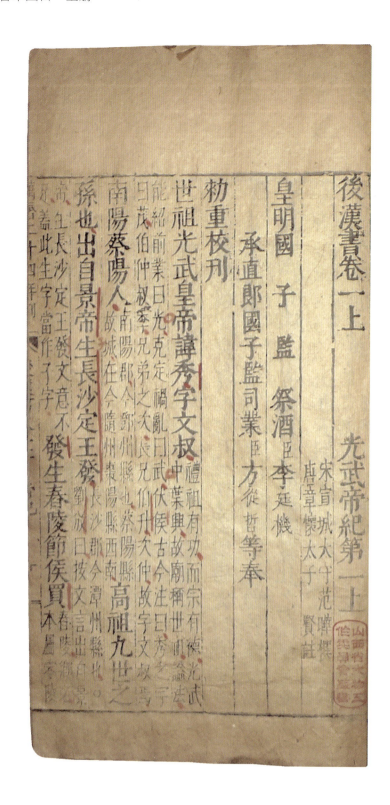

19 後漢書九十卷（南朝宋）范曄撰 （唐）李賢注 **志三十卷**（晉）司馬彪撰 （南朝梁）劉昭注 明萬曆二十四年（1596）北京國子監刻本 清傅山批注 二十八冊

半葉十行二十一字，小字雙行同，白口，左右雙邊，單黑魚尾。框高22.9厘米，廣15.4厘米。存一百十一卷（一至八十、九十至百二十）。藏印"傅山之印"（白文）。版心上題"萬曆二十四年刊"。清傅山舊藏。入選第五批《國家珍貴古籍名録》（11566）。

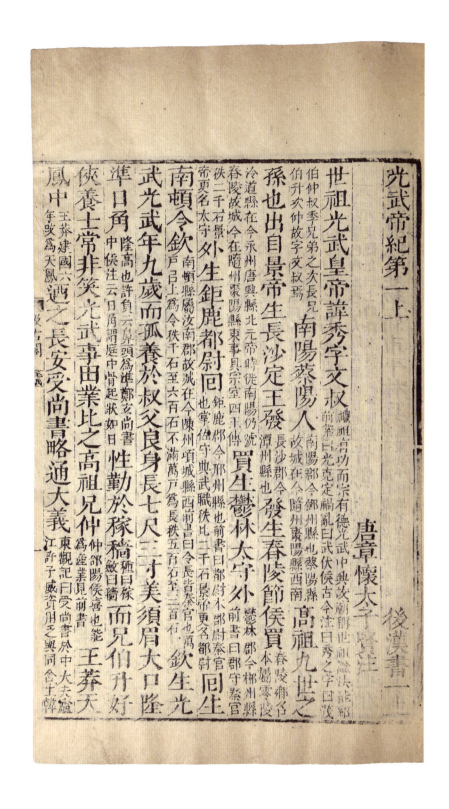

20　後漢書九十卷　（南朝宋）范曄撰　（唐）李賢注　**志三十卷**　（晉）司馬彪撰　（南朝梁）劉昭注　明崇禎十六年（1643）毛氏汲古閣刻本　二十四冊

半葉十二行二十五字，小字雙行三十七字，白口，左右雙邊，單黑魚尾。框高 21.5 厘米，廣 15.4 厘米。書前有題記"皇明崇禎十有六年歲在尚章葉洽病月上巳琴川毛氏開雕"。版心題"汲古閣""毛氏正本"。

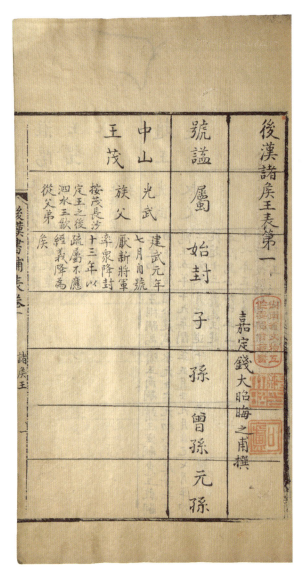

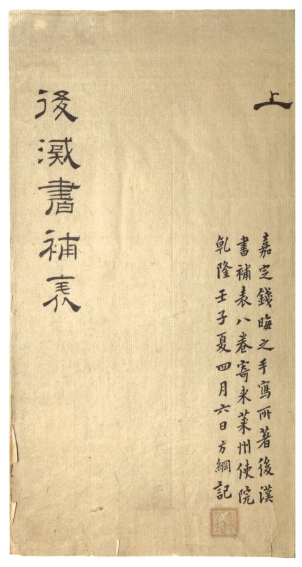

21　後漢書補表八卷　（清）錢大昭撰　稿本　清翁方綱題識　二册

　　半葉九行十八字，白口，四周單邊，單黑魚尾。框高21.3厘米，廣14.5厘米。藏印"錢大昭印"（白文）、"可廬"（朱文）、"覃谿"（朱文）。版心下題"得自怡齋"。

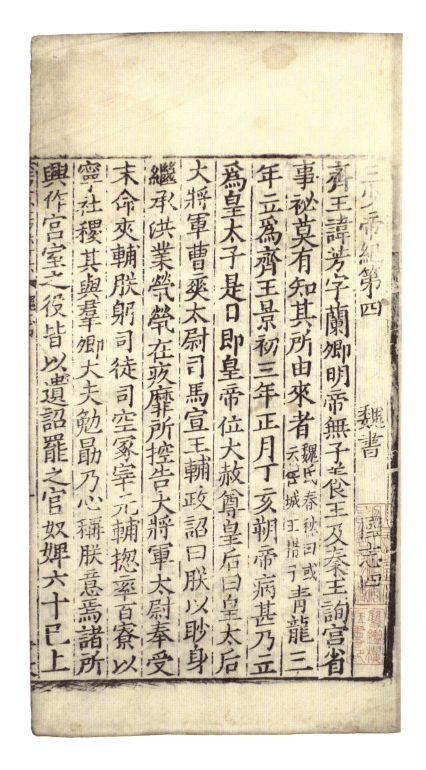

22　三國志六十五卷　（晉）陳壽撰　（南朝宋）裴松之注　元刻明弘治正德司禮監嘉靖萬曆南京國子監遞修本　三冊

　　半葉十行十九字，小字雙行二十一至二十三字，白口，左右雙邊，單黑魚尾。框高21厘米，廣15厘米。存十五卷（魏志四至六，吳志四至九、十五至二十）。藏印"雙鑑樓藏書印"（朱文）、"浙江盧氏寶鳳樓藏書印"（白文）。版心上題"弘治三年""正德十年司禮谷""嘉靖元年刊"等；下題刻工：沈壽、孫牧、步遷等。有朱筆圈點。傅增湘舊藏。

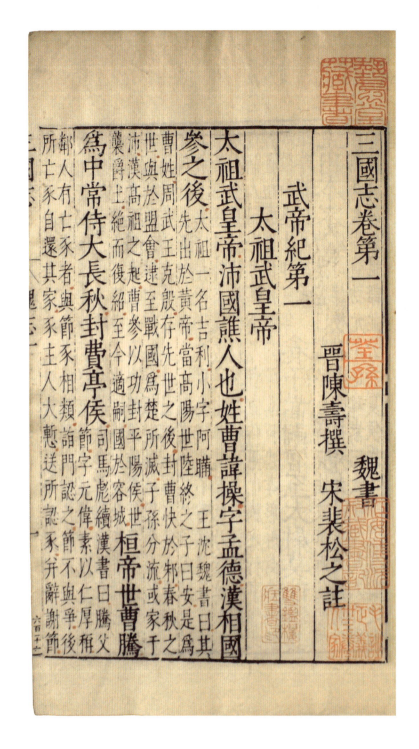

23　三國志六十五卷　（晉）陳壽撰　（南朝宋）裴松之注　明萬曆吳氏西爽堂刻本　朱、墨筆批點　十六冊

　　半葉十行二十字，小字雙行同，白口，左右雙邊，單白魚尾。框高21厘米，廣14.6厘米。藏印"繆荃孫藏"（朱文）、"蓮叔寓目"（朱文）、"藝風堂藏書"（朱文）、"荃孫"（朱文）、"鐵華館"（白文）、"海寧陳乃乾藏書"（朱文）、"沅叔"（朱文）、"佩德齋"（朱文）、"江安傅沅叔藏書印"（朱文）、"毛詩正義卅三卷人家"（朱文）、"雙鑑樓藏書印"（朱文）、"傅增湘"（白文）。魏書末鐫"吳氏西爽堂校刻"。傅增湘舊藏。

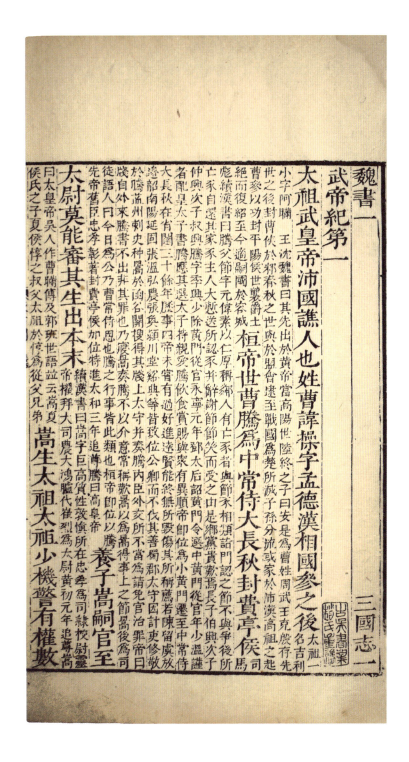

24　三國志六十五卷　（晉）陳壽撰　（南朝宋）裴松之注　明崇禎十七年（1644）毛氏汲古閣刻本　二十四冊

半葉十二行二十五字，小字雙行三十七字，白口，左右雙邊，單黑魚尾。框高 21 厘米，廣 15.2 厘米。内封題"三國史"。書前題記"皇明崇禎十有七年歲在閼逢涒灘如月花朝琴川毛氏開雕"。版心題"汲古閣　毛氏正本"。

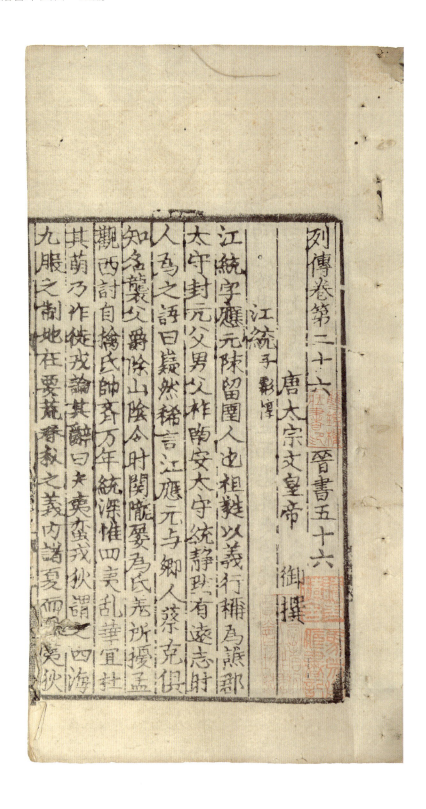

25　晉書一百三十卷　（唐）房玄齡等撰　元刻明修本　朱筆圈點　二冊

半葉十行十九字，粗黑口，左右雙邊，雙對黑魚尾。框高 19.3 厘米，廣 13.3 厘米。存五卷（五十六至五十七、七十至七十二）。藏印“馬笏齋藏書印”（朱文）、“讀史精舍”（白文）、“雙鑑樓藏書印”（朱文）、“傅沅叔藏書印”（朱文）。傅增湘舊藏。

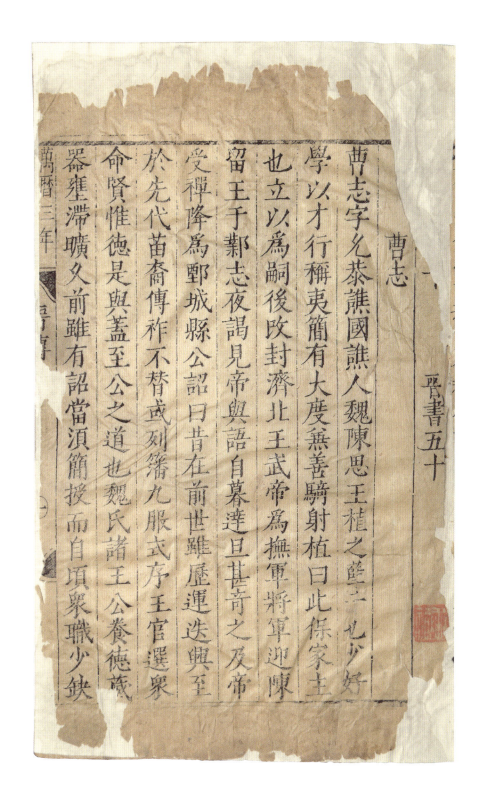

曹志字允恭譙國譙人魏陳思王植之孽子也少好
學以才行稱夷簡有大度無善騎射植曰此保家主
也立以為嗣後改封濟北王武帝為撫軍將軍迎陳
留王于鄴志夜謁見帝與語自暮達旦甚奇之及帝
受禪降為鄃城縣公詔曰昔在前世雖歷運遞興至
於先代苗裔傳祚不替咸列藩九服式序王官選眾
命賢惟德是與蓋至公之道也魏氏諸王公養德藏
器韞滯曠久前雖有詔當須簡授而自頃眾職少鈌

晉書五十

曹志

萬曆三年

26　晉書一百三十卷　（唐）房玄齡等撰　音義三卷　（唐）何超撰　元刻明正德十年（1515）
司禮監嘉靖萬曆南京國子監遞修本　二冊

　　半葉十行二十字，細黑口，左右雙邊，雙對黑魚尾。框高22.4厘米，廣17.6厘米。存
十二卷（五十至五十五、八十至八十五）。藏印“承裕”（白文）。版心上題“嘉靖戊午年
國子監刊”“萬曆十年補刊”等；下題刻工：史世申、張言德等；又題字數。

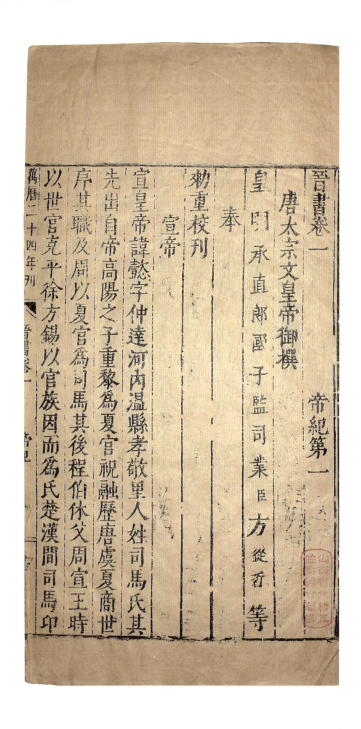

27　晉書一百三十卷　（唐）房玄齡等撰　音義三卷　（唐）何超撰　明萬曆二十四年（1596）
北京國子監刻本　清傅山批注　二十七册
　　半葉十行二十一字，白口，左右雙邊，單黑魚尾。框高 22.5 厘米，廣 15.6 厘米。存
一百二十四卷（一至三十、三十七至一百三十）。藏印“傅山私印”（白文）。版心下題“萬
曆二十四年刊”。清傅山舊藏。

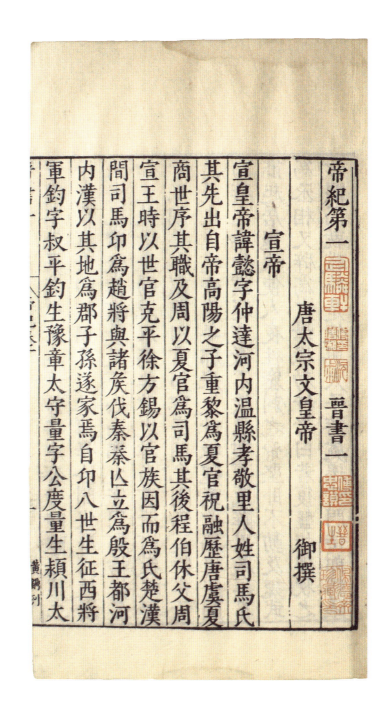

28 晉書一百三十卷 （唐）房玄齡等撰 音義三卷 （唐）何超撰 明萬曆吳氏西爽堂刻本 清唐翰題識 四十冊

半葉十行二十字，小字雙行同，白口，左右雙邊，單白魚尾。框高20.5厘米，廣14.6厘米。藏印"韭華亭"（朱文）、"雙鑑樓"（朱文）、"江安傅沅叔藏書記"（朱文）、"傅增湘"（白文）、"江安傅沅叔收藏善本"（朱文）、"藏園"（朱文）、"傅增湘印"（白文）、"沅叔"（朱文）、"傅沅叔藏書記"（朱文）、"江安傅氏藏園鑑定書籍之記"（朱文）、"洗心室圖書章"（朱文）、"佩德齋珍藏印"（朱文）、"忠謨讀書"（白文）、"企驎軒"（白文）、"傅忠謨印"（白文）、"晉生"（朱文）。卷末鐫"西爽堂吳氏校刻"。版心題刻工：黃鏞。傅增湘舊藏。

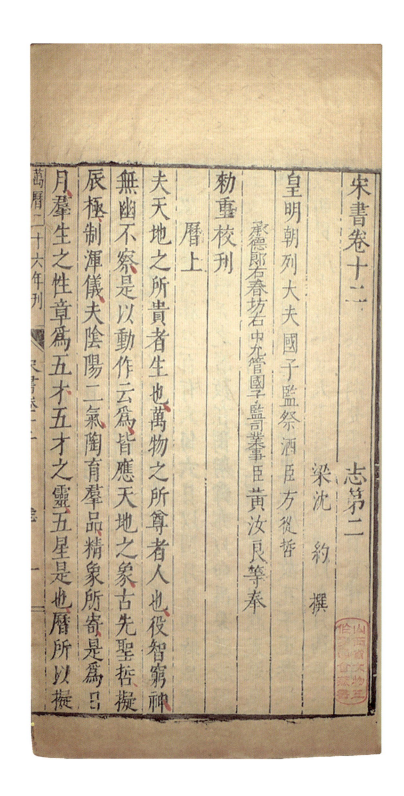

29 宋書一百卷 （南朝梁）沈約撰 明萬曆二十六年（1598）北京國子監刻本 清傅山批
注 十八冊

半葉十行二十一字，白口，左右雙邊，單黑魚尾。框高 23.6 厘米，廣 15.3 厘米。存
七十七卷（十二至八十三、九十一至九十五）。藏印"傅山印"（白文）。版心上題"萬
曆二十六年刊"。清傅山舊藏。

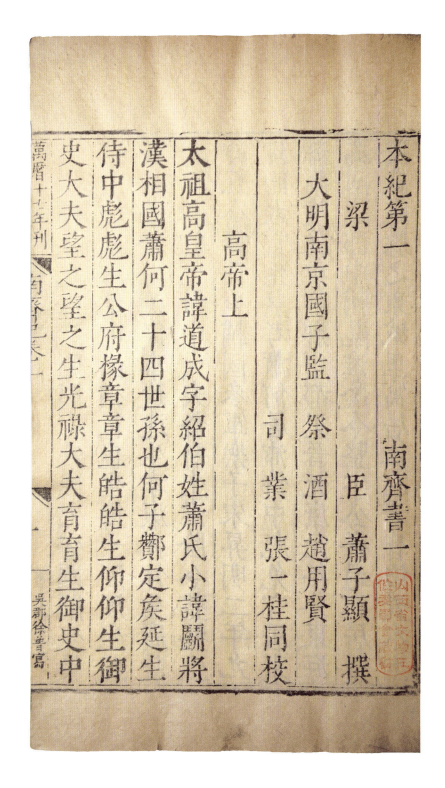

30 南齊書五十九卷 （南朝梁）蕭子顯撰 明萬曆十六年至十七年（1588–1589）南京國子監刻本 八冊

半葉九行十八字，小字雙行同，白口，四周雙邊，雙順黑魚尾。框高 20.6 厘米，廣 14.9 厘米。版心上題"萬曆十六年刊""萬曆十七年刊"；下題刻工：鄧欽、黃武、黃一林等；又題字數。

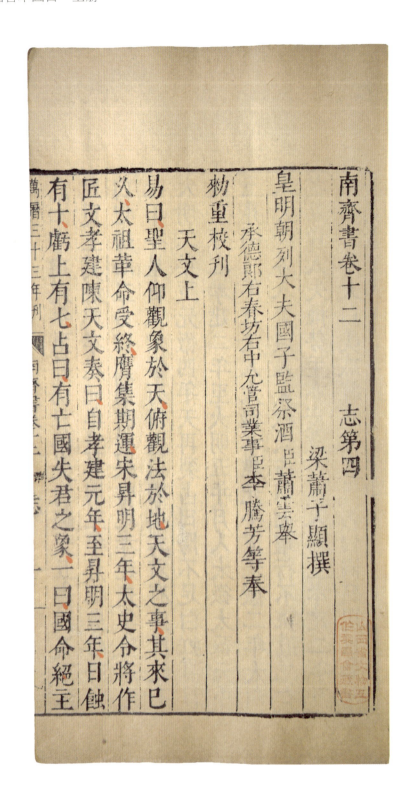

31　南齊書五十九卷　（南朝梁）蕭子顯撰　明萬曆三十三年（1605）北京國子監刻本　清傅

山批注　一冊

　　半葉十行二十一字，白口，左右雙邊，單黑魚尾。框高 23.4 厘米，廣 15.1 厘米。存五

卷（十二至十六）。版心上題"萬曆三十三年刊"。清傅山舊藏。

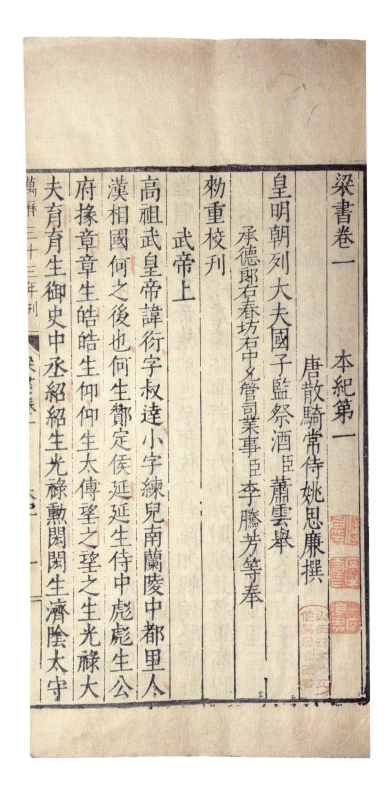

32　梁書五十六卷　（唐）姚思廉撰　明萬曆三十三年（1605）北京國子監刻本　清傅山批
注　八冊

　　半葉十行二十一字，白口，左右雙邊，單黑魚尾。框高 23 厘米，廣 15 厘米。藏印"傅
山之印"（白文）、"傅眉"（白文）、"字壽毛"（白文）、"一字須男"（白文）。版
心上題"萬曆三十三年刊"。清傅山舊藏。

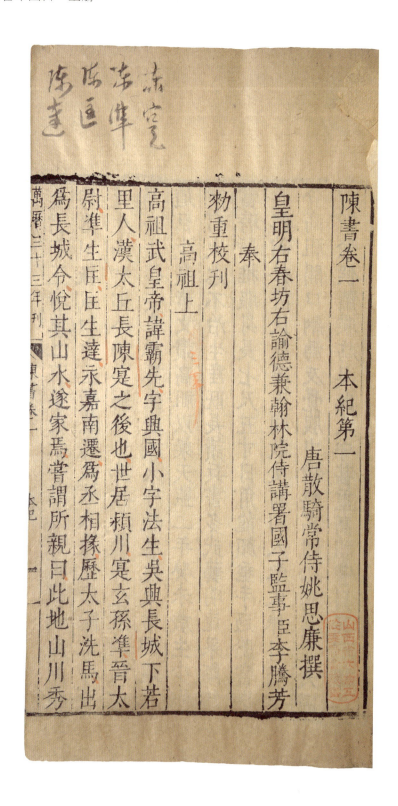

33　陳書三十六卷　（唐）姚思廉撰　明萬曆三十三年（1605）北京國子監刻本　清傅山批
注　四冊

　　半葉十行二十一字，白口，左右雙邊，單黑魚尾。框高22.7厘米，廣15厘米。藏印"傅
山印"（白文）。版心上題"萬曆三十三年刊"。清傅山舊藏。

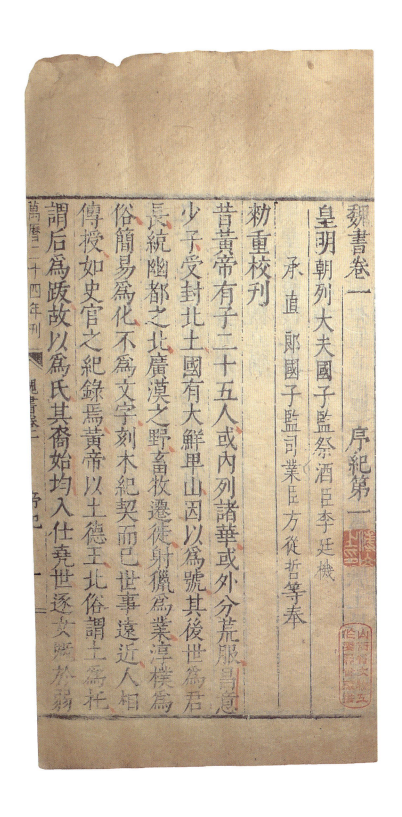

魏書卷一

序紀第一

皇明朝列大夫國子監祭酒臣李廷機

承直　郎國子監司業臣方從哲等奉

勑重校刊

昔黃帝有子二十五人或內列諸華或外分荒服昌意

少子受封北土國有大鮮卑山因以為號其後世為君

長統幽都之北廣漠之野畜牧遷徙射獵為業淳樸為

俗簡易為化不為文字刻木紀契而已世事遠近人相

傳授如史官之紀錄焉黃帝以土德王北俗謂土為托

謂后為跋故以為氏其裔始均入仕堯世逐女魃於弱

萬曆二十四年刊

魏書卷一

序一

34　魏書一百十四卷　（北齊）魏收撰　明萬曆二十四年（1596）北京國子監刻本　清傅山批注　二十九冊

半葉十行二十一字，白口，左右雙邊，單黑魚尾。框高22.2厘米，廣15.5厘米。藏印"傅山之印"（白文）。版心上題"萬曆二十四年刊"。清傅山舊藏。

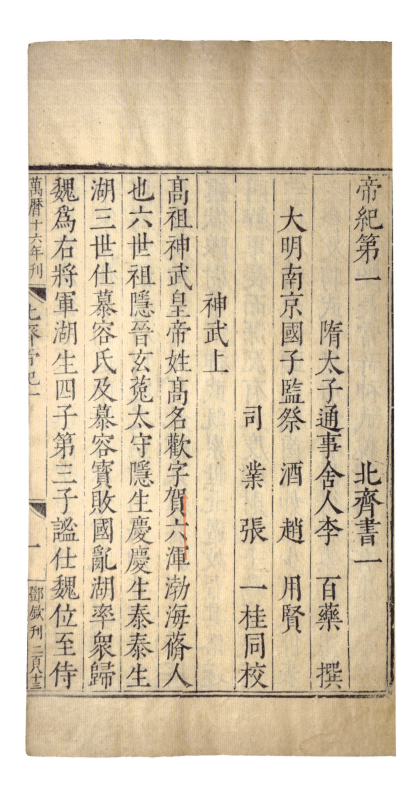

35　北齊書五十卷　（唐）李百藥撰　明萬曆十六至十七年（1588—1589）南京國子監刻本（卷十、十四、二十一有補配）　六册

半葉九行十八字，白口，四周雙邊，雙順黑魚尾。框高 20.9 厘米，廣 15 厘米。存四十二卷（一至四十二）。版心上題"萬曆十六年刊"；下題刻工：鄧欽、劉卞、胡祖等；又題字數。

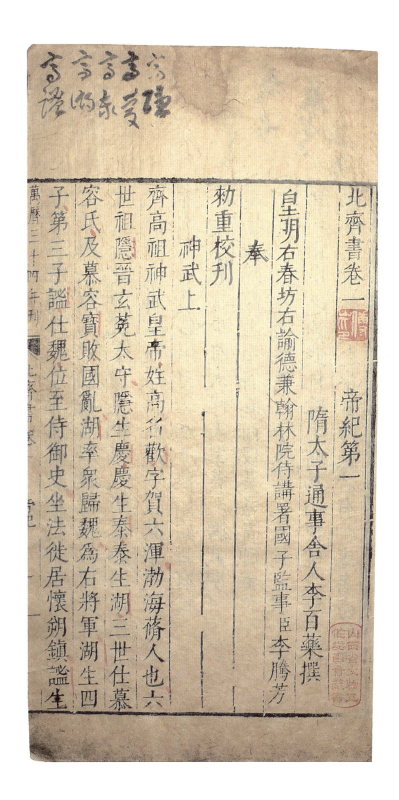

36　北齊書五十卷　（唐）李百藥撰　明萬曆三十四年（1606）北京國子監刻本　清傅山批注　五冊

　　半葉十行二十一字，白口，左右雙邊，單黑魚尾。框高22.9厘米，廣15.1厘米。存三十二卷（一至三十二）。藏印"傅山印"（白文）、"傅眉印"（白文）。版心上題"萬曆三十四年刊"。清傅山舊藏。

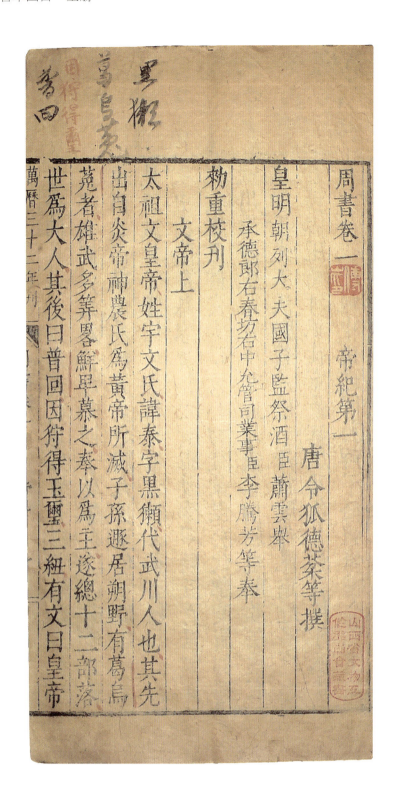

37 周書五十卷 （唐）令狐德棻等撰 明萬曆三十二年（1604）北京國子監刻本 清傅山批注 八册

半葉十行二十一字，白口，左右雙邊，單黑魚尾。框高23.5厘米，廣15厘米。藏印"傅山印"（白文）。版心上題"萬曆三十二年刊"。清傅山舊藏。

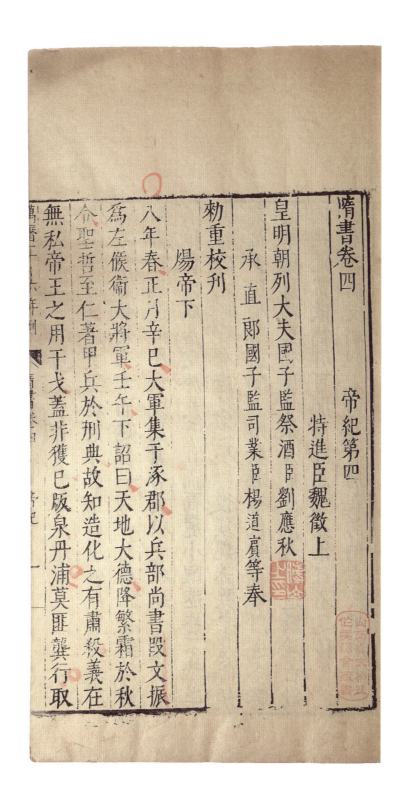

隋書卷四

帝紀第四

　皇明朝列大夫國子監祭酒臣劉應秋　特進臣魏徵上

　承直郎國子監司業臣楊道賓等奉

勅重校刊

煬帝下

八年春正月辛巳大軍集于涿郡以兵部尚書毁文振

為左候衞大將軍壬午下詔曰天地大德降繁霜於秋

令聖哲至仁著甲兵於刑典故知造化之有蕭殺義在

無私帝王之用干戈蓋非獲已版泉丹浦莫匪龔行取

38　隋書八十五卷　（唐）魏徵等撰　明萬曆二十六年（1598）北京國子監刻本　清傅山批
注　十九冊
　　半葉十行二十一字，白口，左右雙邊，單黑魚尾。框高22厘米，廣15厘米。存八十二卷（四
至八十五）。藏印"傅山之印"（白文）。版心上題"萬曆二十六年刊"。清傅山舊藏。

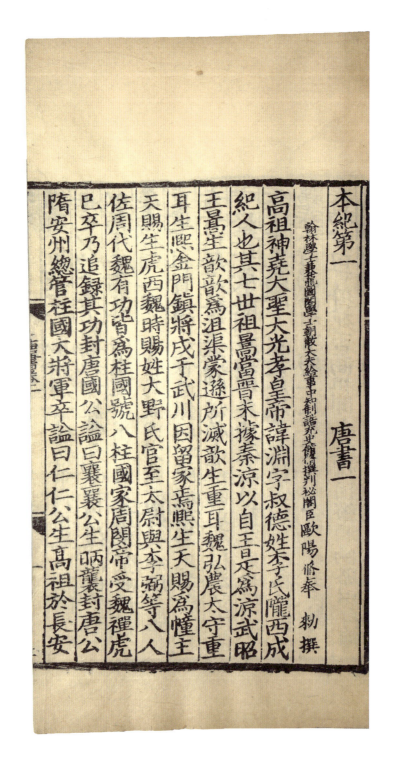

39　唐書二百二十五卷　（宋）歐陽修撰　**釋音二十五卷**　（宋）董衝撰　元大德九年（1305）
建康路儒學刻明成化弘治南京國子監遞修本（卷九十七抄配）　二十二冊

　　半葉十行二十二字，白口，左右雙邊，雙順黑魚尾。框高 22.5 厘米，廣 16.3 厘米。存
八十九卷（一至六十七、九十二至一百十三）。藏印“黃紹齋家珍藏”（朱文）、“慧海樓
藏書印”（朱文）。版心上題“成化十八年”；下題“監生高安廖縉”“監生何清”“監生
汪鑒”“監生曹廣”等。

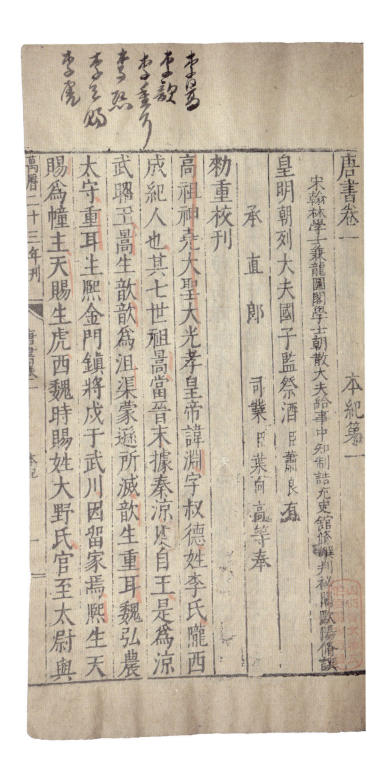

40　唐書二百二十五卷　（宋）歐陽修　（宋）宋祁等撰　**釋音二十五卷**　（宋）董衝撰　明萬曆二十三年（1595）北京國子監刻本　清傅山批注　三十五冊

半葉十行二十一字，白口，左右雙邊，單黑魚尾。框高 23 厘米，廣 15 厘米。存一百二十一卷（一至八十一、九十八至一百七、一百九十三至二百二十二）。藏印"傅山之印"（白文）。版心上題"萬曆二十三年刊"。清傅山舊藏。

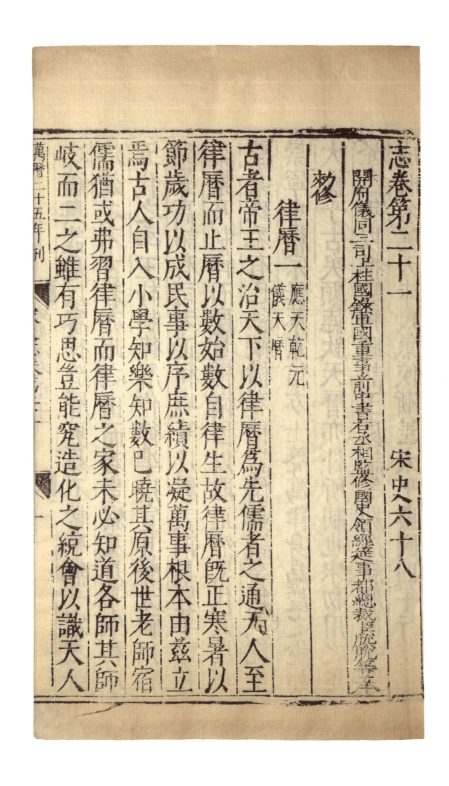

41 宋史四百九十六卷目録三卷 （元）脱脱等撰 明成化七年至十六年（1471-1480）朱英刻明南京國子監清遞修本 六十二册

半葉十行二十字，小字雙行同，白口，四周雙邊，雙順黑魚尾。框高21.2厘米，廣15.1厘米。存三百二十六卷（六十八至九十四、一百六十九至三百二、三百三十二至四百九十六）。版心上題"嘉靖丙辰年刊""萬曆二十五年刊""康熙三十九年刊"等。

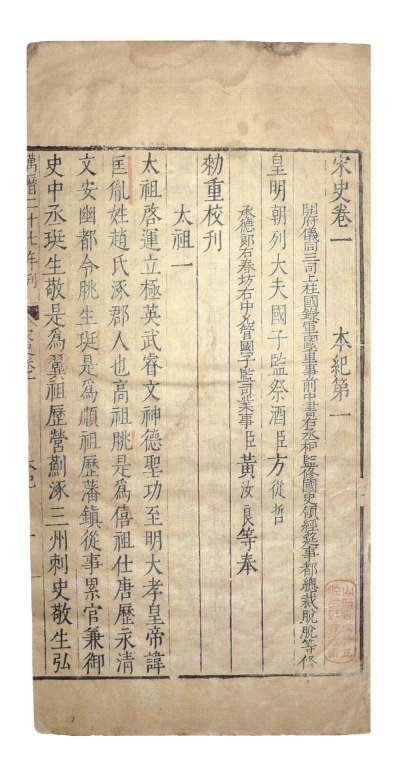

宋史卷一　　本紀第一

開府儀同三司上柱國錄軍國重事前中書右丞相監修國史領經筵事都總裁脫脫等修

皇明朝列大夫國子監祭酒臣方從哲

承德郎右春坊右中允管國子監司業事臣黃汝良等奉

勅重校刊

太祖一

太祖啓運立極英武睿文神德聖功至明大孝皇帝諱

匡胤姓趙氏涿郡人也高祖朓是爲僖祖仕唐歷永清

文安幽都令朓生珽是爲順祖歷藩鎮從事累官兼御

史中丞珽生敬是爲翼祖歷營薊涿三州刺史敬生弘

萬曆二十七年刊　　　〈宋〉史卷一〈本紀一〉

42　宋史四百九十六卷目録三卷　　（元）脫脫等撰　明萬曆二十七年（1599）北京國子監刻本　清傅山批注　七十六册

半葉十行二十一字，白口，左右雙邊，單黑魚尾。框高23.6厘米，廣15.2厘米。存三百八十卷（一至五十三、一百七至一百五十七、二百至二百二十八、二百三十一至三百八十八、三百九十六至四百四十四、四百五十至四百八十二、四百九十至四百九十六）。藏印"傅山印"（白文）。版心上題"萬曆二十七年刊"。清傅山舊藏。

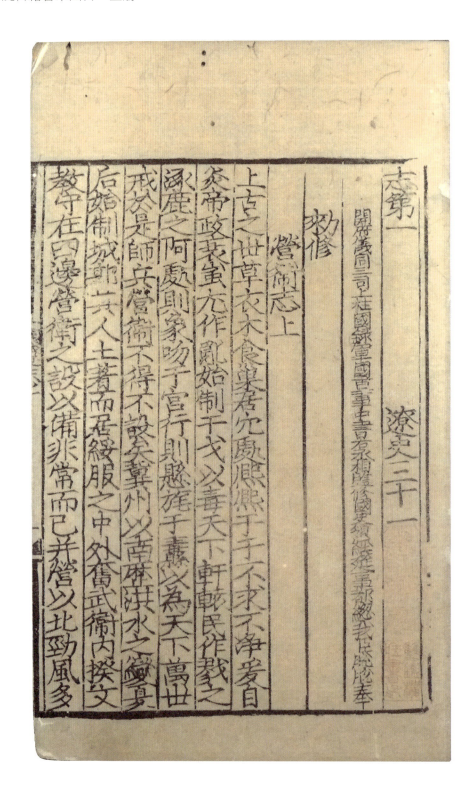

43　遼史一百十六卷　（元）脱脱等撰　明初刻本　八冊

　　半葉十行二十二字，黑口，左右雙邊，雙對花魚尾。框高 21.4 厘米，廣 15.7 厘米。存
十六卷（三十一至四十六）。藏印"雙鑑樓藏書印"（朱文）。版心下題刻工：志通、劉寶、
林安等。傅增湘舊藏。入選第三批國家珍貴古籍名録（07560）和第三批山西省珍貴古籍名
録（00361）。

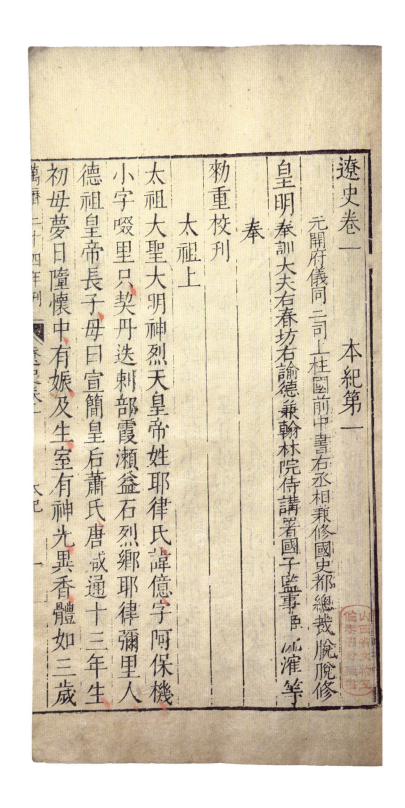

44　遼史一百十六卷　（元）脫脫等撰　明萬曆三十四年（1606）北京國子監刻本　清傅山批
注　六冊

半葉十行二十一字，白口，左右雙邊，單黑魚尾。框高 23.6 厘米，廣 15 厘米。存
四十八卷（一至四十八）。版心上題"萬曆三十四年刊"。清傅山舊藏。

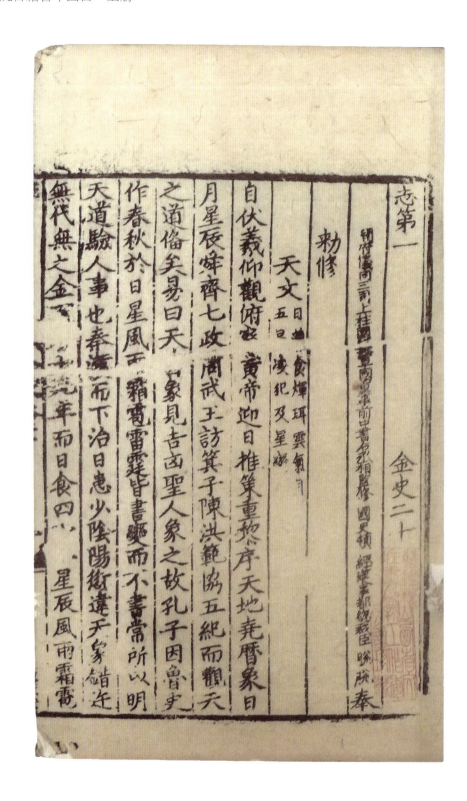

45　金史一百三十五卷目録二卷　（元）脱脱等撰　明初刻本　三十册

　　半葉十行二十二字，黑口，左右雙邊，雙對花魚尾。框高 22 厘米，廣 15.6 厘米。存七十二卷（二十至九十一）。藏印"雙鑑樓藏書印"（朱文）"傅沅叔藏書印"（朱文）。版心下題刻工：徐子中、吳福、志道、虞厚等。傅增湘舊藏。入選第二批國家珍貴古籍名録（03578）和第二批山西省珍貴古籍名録（00145）。

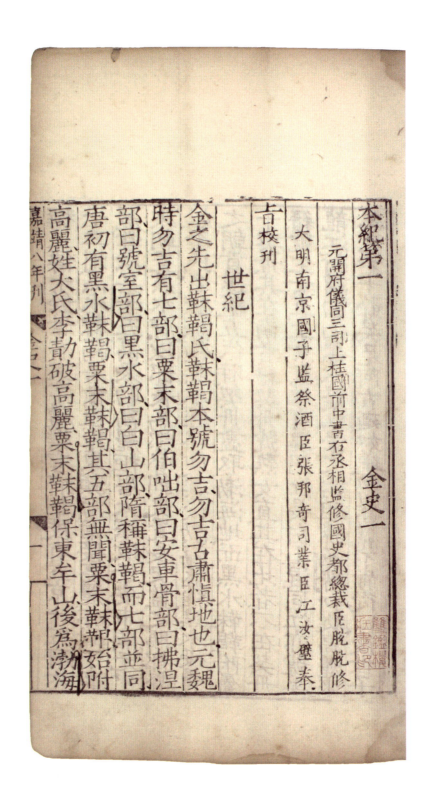

46　金史一百三十五卷　（元）脫脫等撰　（明）江汝璧校刊　明嘉靖八年（1529）南京國子監刻本　四冊

半葉十行二十二字，白口，左右雙邊，雙順黑魚尾。框高21.2厘米，廣16.1厘米。存十九卷（一至十九）。藏印"雙鑑樓藏書印"（朱文）。傅增湘舊藏。

47　金史一百三十五卷　　（元）脫脫等撰　明萬曆三十四年（1606）北京國子監刻本　清傅山
批注　二十四册

　　半葉十行二十一字，白口，左右雙邊，單黑魚尾。框高 23.7 厘米，廣 15 厘米。版心上
題“萬曆三十四年刊”。清傅山舊藏。

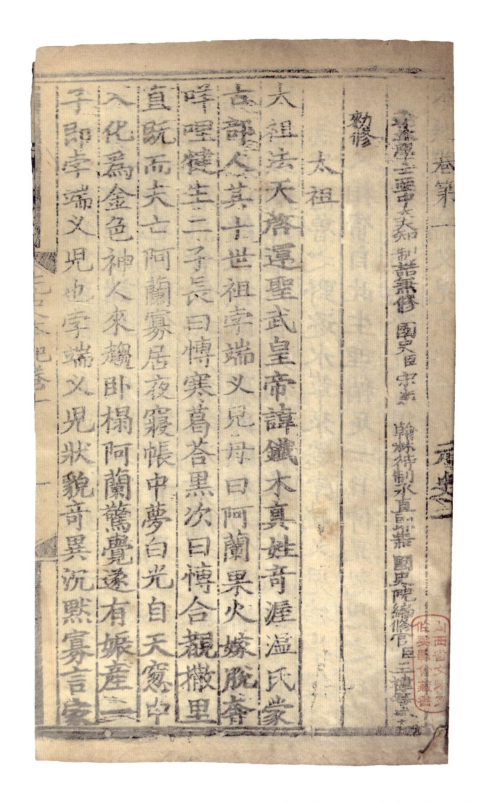

48　元史二百十卷目錄二卷　（明）宋濂等撰　明洪武三年（1370）內府刻嘉靖萬曆南京國子監遞修本（有抄配）　二十一冊

半葉十行二十字，粗黑口，四周雙邊，雙對黑魚尾。框高 26.5 厘米，廣 17 厘米。存一百四十八卷（一至一百四十八）。版心上題"嘉靖九年補刊""萬曆三十七年刊""天啓三年刻"等。

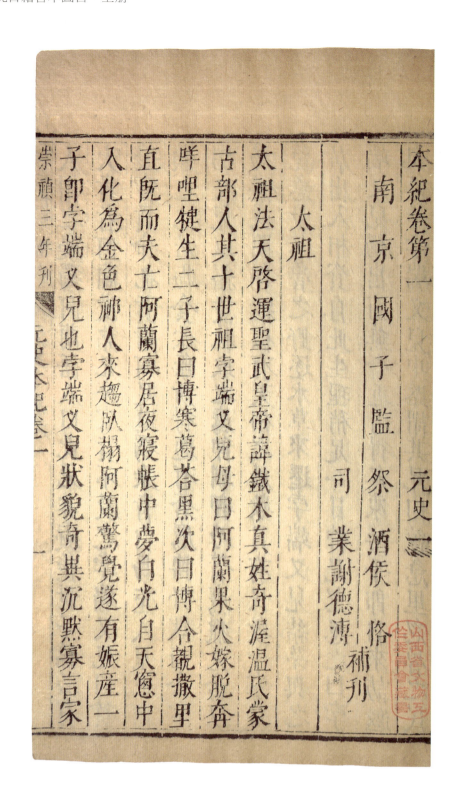

49　元史二百十卷目録二卷　（明）宋濂等撰　明萬曆刻明清遞修本　二十册

　　半葉十行二十字，白口，四周雙邊，雙對黑魚尾。框高 23.3 厘米，廣 16.5 厘米。版心上題"萬曆四十四年刊""天啓三年刊""崇禎三年刊　兩廂侯補修""順治十五年刊""順治十六年刊""康熙二十年補刊"等。

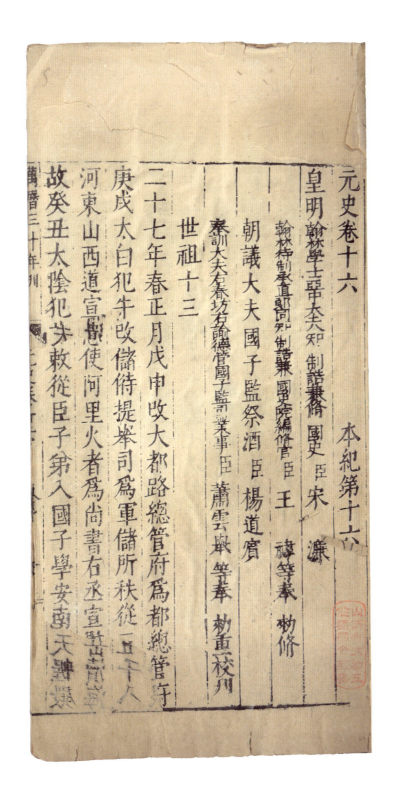

50　元史二百十卷目錄二卷　（明）宋濂等撰　明萬曆三十年（1602）北京國子監刻本　清傅山批注　四十一冊

　　半葉十行二十一字，白口，左右雙邊，單黑魚尾。框高23.3厘米，廣15厘米。存一百七十卷（十六至七十九、八十四至一百二十三、一百二十九至一百四十二、一百四十八至一百九十九）。版心上題"萬曆三十年刊"。清傅山舊藏。

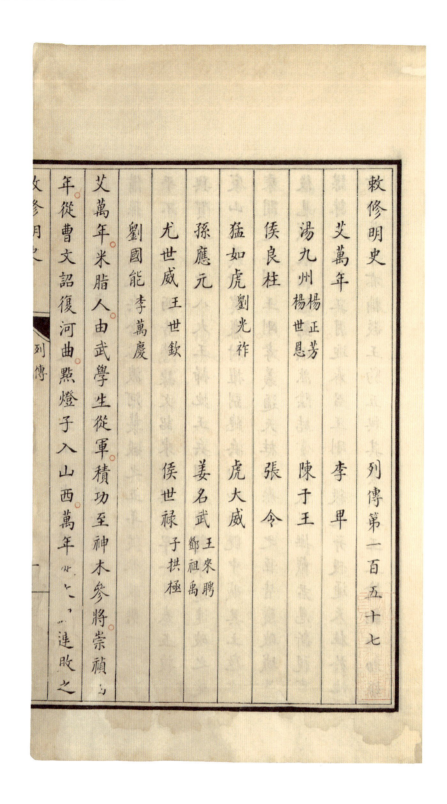

51　敕修明史三百三十二卷目録四卷　（清）張廷玉等撰　清刻本　三册

　　半葉十行二十二字，白口，四周雙邊，單黑魚尾。框高21.2厘米，廣14.6厘米。存九卷（二百六十九至二百七十一、二百八十三至二百八十五、二百八十九至二百九十一）。傅增湘舊藏。

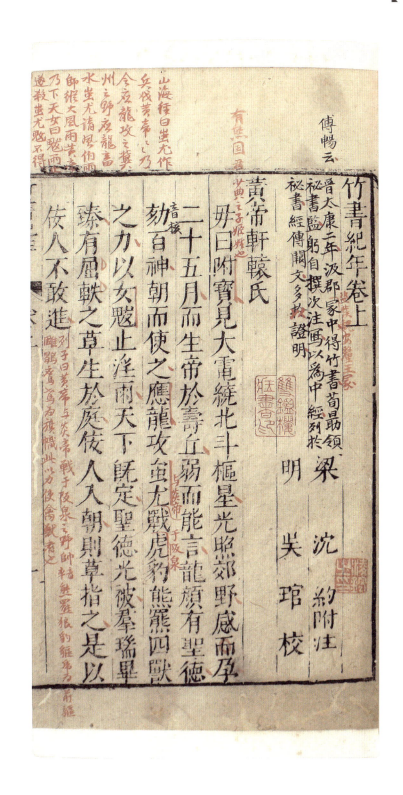

52　竹書紀年二卷　題（南朝梁）沈約注　（明）吳琯校　明吳氏刻本　佚名批校　一冊

　　半葉十行二十字，白口，四周單邊，單黑魚尾。框高 19.6 厘米，廣 13.5 厘米。藏印"雙鑑樓藏書印"（朱文）、"淩鋐之印"（白文）。金鑲玉裝。傅增湘舊藏。

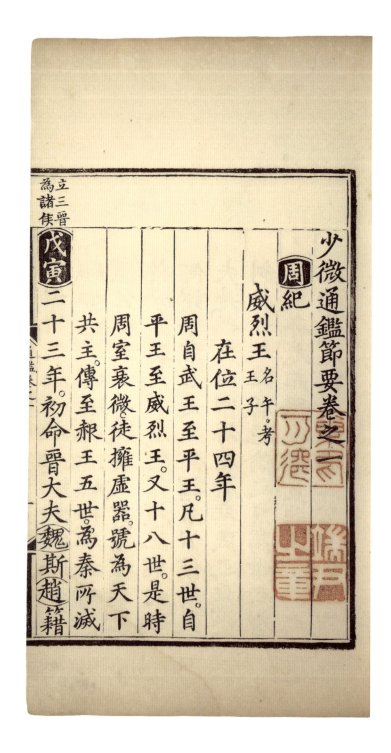

53 少微通鑑節要五十卷外紀四卷 （宋）江贄撰 資治通鑑節要續編三十卷 （明）張光啟撰 明正德九年（1514）司禮監刻本 三十册

　　上下雙欄。半葉九行十五字，小字雙行同，黑口，四周雙邊，雙對黑魚尾。框高22.7厘米，廣16厘米。存二十七卷（少微通鑑節要卷一至二十三、外紀四卷）。藏印"廣運之寶"（朱文）、"端尹之章"（白文）、"黄紹齋家珍藏"（朱文）、"五福堂收藏明版善本書"（朱文）、"恩福堂藏書印"（白文）、"英龢私印"（白文）。包背裝。入選第五批《國家珍貴古籍名録》（11583）。

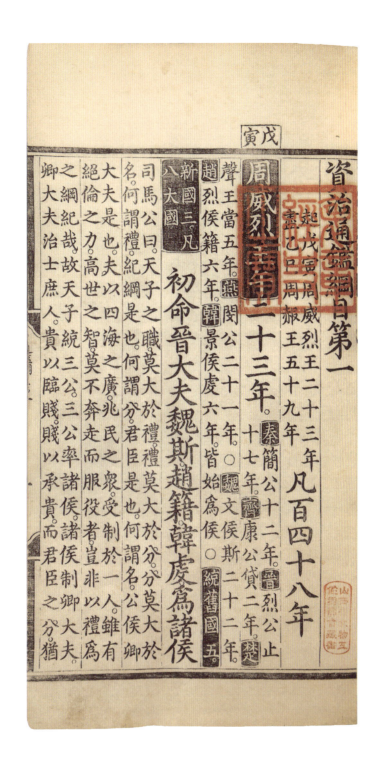

54　資治通鑑綱目五十九卷　（宋）朱熹撰　明成化九年（1473）內府刻本　三十冊

　　半葉八行十八字，小字雙行二十一字，黑口，四周雙邊，雙對黑魚尾。框高27.2厘米，廣17.5厘米。包背裝。入選第二批《國家珍貴古籍名錄》（03616）和第二批《山西省珍貴古籍名錄》（00149）。

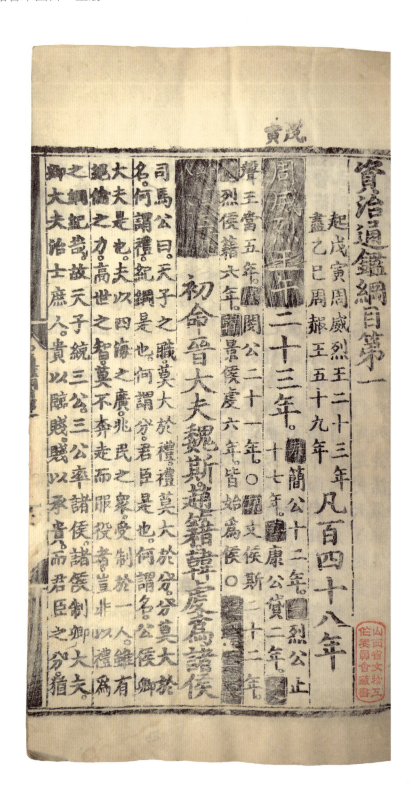

55　資治通鑑綱目五十九卷　（宋）朱熹等撰　明成化九年（1473）内府刻本　三十二册

　　半葉八行十八字，小字雙行二十一字，黑口，四周雙邊，雙對黑魚尾。框高 26.9 厘米，廣 18.3 厘米。藏印"西城范氏貞如藏書"（朱文）、"貞如"（朱文）。范貞如舊藏。

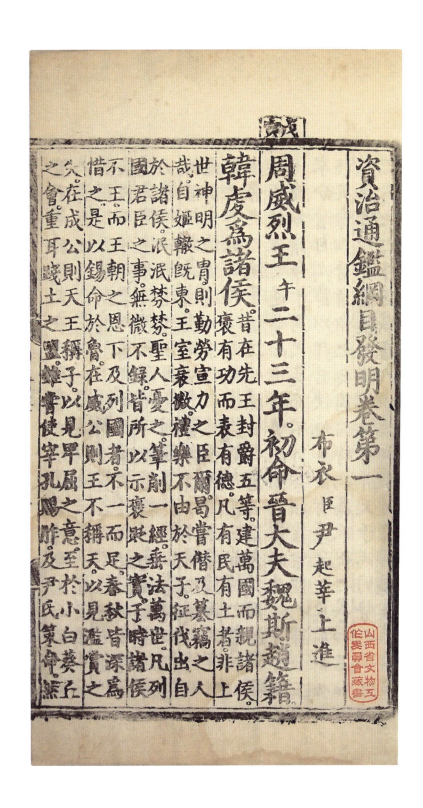

56 資治通鑑綱目發明五十九卷 （宋）尹起莘撰 明內府刻本 六冊

半葉八行十八字，小字雙行二十一字，黑口，四周雙邊，雙對黑魚尾。框高 26.9 厘米，廣 18.3 厘米。藏印"西城范氏貞如藏書"（朱文）、"貞如"（朱文）。范貞如舊藏。

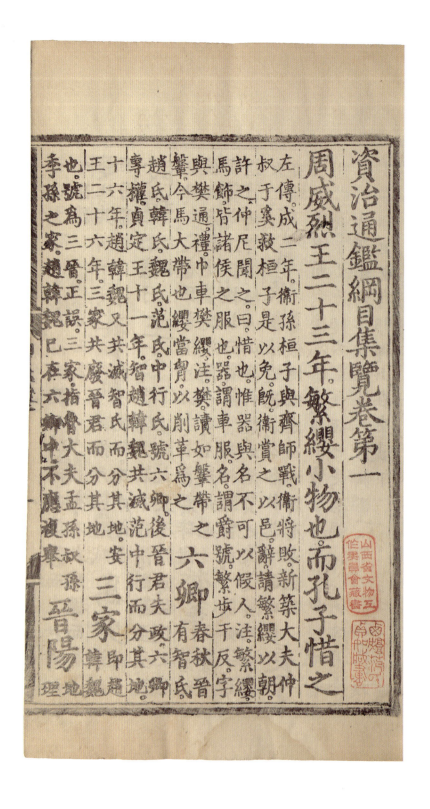

57 資治通鑑綱目集覽五十九卷 （元）王幼學撰 明內府刻本 十冊

半葉八行十八字，小字雙行二十一字，黑口，四周雙邊，雙對黑魚尾。框高 26.9 厘米，廣 18.3 厘米。藏印"太谷孫氏家藏"（朱文）、"衞陽道孫阜昌珍藏印"（白文）、"西城范氏貞如藏書"（朱文）、"貞如"（朱文）。范貞如舊藏。

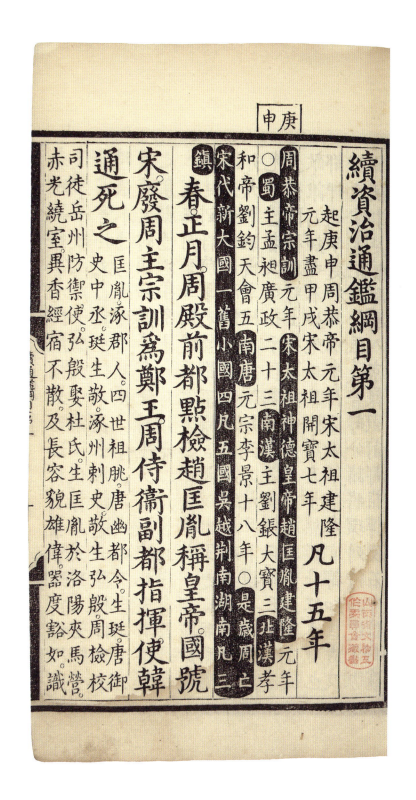

58　續資治通鑑綱目二十七卷　（明）商輅撰　明成化十二年（1476）內府刻本　十四冊

半葉八行十八字，小字雙行二十一字，黑口，四周雙邊，雙對黑魚尾。框高28.2厘米，廣18.0厘米。藏印“西城范氏貞如藏書”（朱文）、“貞如”（朱文）。包背裝。入選第二批《國家珍貴古籍名錄》（03689）和第二批《山西省珍貴古籍名錄》（00152）。范貞如舊藏。

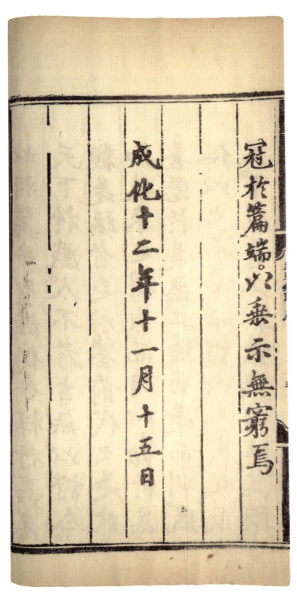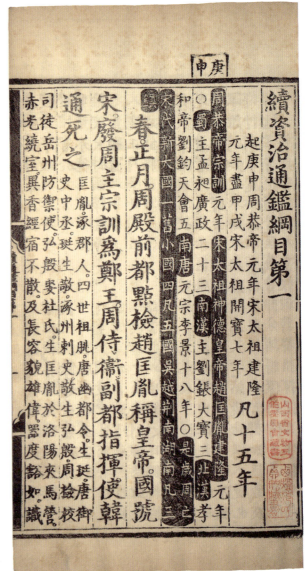

59　續資治通鑑綱目二十七卷　　（明）商輅撰　明成化十二年（1476）內府刻本　十六冊

　　半葉八行十八字，小字雙行二十一字，黑口，四周雙邊，雙對黑魚尾。框高27.5厘米，廣18.0厘米。藏印"西城范氏貞如藏書"（朱文）、"貞如"（朱文）。范貞如舊藏。入選第五批《國家珍貴古籍名錄》（11581）。

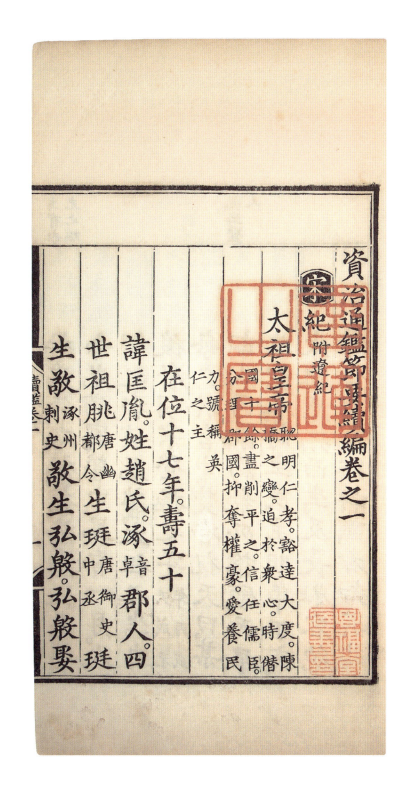

60 資治通鑑節要續編三十卷 （明）張光啟撰 明正德九年（1514）司禮監刻本 二十冊

上下雙欄。半葉九行十五字，小字雙行同，黑口，四周雙邊，雙對黑魚尾。框高 22.7 厘米，廣 16 厘米。藏印"廣運之寶"（朱文）、"黃紹齋家珍藏"（朱文）、"端尹之章"（白文）、"五福堂收藏明版善本書"（朱文）、"恩福堂藏書印"（白文）、"英龢私印"（白文）。包背裝。

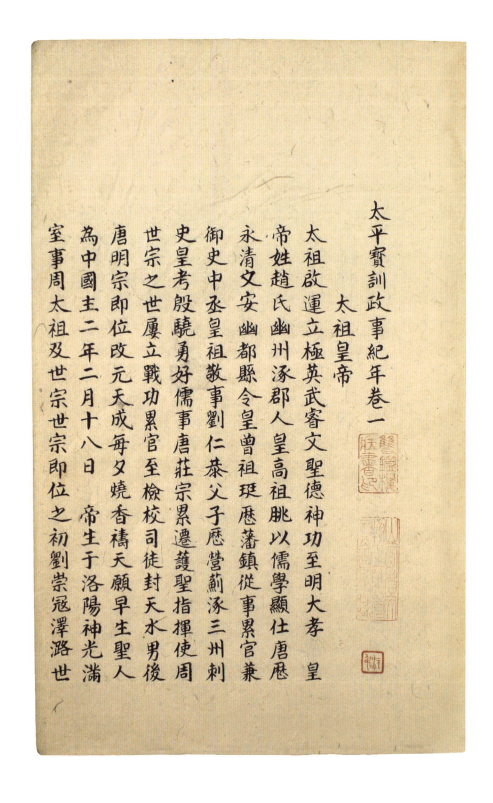

太平寶訓政事紀年卷一

太祖皇帝

太祖啟運立極英武睿文聖德神功至明大孝皇
帝姓趙氏幽州涿郡人皇高祖朓以儒學顯仕唐歷
永清文安幽都縣令皇曾祖珽歷藩鎮從事累官兼
御史中丞皇祖敬事劉仁恭父子歷營薊涿三州刺
史皇考殷驍勇好儒事唐莊宗累遷護聖指揮使周
世宗之世屢立戰功累官至檢校司徒封天水男後
唐明宗即位改元天成每又燒香禱天願早生聖人
為中國主二年二月十八日帝生于洛陽神光滿
室事周太祖及世宗世宗即位之初劉崇冦澤潞世

61　太平寶訓政事紀年五卷　舊抄本　二冊

　　半葉十一行二十一字。無欄格。藏印"傅沅叔藏書記"（朱文）、"雙鑑樓藏書印"（朱
文）、"沅叔"（朱文）。毛裝。傅增湘舊藏。

皇清開國方畧卷一

太祖高皇帝 癸未年至丙戌年

癸未年夏五月征尼堪外蘭克圖倫城。

初蘇克素護河部圖倫城有尼堪外蘭者陰搆

明寧遠伯李成梁引兵攻古哷城主阿太章京。

及沙濟城主阿亥章京成梁授尼堪外蘭兵符。

率遠陽廣寧兵二路進成梁圍古哷城遠陽副

將圍沙濟城城中見兵至逃者半被圍者半。遠

62　皇清開國方略三十二卷首一卷　（清）阿桂等輯　清抄本　十六冊
半葉八行二十一字。無欄格。藏印"王臣蘭觀"（朱文）、"壽椿堂王氏家藏"（白文）。

繼　邊　華　盜　寶揚

太宗皇帝實錄卷第二十六起太平興國八
年六月盡十月
六月乙酉朔以給事中直學士院徐鉉為右散騎常侍以職方
員外郎高繼申為兩浙諸州轉運使丙戌河南府言洛水漲五
文餘壞華縣官寺軍壘民廬舍殆盡左諫議大夫知開封府遣
玥卒玥字待價華州下邽人父蔚仕至太常卿玥天福六年舉
進士登第解褐授秘書省秘書郎直昭文館遷右補闕起居舍
人改庫部職方員外郎受詔知通州以軍盆賦於民大賈於
郎山歲得萬餘石國初出為洛陽令徵為倉部郎中隴蜀平命
玥知三泉縣入為職方郎中揚州言民盜殺廣陵縣尉謝圖父
捕繫民凡三百日獄未具州以聞命玥按之盡得其實民抵罪
開寶中知揚州會征江表兼領淮南轉運使　上即位遷吏部

63　太宗皇帝實錄八十卷　清抄本　二冊

半葉十一行二十四字。無欄格。存八卷（二十六至三十、七十六、七十九至八十）。藏印"雙鑑樓藏書印"（朱文）、"雙鑑樓"（朱文）、"沅叔"（朱文）、"佩德齋珍藏印"（朱文）、"企驎軒"（白文）、"忠謨讀書"（朱文）。清黃國瑾、傅增湘遞藏。

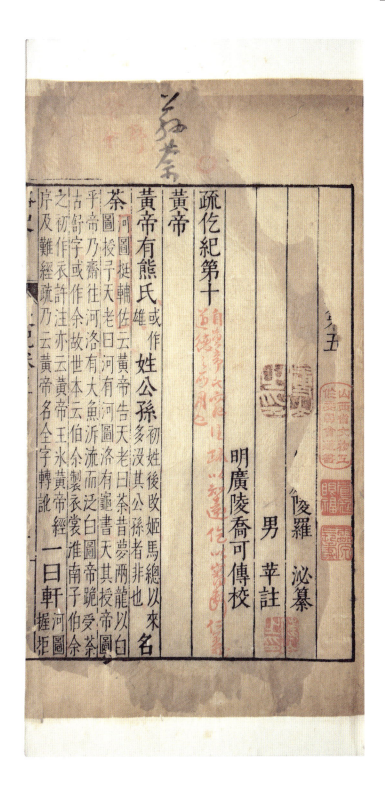

64　路史四十七卷　（宋）羅泌撰　明刻本　（清）傅山批校　一冊

　　半葉十行二十字，白口，四周單邊，單黑魚尾。框高21.3厘米，廣15.3厘米。存五卷（五至九）。藏印"傅山之印"（白文）、"鳳庭眼福"（白文）、"靈原長壽"（朱文）。清傅山舊藏。

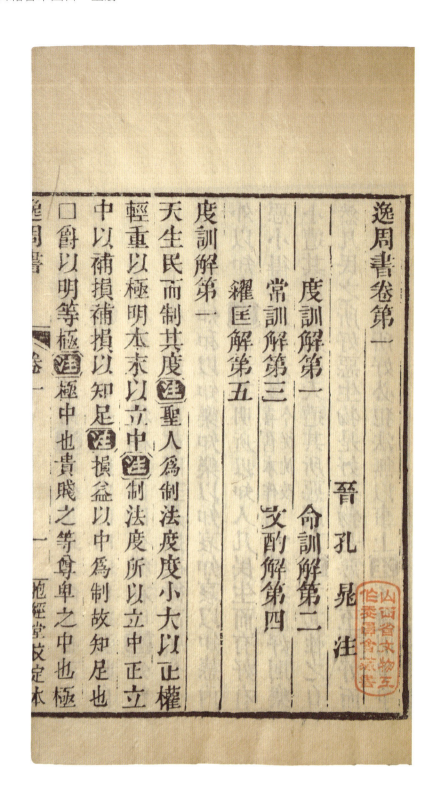

65　逸周書十卷校正補遺一卷附録一卷　（晉）孔晁注　清乾隆五十一年（1786）盧文弨抱經堂叢書本　四冊

　　半葉十行二十字，小字雙行同，白口，左右雙邊，單黑魚尾。框高17.7厘米，廣13.1厘米。內封題"逸周書　乾隆丙午　抱經堂雕"。版心下題"抱經堂校定本"。

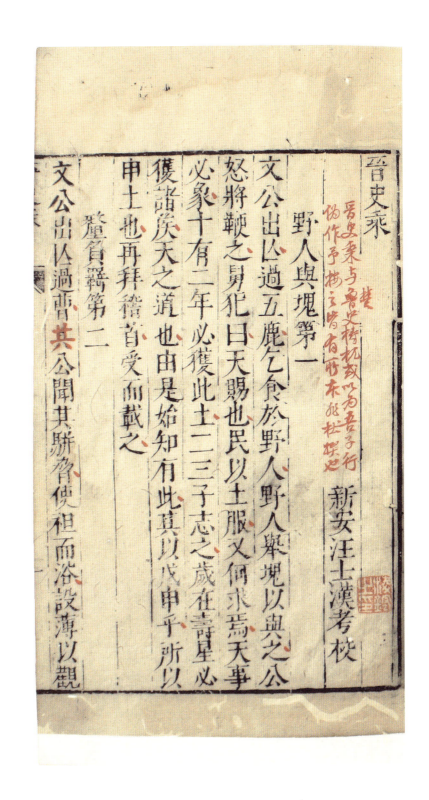

66　晉史乘一卷　（清）汪士漢考校　清康熙七年（1668）刻本　佚名批校　一冊（與52竹書紀年合一冊）

半葉十行二十字，白口，左右雙邊，單黑魚尾。框高19.5厘米，廣13.7厘米。藏印"歸安姚覲元彥侍所藏"（朱文）、"雙鑑樓藏書印"（朱文）、"凌鋐之印"（白文）。金鑲玉裝。傅增湘舊藏。

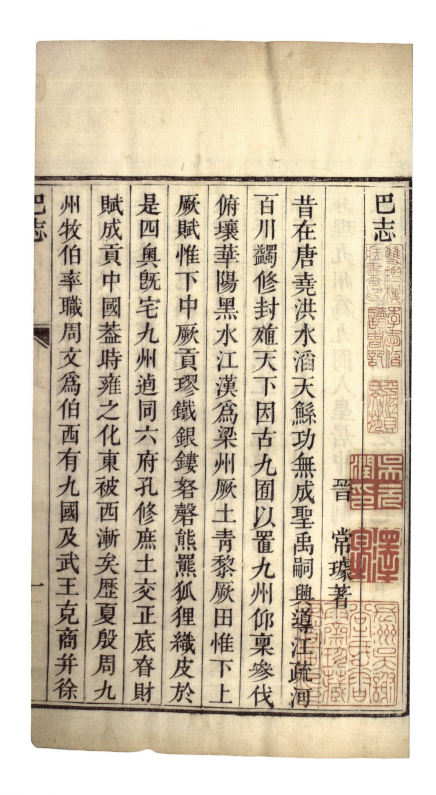

67　華陽國志十二卷　（晉）常璩撰　清刻本　四冊

　　半葉九行二十字，白口，四周雙邊，單黑魚尾。框高21.1厘米，廣15.1厘米。藏印"會稽常氏困學樓藏書印"（朱文）、"玉雨堂印"（朱文）、"香雨齋"（朱文）、"吳元潤"（朱文）、"半江貝氏文苑""蟫隱廬所得善本"（朱文）、"韓氏藏書"（白文）、"雙鑑樓藏書印"（朱文）、"傅沅叔藏書記"（朱文）。傅增湘舊藏。

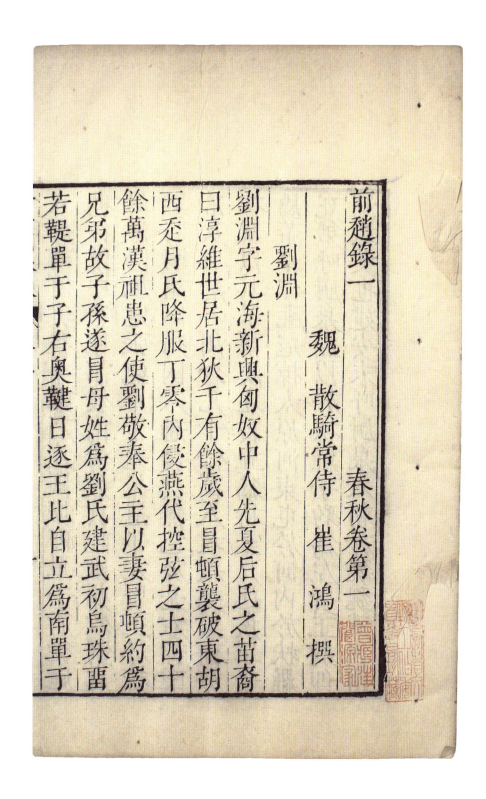

68　十六國春秋一百卷　題（北魏）崔鴻撰　清乾隆四十六年（1781）仁和汪氏欣託山房刻本　二十冊

　　半葉九行十八字，白口，左右雙邊，單黑魚尾。框高20.2厘米，廣14.5厘米。藏印"曾藏汪閬源家"（朱文）。內封題"十六國春秋　汪氏正本　欣託山房重刻"。

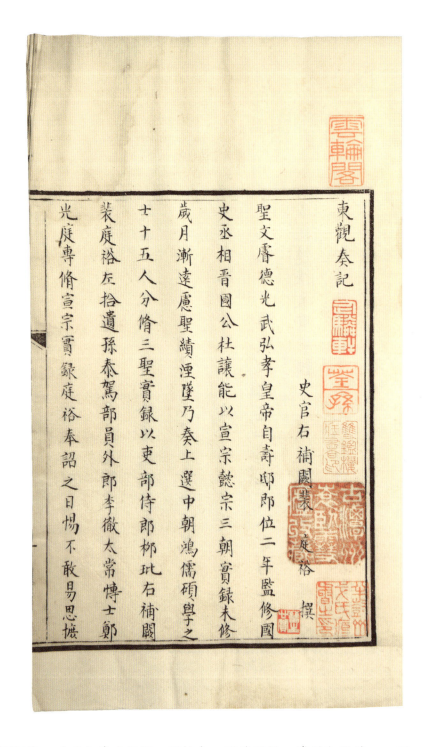

69 東觀奏記三卷 （唐）裴庭裕撰　明抄本　繆荃孫校　傅增湘題識　一冊

　　半葉八行二十字，白口，四周雙邊，單黑魚尾。框高 19.8 厘米，廣 15.4 厘米。藏印"戈小蓮秘笈印"（朱文）、"半樹齋戈氏藏書之印"（朱文）、"古潭州袁臥雪廬收藏"（白文）、"荃孫"（朱文）、"雲輪閣"（朱文）、"藝風審定"（朱文）、"增湘"（白文）、"雙鑑樓藏書印"（朱文）、"傅沅叔藏書記"（朱文）、"沅叔"（朱文）、"佩德齋珍藏印"（朱文）、"佩德齋"（朱文）、"企驎軒"（白文）、"忠謨讀書"（白文）、"晉生心賞"（白文）。清戈宙襄、繆荃孫、傅增湘遞藏。

70　魯春秋一卷　　（清）查繼佐撰　清沈欽韓抄本　一冊

半葉十二行字數不等。無欄格。藏印"雙鑑樓藏書印"（朱文）、"沅叔"（朱文）、"傅沅叔藏書記"（朱文）、"佩德齋珍藏印"（朱文）、"忠謨讀書"（白文）。傅增湘舊藏。

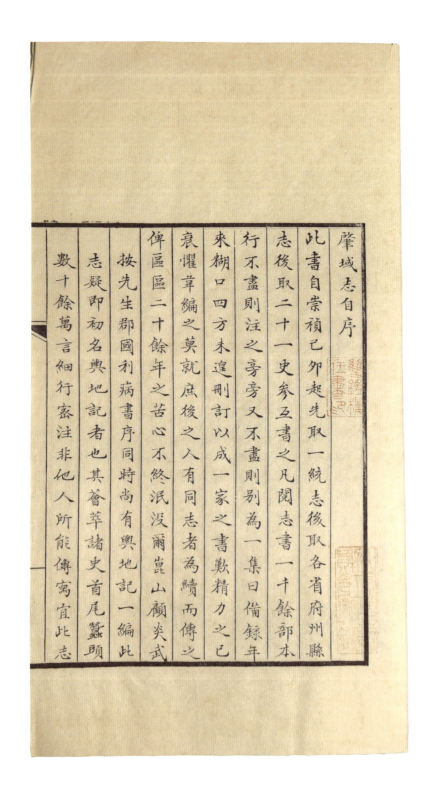

71 藏園叢鈔一卷 傅增湘輯 民國傅氏雙鑑樓抄本 傅增湘跋 一册

半葉十行二十字，細黑口，四周單邊，單黑魚尾。框高 17.2 厘米，廣 13.5 厘米。欄外下鐫"藏園傅氏寫本"。藏印"雙鑑樓藏書印"（朱文）、"沅叔"（朱文）、"傅沅叔藏書記"（朱文）。傅增湘舊藏。

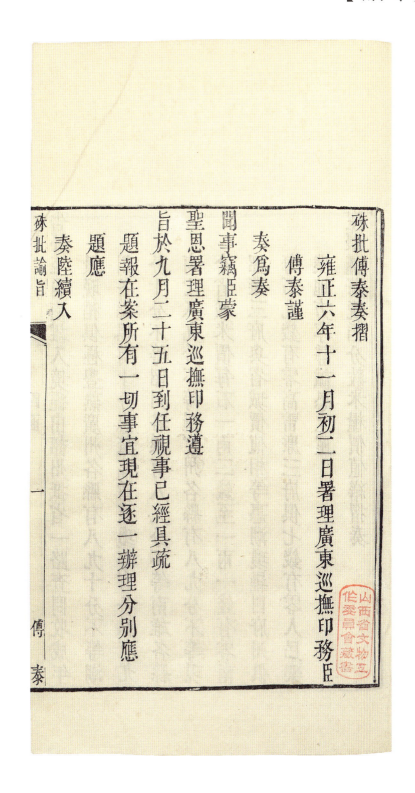

72　清雍正硃批諭旨不分卷　清雍正十年（1732）內府刻套印本　四冊

　　半葉十行二十一字，白口，左右雙邊，單黑魚尾。框高 19.6 厘米，廣 14.5 厘米。存六人奏摺：傅泰，王景灝，馬會伯，石文焯，張楷，朱綱。版心下題具摺人姓名。

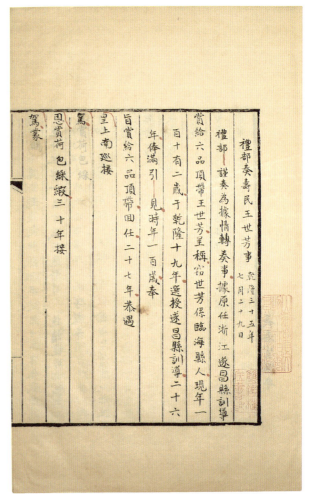

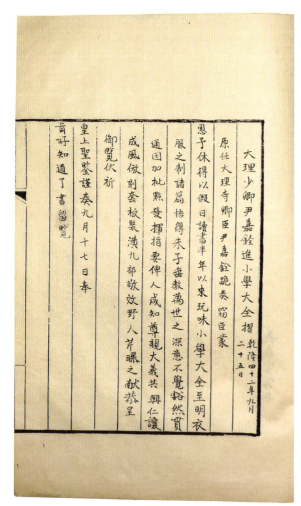

73　乾隆諭摺録存不分卷　民國傅氏雙鑑樓抄本　傅增湘題識　一冊

　　半葉十行二十二字，白口，四周單邊，單黑魚尾。框高 16.8 厘米，廣 13.5 厘米。藏印
"雙鑑樓藏書印"（朱文）、"藏園居士"（朱文）、"沅叔手校"（朱文）、"沅叔"（朱文）、"傅沅叔藏書記"（朱文）。版心下題"長春室寫本"。抄録清乾隆三十五年（1770）七月至四十二年（1777）九月諭摺。傅增湘舊藏。

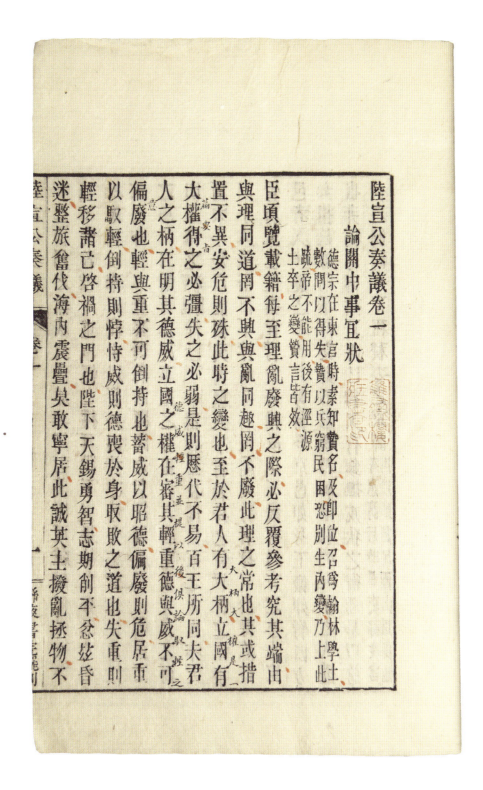

74　陸宣公奏議四卷　（唐）陸贄撰　清乾隆十一年（1746）聯脝書院活字印本　傅增湘批
注　朱筆圈點　四冊

　　半葉十三行二十二字，小字雙行十九字，白口，四周單邊，單黑魚尾。框高18.5厘米，
廣13.3厘米。藏印"雙鑑樓藏書印"（朱文）。版心下題"聯脝書院擺刷"。傅增湘舊藏。
入選第四批《國家珍貴古籍名錄》（10244）。

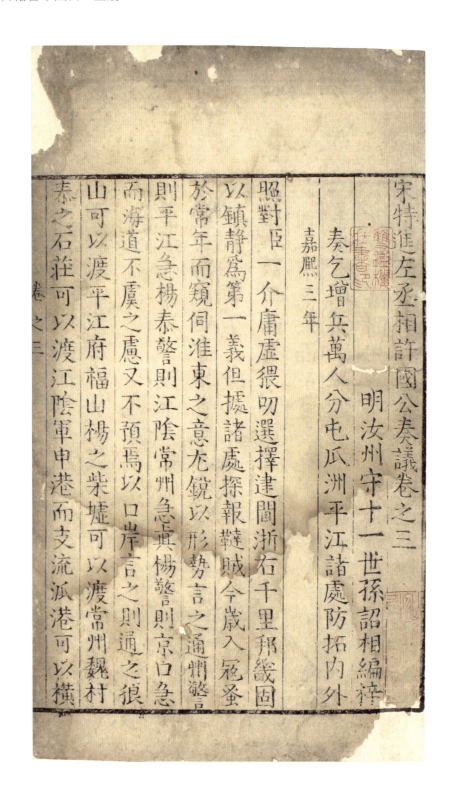

75　宋特進左丞相許國公奏議四卷　（宋）吳潛撰　明刻本　一冊

　　半葉十一行二十字，白口，四周單邊。框高 19.5 厘米，廣 14.8 厘米。存一卷（三）。藏印"雙鑑樓藏書印"（朱文）、"傅沅叔藏書印"（朱文）。傅增湘舊藏。

謝文游字秋水南豐人明諸生後建堂於邑治之西程山與同里
李萼林邵瑣明講學其中遠近人多師之其學切近其行忠恕
其言辭質厚中肯綮著書甚富行世者講義數十篇日錄大學
中庸切已錄程山十則程山問答 江西通志
謝程山集十八卷謝文游撰文游有學庸切已錄已著錄是集
初祇日錄三卷講易義三卷書三卷乃其門人甘京黃永所編
乾隆乙丑文游孫鳴謙又收合雜文遺稿與新城涂登陳道
編爲此本甘京序稱其早習舉子業爲諸生年二十學禪有所
得三十後始宗儒越四十始一以程朱爲宗年六十七而卒將
卒自作墓誌日大學中庸切已錄凡八九易橐始定竊欲折衷

76　清朝文苑小傳不分卷　（清）阮元輯　清毛繒抄本　清曹振鏞　曹恩煐題識　三冊
　　半葉十行二十四字。無欄格。藏印"雙鑑樓藏書印"（朱文）、"傅沅叔藏書記"（朱文）。傅增湘舊藏。

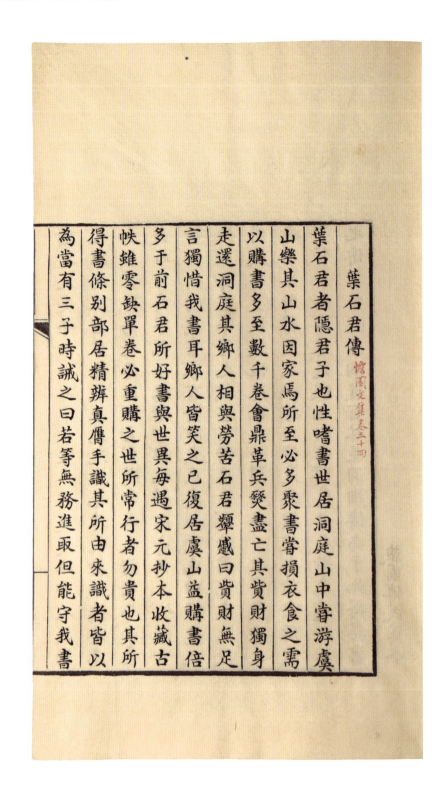

77 藏園叢録一卷 （清）徐乾學 （清）葉騰驤等撰 民國傅氏雙鑑樓抄本 佚名批注 一冊
　半葉十行二十字，細黑口，四周單邊，單黑魚尾。框高17.1厘米，廣13.3厘米。藏印"沅
叔"（朱文）、"傅增湘"（白文）、"雙鑑樓藏書印"（朱文）。欄外下鐫"藏園傅氏寫
本"。傅增湘舊藏。

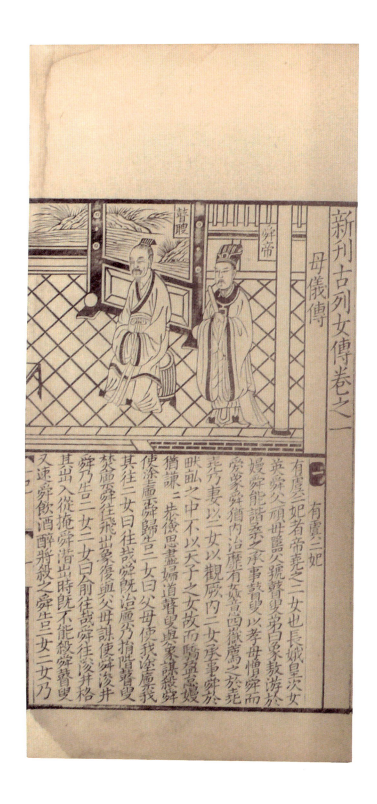

78　**新刊古列女傳八卷**　（漢）劉向撰　清揚州阮氏小琅嬛仙館刻本　四册

　　上下兩欄，上圖下文。半葉十四行十六字，黑口，左右雙邊，雙順黑魚尾。框高 18.5 厘米，廣 12.4 厘米。藏印"雙鑑樓藏書印"（朱文）、"傅沅叔藏書印"（朱文）。傅增湘舊藏。

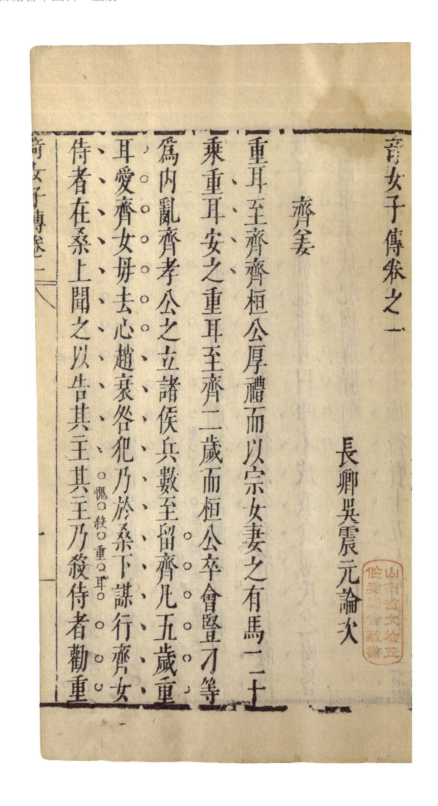

重耳至齊齊桓公厚禮而以宗女妻之有馬二十
乘重耳安之重耳至齊二歲而桓公卒會豎刁等
為內亂齊孝公之立諸侯兵數至留齊凡五歲重
耳愛齊女毋去心趙衰咎犯乃於桑下謀行齊女
侍者在桑上聞之以告其主其主乃殺侍者勸重

齊姜

奇女子傳卷之一　　　　　　　　　　長卿吳震元論次

79　奇女子傳四卷　（明）吳震元輯　明刻本　佚名墨筆批注　四冊
　　半葉八行十九字，白口，四周單邊，單白魚尾。框高 20.8 厘米，廣 14 厘米。

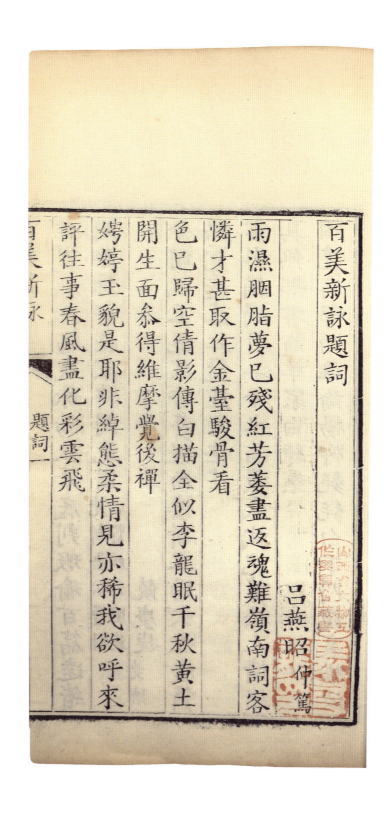

80　百美新詠圖傳不分卷　（清）顏希源撰　（清）袁枚鑒定　清嘉慶十年（1805）集腋軒刻本　四冊

　　半葉八行十八字，白口，四周雙邊，單黑魚尾。框高 20 厘米，廣 12.8 厘米。藏印"馬友龍印"（白文）。內封題"百美新詠圖傳　袁簡齋先生鑒定　集腋軒藏版"。

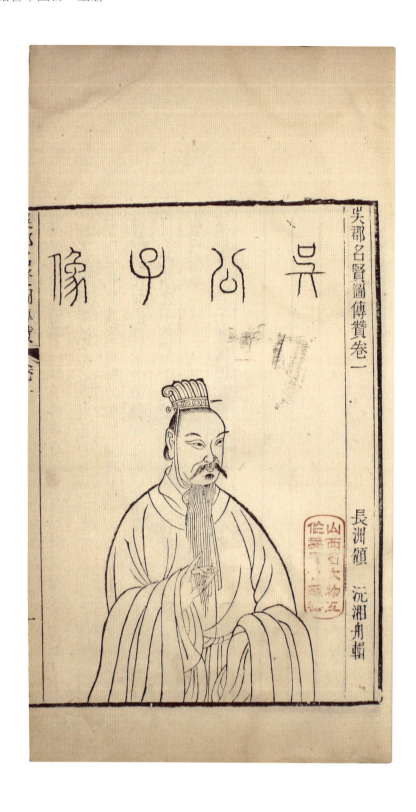

81　吳郡名賢圖傳贊二十卷附圖　（清）顧沅輯　（清）孔紀堯繪圖　清道光九年（1829）顧氏刻本　十冊

　　半葉十二行二十六字，白口，左右雙邊，單黑魚尾。框高 17.8 厘米，廣 12.4 厘米。內封題"吳郡名賢圖傳贊　陶大中丞閱定　長洲顧氏開雕"。

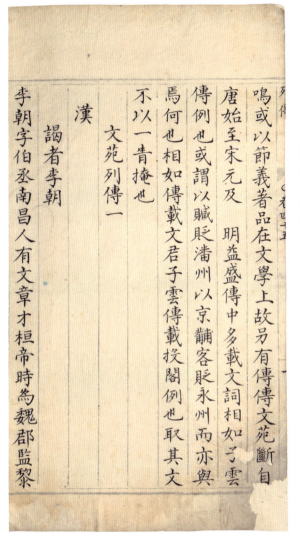

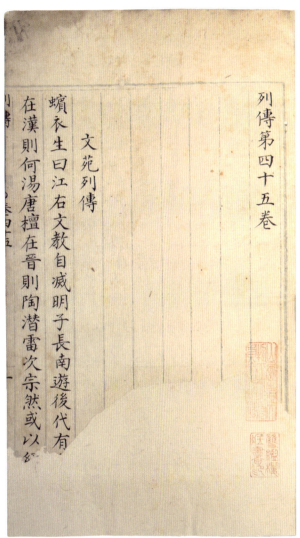

列傳第四十五卷

文苑列傳

蠻衣生日江右文教自滅明子長南遊後代有

在漢則何湯唐檀在晉則陶潛雷次宗然或以紹

列傳

○卷四十五

鳴或以節義著品在文學上故另有傳文苑斷自

唐始至宋元及　明益盛傳中多載文詞相如子雲

傳例也或謂以賦貶瀋客貶永州兩亦與

馬何也相如傳載文君子雲傳載校閣例也取其文

不以一青掩也

文苑列傳一

漢

謁者李朝

李朝字伯丞南昌人有文章才桓帝時為魏郡監黎

82　豫章書一百二十卷　（明）郭子章撰　明藍格抄本　二册
　　半葉九行二十字，白口，四周雙邊，單魚尾。框高 21.7 厘米，廣 15.1 厘米。存三卷（列傳卷四十五至四十七）。藏印"雙鑑樓藏書印"（朱文）。傅增湘舊藏。

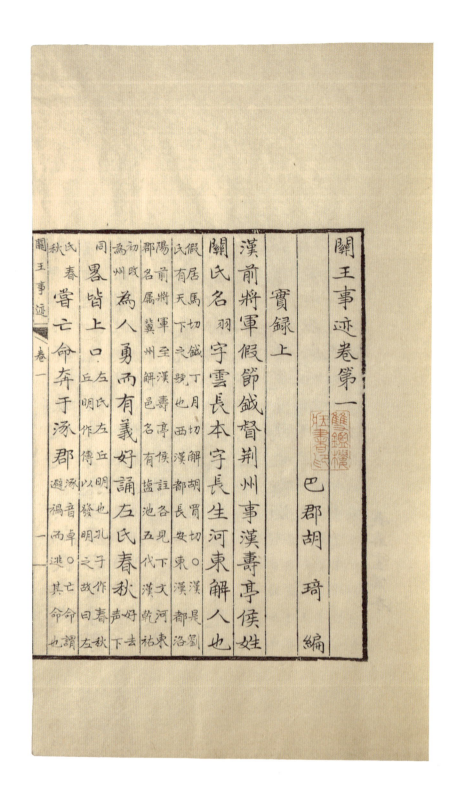

83　關王事蹟五卷　（元）胡琦編　民國傅氏雙鑑樓抄本　二冊

　　半葉十行十六字，小字雙行同，白口，四周單邊，單黑魚尾。框高16.8厘米，廣13.8厘米。
藏印"傅沅叔藏書記"（朱文）、"雙鑑樓藏書印"（朱文）。欄外下鐫"長春室寫本"。
傅增湘舊藏。

魏鄭公諫續錄卷上

元　翟　思　忠　撰

太宗論自古政化得失因曰大亂之後造次不可致化

公對曰不然凡人居安樂則驕逸驕逸則思亂思亂則

難化在危困則憂死亡憂死亡則思化思化則易教猶

饑人易食也太宗曰善人爲邦百年然後勝殘去殺大

亂之後將來作求疑致化寧可造次而望乎公對曰此指

常人不在聖哲若聖哲施化上下同心人應如響不疾

而速期月而可信不爲過三年成功猶謂其晚太宗深

納其言右僕射封德彝等咸共非之曰三代以後人漸

84　**魏鄭公諫續錄二卷**　（元）翟思忠撰　清乾隆刻武英殿聚珍版叢書本　一册
　　半葉十行二十一字，白口，左右雙邊，單黑魚尾。框高21.7厘米，廣15厘米。藏印"雙
鑑樓藏書印"（朱文）、"傅沅叔藏書記"（朱文）。傅增湘舊藏。

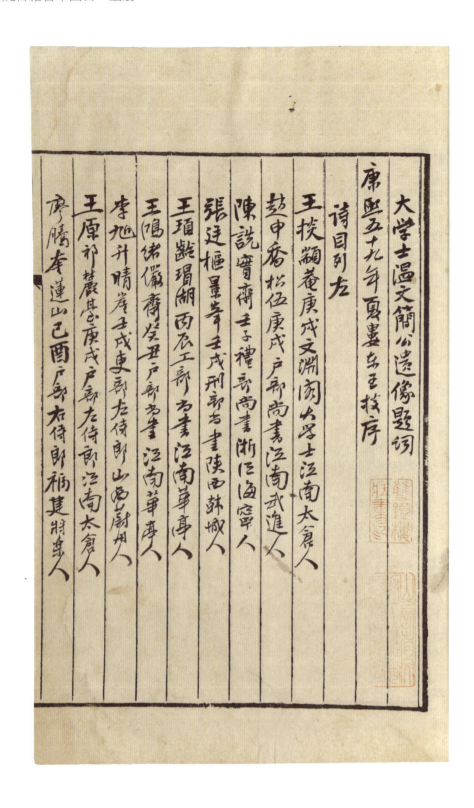

大學士溫文簡公遺像題詞

康熙五十九年夏畫于王掞序

詩目列左

王掞潁菴庚戌文淵閣大學士江南太倉人

趙申喬松伍庚戌戶部尚書江南武進人

陳詵實齋壬子禮部尚書浙江海寧人

張廷樞景星等壬戌刑部右書陝西蘇城人

王頊齡瑁湖丙辰工部尚書江南華亭人

王鳴緒儼齋癸丑戶部尚書江南華亭人

李旭升晴峯壬戌更部左侍郎山東兗尉州人

王原祁麓臺其公庚戌戶部左侍郎江南太倉人

廖騰奎蓮山己酉戶部右侍郎福建汀東人

85 大學士溫文簡公遺像題詞詩目一卷人物考一卷 民國傅氏雙鑑樓抄本 一冊

　半葉十二行字數不等，白口，左右雙邊，單黑魚尾。框高20厘米，廣14.5厘米。藏印："雙鑑樓藏書印"（朱文）、"傅沅叔藏書記"（朱文）。欄外上鐫"江安傅氏鈔本"。傅增湘舊藏。

皇清誥授中憲大夫 覃恩例晉通奉大夫 欽加道銜河南
懷慶府知府加三級紀錄四次顯考孟慈府君行述
府君姓汪氏諱熹孫字孟慈號筍叔江蘇甘泉人先世居歙自
唐忠武將軍越國公諱華始昌其族忠武裔孫諱承清當北宋
時自唐模遷古唐至府君凡二十七世六世祖諱文耀明餘姚
縣知縣有善政沒祀於社五世祖諱應健明末不仕婿於同里
鄭千里先生重師其畫法知名於時高祖諱鎬京字快士工
詩及篆刻著有文字原紫泥法紅术軒印範紅术軒山水篆卌
樂道隱居歿後伯曾祖博亨公遷蔡揚州遂家於楊高祖妣鄭
氏千里先生女孫也曾祖諱良澤字子震工篆刻具有家法厚
德高風鄉里於式甘泉縣志有傳曾祖妣喬氏食貧偕隱祖一
元字兆和江都增廣生於立名節不苟取予通歷籌之學性至

86　汪熹孫行述一卷　　（清）王保和等撰　民國傅氏雙鑑樓抄本　一冊

半葉十二行二十四字，白口，左右雙邊，單黑魚尾。框高20.1厘米，廣14.6厘米。藏印：
"雙鑑樓藏書印"（朱文）、"傅沅叔藏書記"（朱文）。欄外上鐫"江安傅氏鈔本"。
傅增湘舊藏。

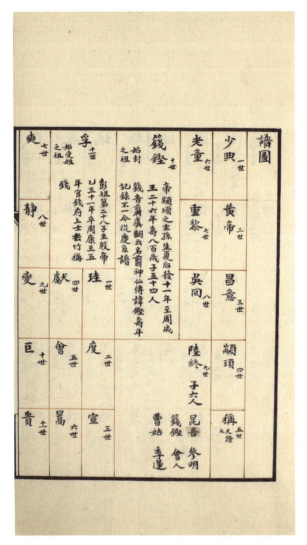

87　錢氏譜牒一卷　（清）錢謙益纂修　民國抄本　一冊

　　半葉十行二十字，黑口，四周單邊，單黑魚尾。框高 17.6 厘米，廣 13.7 厘米。藏印"雙鑑樓藏書印"（朱文）、"傅沅叔藏書記"（朱文）。版心下題"京師圖書館鈔書紙"。朱筆圈點。傅增湘舊藏。

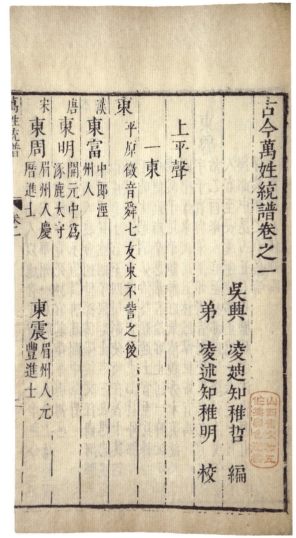

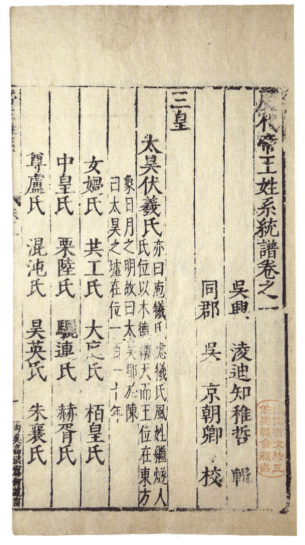

88　古今萬姓統譜一百四十卷歷代帝王姓系統譜六卷氏族博攷十四卷　（明）凌迪知輯　明萬
曆刻汲古閣重修本　四十冊

　　半葉九行二十字，小字雙行同，白口，四周單邊，單黑魚尾。框高20.4厘米，廣13.9厘米。
內封題"萬姓統譜　凌稚哲先生原本　汲古閣藏板"。版心下題刻工：沈玄龍、徐文、顧植、
王伯才等；題寫工：高洪等；又題字數。

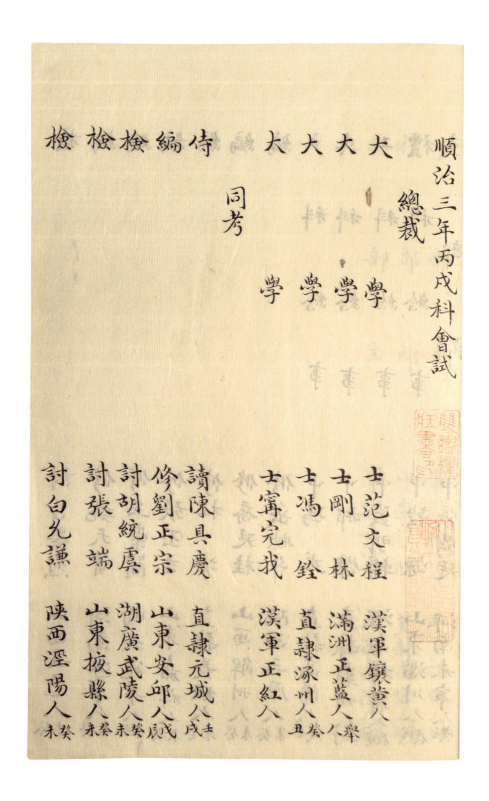

89 順治康熙雍正會試題名録不分卷 舊抄本 一册

半葉十二行字數不等。無欄格。内封題"順康雍三朝會試題名　法時驄先生藏書　翼盦所收"。藏印"雙鑑樓藏書印"（朱文）、"傅沅叔藏書記"（朱文）、"耽書是宿緣"（朱文）、"校書亦已勤"（白文）。傅增湘舊藏。

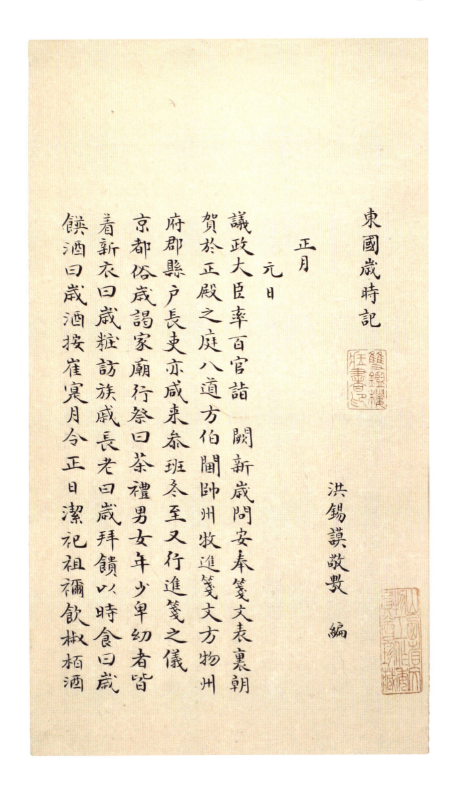

東國歲時記

洪錫謨敬敷 編

正月

元日

議政大臣率百官詣 闕新歲問安奉箋文表裏朝
賀於正殿之庭八道方伯閫帥州牧進箋文方物州
府郡縣戶長吏亦咸來參班冬至又行進箋之儀
京都俗歲謁家廟行祭曰茶禮男女年少卑幼者皆
着新衣曰歲粧訪族戚長老曰歲拜饋以時食曰歲
饌酒曰歲酒按崔寔月令正日潔祀祖禰飲椒栢酒

90　東國歲時記不分卷　（朝鮮）洪錫謨編　民國傅氏雙鑑樓抄本　一冊

　　半葉十行二十字。無欄格。藏印“雙鑑樓藏書印”（朱文）。傅氏雙鑑樓據朝鮮古刻本傅
抄。傅增湘舊藏。

【地理類】

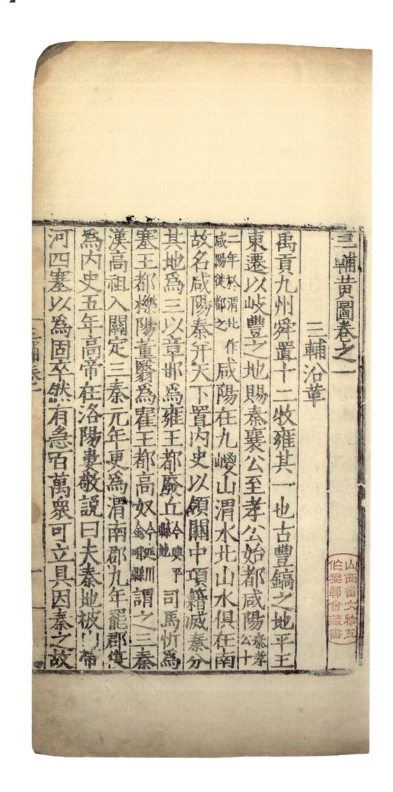

91　三輔黃圖六卷　明嘉靖三十二年（1544）唐時英刻本　儀柳跋　二冊

半葉十一行二十字，小字雙行同，白口，左右雙邊。框高 18.1 厘米，廣 13.9 厘米。入選第三批《山西省珍貴古籍名録》（00366）。

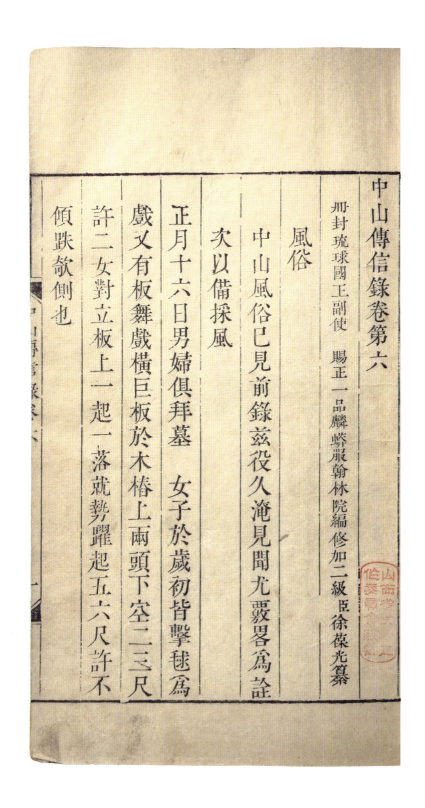

中山傳信錄卷第六

冊封琉球國王副使

賜正一品麟蟒服翰林院編修加二級臣徐葆光纂

風俗

中山風俗已見前錄茲役久淹見聞尤覈畧爲詮

次以備採風

正月十六日男婦俱拜墓　女子於歲初皆擊毬爲

戲又有板舞戲橫巨板於木椿上兩頭下空二三尺

許二女對立板上一起一落就勢躍起五六尺許不

傾跌欹側也

92　中山傳信錄六卷　（清）徐葆光撰　贈送詩文一卷　清康熙六十年（1721）二友齋刻本　一冊

半葉九行二十一字，黑口，左右雙邊，雙對黑魚尾。框高 19.5 厘米，廣 14.5 厘米。存一卷（六）。藏印"靖廷"（朱文）。

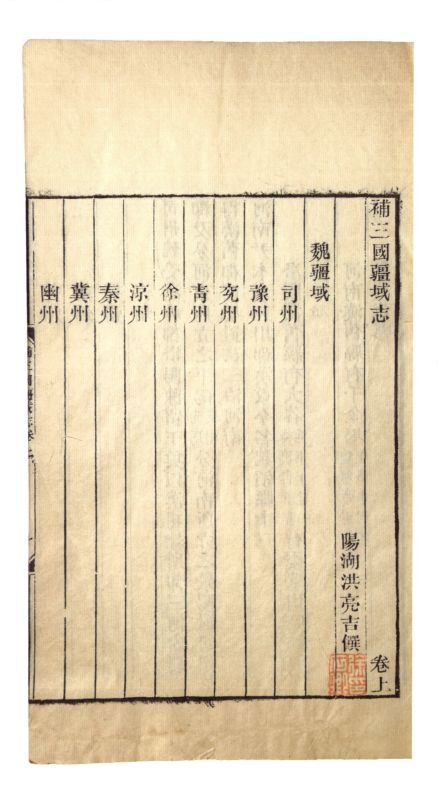

93 補三國疆域志二卷 （清）洪亮吉撰 清乾隆四十六年（1781）孫星衍刻本 佚名批注 一册

半葉十二行二十四字，小字雙行同，黑口，四周單邊，雙對黑魚尾。框高 19.7 厘米，廣 14.8 厘米。藏印"碧玉山房"（朱文）、"徐石卿印"（白文）。内封題"補三國疆域識二卷 乾隆辛丑歲刊於西安 孫星衍署"。

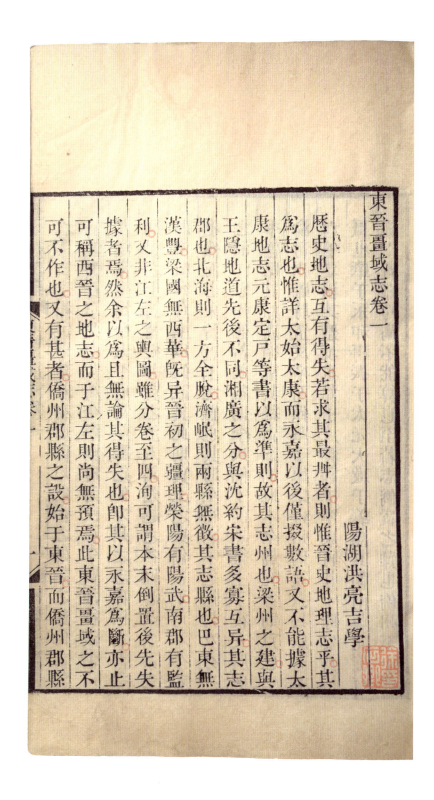

94　東晉疆域志四卷　（清）洪亮吉撰　清嘉慶元年（1796）刻本　二冊

　　半葉十二行二十四字，小字雙行同，黑口，四周單邊，雙對黑魚尾。框高 19.7 厘米，廣 14.8 厘米。藏印"碧玉山房"（朱文）、"徐石卿印"（白文）。內封題"東晉疆域識四卷　嘉慶丙辰仲秋刻於京師"。

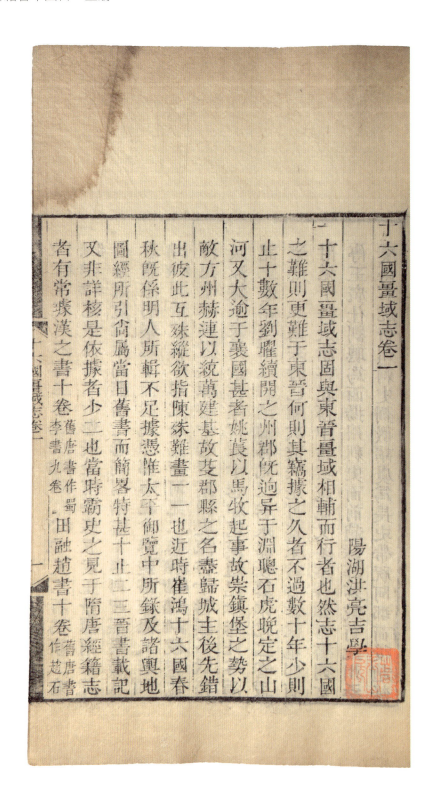

95　十六國疆域志十六卷　（清）洪亮吉撰　清嘉慶三年（1798）刻本　三冊

　　半葉十二行二十四字，小字雙行同，黑口，四周單邊，雙對黑魚尾。框高19.7厘米，廣14.8厘米。藏印"碧玉山房"（朱文）"徐石卿印"（白文）。内封題"十六國疆域識　嘉慶三年刊於京師"。

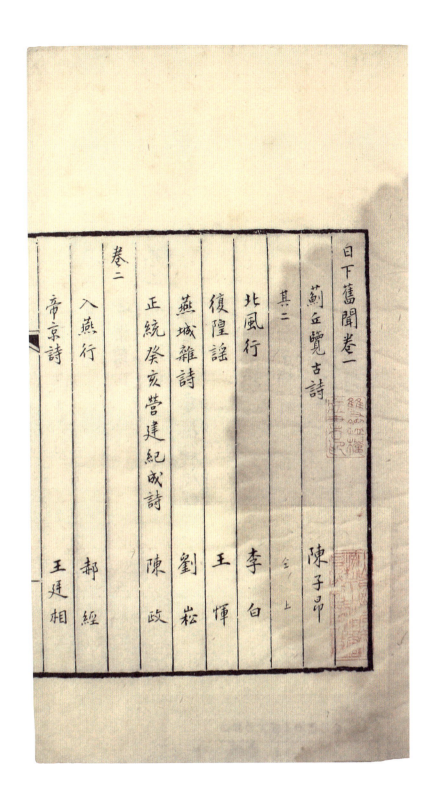

96　摘録日下舊聞及補遺簡目不分卷　傅增湘輯　民國傅氏雙鑑樓抄本　一冊

　　半葉十行十三字，細黑口，四周單邊，單黑魚尾。框高 16.8 厘米，廣 13.5 厘米。藏印“雙鑑樓藏書印”（朱文）、“傅沅叔藏書記”（朱文）。欄外下鎊“長春室寫本”或“撐三異齋校録”。傅增湘舊藏。

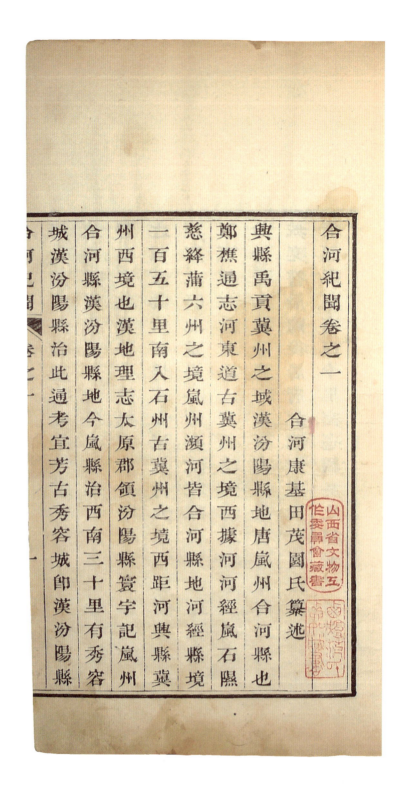

97　合河紀聞十卷　（清）康基田輯　清嘉慶三年（1798）霞蔭堂刻本　八册

　　半葉九行二十字，白口，四周雙邊，單黑魚尾。框高 19.4 厘米，廣 13.6 厘米。内封題"合河紀聞　嘉慶戊午仲夏鎸　霞蔭堂藏版"。藏印"西城范氏貞如藏書"（朱文）。范貞如舊藏。

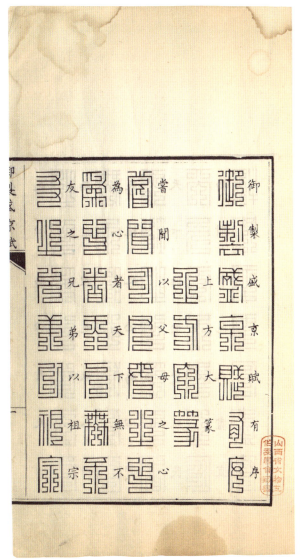
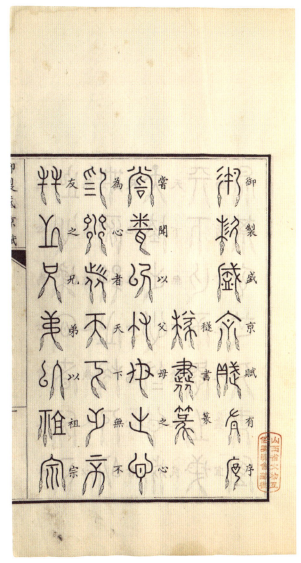

98　御製盛京賦三十二卷附篆文緣起一卷　（清）高宗弘曆撰　（清）傅恒　（清）汪由敦
輯　清乾隆十三年（1748）武英殿刻本　八冊

半葉五行七字，白口，四周雙邊，單黑魚尾。框高21.1厘米，廣16.5厘米。存八卷（毬
書篆一卷、小篆一卷、玉筯篆一卷、大篆一卷、倒薤篆一卷、墳書篆一卷、奇字篆一卷、上
方大篆一卷）。

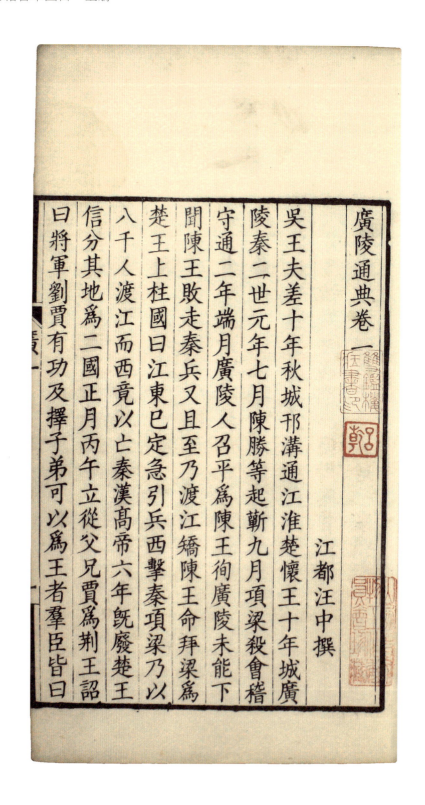

99　廣陵通典十卷　（清）汪中撰　清道光三年（1823）刻本　四冊

　　半葉十行二十字，黑口，左右雙邊，單黑魚尾。框高18.8厘米，廣13.4厘米。藏印"柳堂書屋"（朱文）、"呂乾"（朱文）、"雙鑑樓藏書印"（朱文）、"傅沅叔藏書記"（朱文）。牌記題"道光癸未开雕"。傅增湘舊藏。

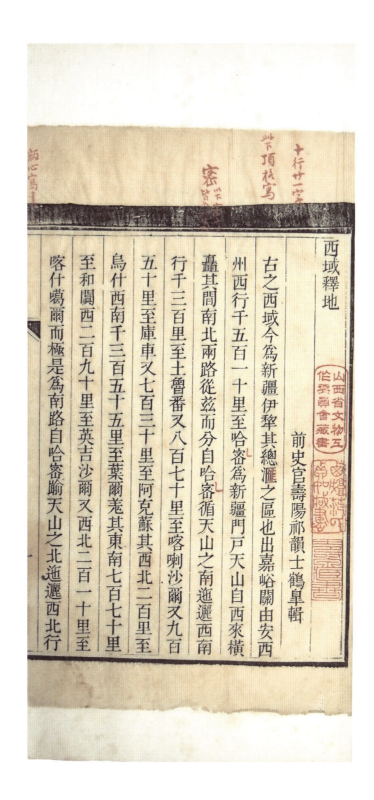

100　西域釋地一卷　（清）祁韻士輯　清道光十六年（1836）刻本　清張穆跋并批校　祁雋藻跋　一冊

半葉十行二十四字，白口（十一至十四葉爲上黑口），四周雙邊，單黑魚尾。框高18.5厘米，廣14.3厘米。藏印"壽泉藏書"（朱文）、"西城范氏貞如藏書"（朱文）。金鑲玉裝。范貞如舊藏。

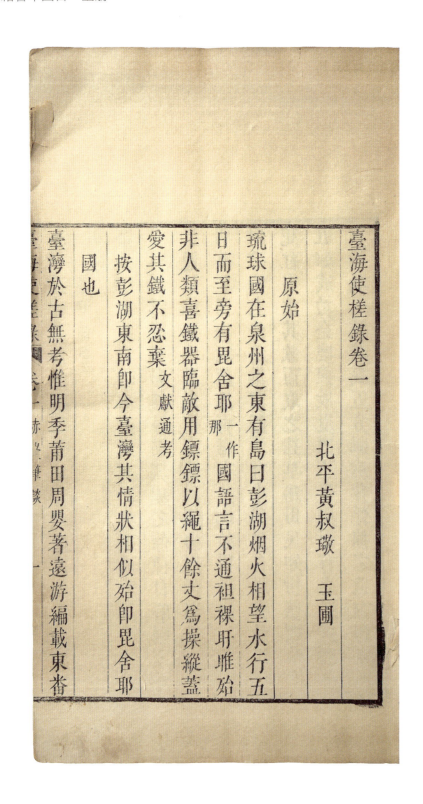

101 臺海使槎錄八卷 （清）黃叔璥撰 清乾隆元年（1736）刻本 二冊

半葉十行二十字，白口，四周單邊，單黑魚尾。框高 19 厘米，廣 14.2 厘米。藏印"西城范氏貞如藏書"（朱文）。范貞如舊藏。

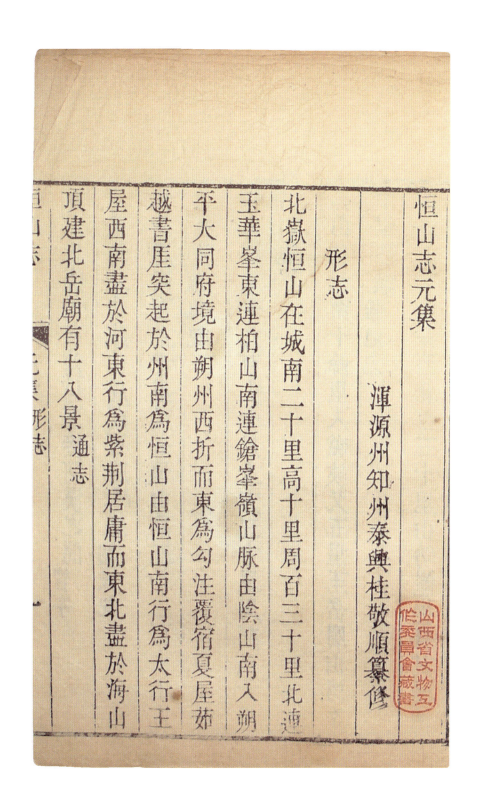

102　［乾隆］恒山志五卷　（清）桂敬順纂修　清乾隆二十八年（1763）刻本　五册

　　半葉九行二十字，小字雙行同，白口，左右雙邊，單黑魚尾。框高18.5厘米，廣14.6厘米。內封題"恒山志　乾隆癸未重鐫　州署藏板"。有圖。入選第二批《山西省珍貴古籍名録》（00283）。

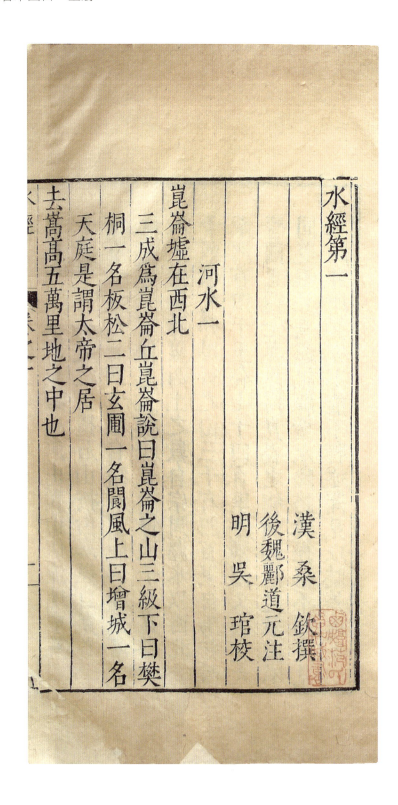

103　水經注四十卷　（北魏）酈道元撰　明萬曆十三年（1585）吳琯刻合刻山海經水經本　八冊

　　半葉十行二十字，小字雙行同，白口，左右雙邊，單黑魚尾。框高20.7厘米，廣13.8厘米。藏印"西城范氏貞如藏書"（朱文）。范貞如舊藏。

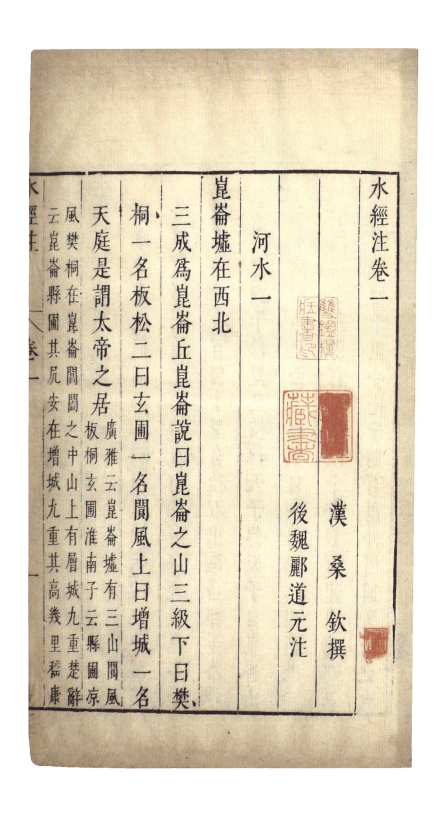

水經注卷一

漢　桑　欽　撰

後魏酈道元注

河水一

崑崙墟在西北

三成爲崑崙丘崑崙說曰崑崙之山三級下曰樊

桐一名板松二曰玄圃一名閬風上曰增城一名

天庭是謂太帝之居

　廣雅云崑崙墟有三山閬風

　板桐玄圃淮南子云縣圃京

　風樊桐在崑崙閶闔之中山上有層城九重其高幾里稱康

　云崑崙縣圃其尻安在增城九重其高幾里稱康

104　水經注四十卷　（北魏）酈道元撰　明崇禎二年（1629）嚴忍公等刻本　六冊

半葉九行二十字，小字雙行同，白口，四周單邊，單白魚尾。框高20.4厘米，廣14.1厘米。
藏印“雙鑑樓藏書印”（朱文）。書内有補寫文字。傅增湘舊藏。

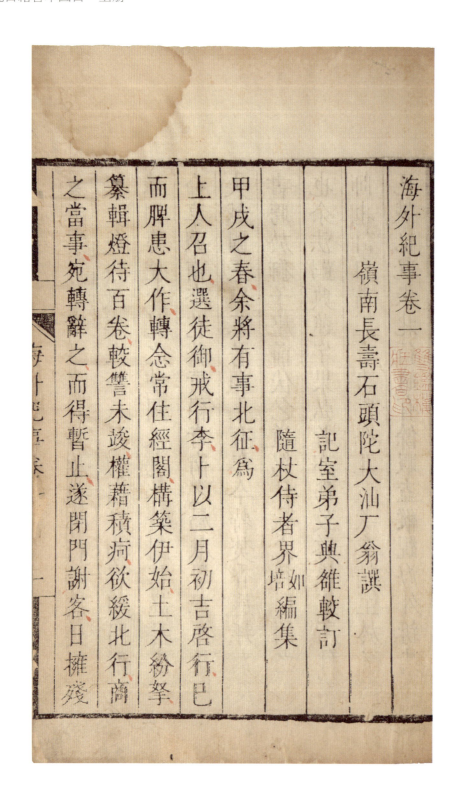

105　海外紀事六卷　（清）釋大汕撰　清康熙三十八年（1699）寶鏡堂刻本　傅增湘跋　一册

　　半葉九行十九字，粗黑口，四周單邊，單黑魚尾。框高18.4厘米，廣13.5厘米。存三卷（一至三）。藏印"雙鑑樓藏書印"（朱文）、"傅沅叔藏書印"（朱文）。傅增湘舊藏。

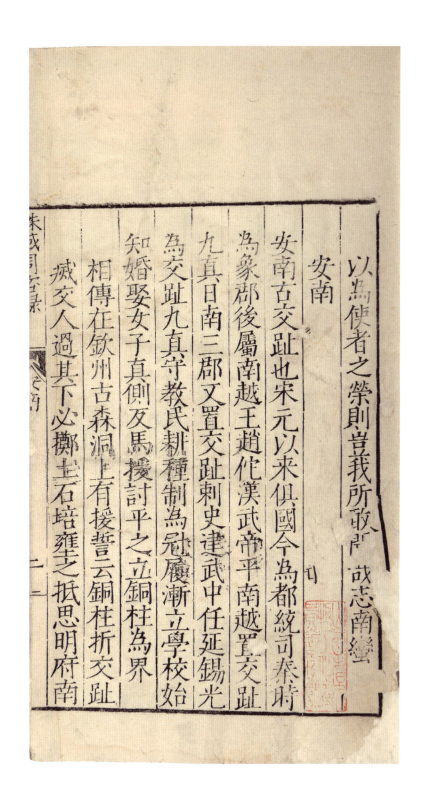

以為使者之榮則豈我所敢□哉志南蠻

安南

安南古交趾也宋元以来俱國今為都統司泰時
為象郡後屬南越王趙佗漢武帝平南越置交趾
九真日南三郡又置交趾刺史建武中任延錫光
為交趾九真守教民耕種制為冠履漸立學校始
知婚娶女子真側反馬援討平之立銅柱為界
相傳在欽州古森洞上有援誓云銅柱折交趾
滅交人過其下必攦土石培壅之抵思明府南

106　殊域周咨録二十四卷　（明）嚴從簡撰　明萬曆刻本　一冊

半葉九行二十字，白口，四周單邊，單黑魚尾。框高 19.3 厘米，廣 13.5 厘米。存二卷（安南二卷）

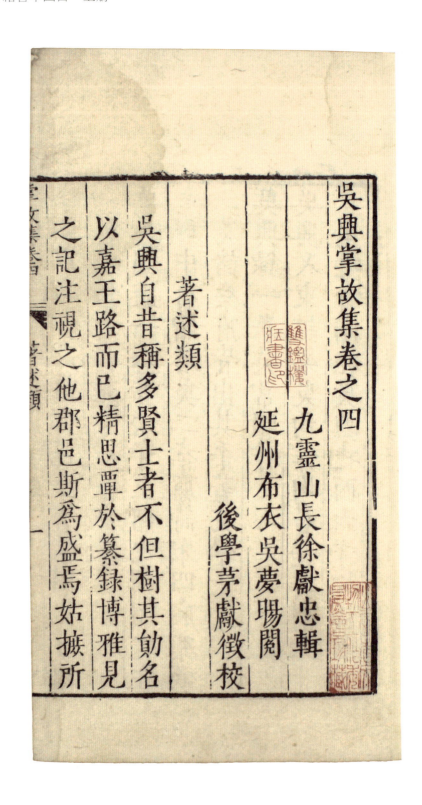

107　吳興掌故集十七卷　（明）徐獻忠輯　明萬曆茅獻徵刻本　七冊

半葉八行十六字，白口，左右雙邊，單黑魚尾。框高 19 厘米，廣 13 厘米。存十一卷（四至七、十一至十七）。藏印"雙鑑樓藏書印"（朱文）。傅增湘舊藏。

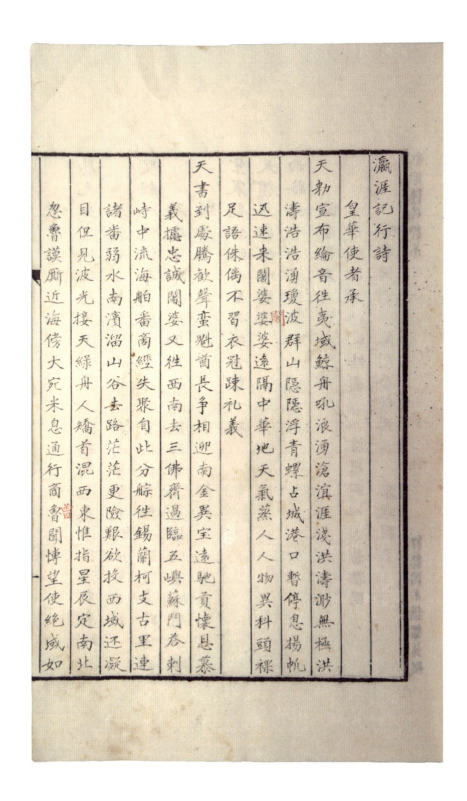

瀛涯記行詩

皇華使者承

天勑宣布綸音往夷域鯨舟弘浪澒滄滇涯淺洪濤渺無極洪

濤浩浩湧瓊波群山隱隱浮青螺占城港口暫停息揚帆

迅速來闍婆婆遠隔中華地天氣蒸人人物異科頭裸

足語侏僑不習衣冠踈礼義

天書到處騰歡聲蠻魋酋長爭相迎南金異寶遠馳貢懷懸慕

義攄忠誠闍婆又往西南去三佛齊過臨五嶼蘇門荅剌

峙中流海舶番商經失聚自此分舺往錫蘭柯支古里連

諸番弱水南濱溜山谷去路茫茫更險艱欲投西域还凝

目但見波光接天綠舟人矯首混西東惟指星辰定南北

忽魯謨厮厮近海傍大宛米息通行商魯聞博望使絕域如

108　原本瀛涯勝覽一卷　（明）馬歡撰　民國傅氏雙鑑樓抄本　一冊

　　半葉十二行二十四字，黑口，四周單邊，單黑魚尾。框高 17.1 厘米，廣 13.3 厘米。藏印："沅叔校勘"（朱文）、"耽書是宿緣"（朱文）、"雙鑑樓藏書印"（朱文）、"沅叔手校"（朱文）、"校書亦已勤"（白文）。欄外上鎸"江安傅氏鈔本"。傅氏雙鑑樓據明抄本轉錄。傅增湘舊藏。

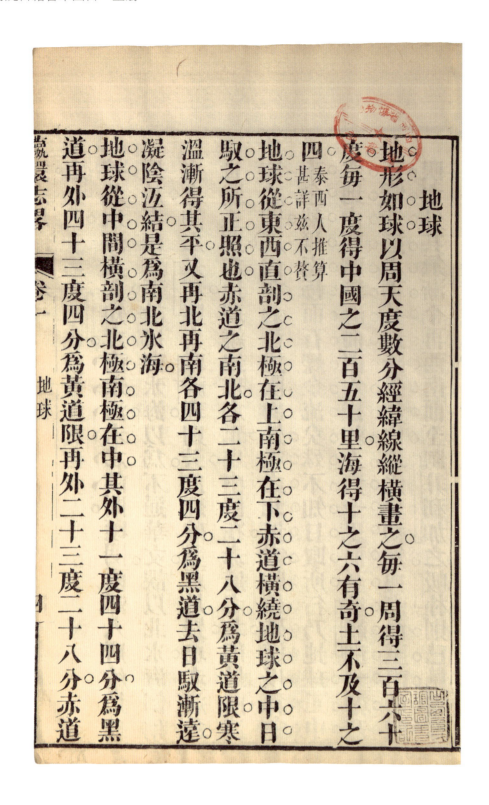

109　**瀛環志略十卷**　（清）徐繼畬撰　清道光二十八年（1848）刻本　六冊

半葉十行二十五字，小字雙行同，下黑口，左右雙邊，單黑魚尾。框高 25.6 厘米，廣 18.2 厘米。內封題"瀛環志略　壁星泉　劉玉坡先生鑒定　本署藏板""道光戊申年鎸"。

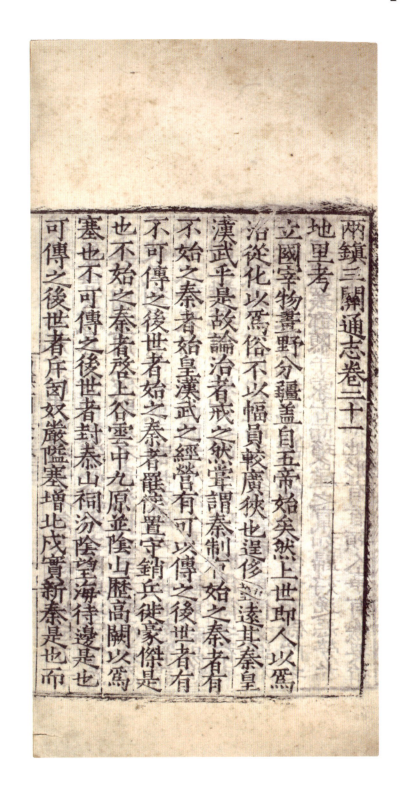

兩鎮三關通志卷二十一

地里考

立國宰物畫野分疆蓋自五帝始矣然上世即人以爲治從化以爲俗不以幅員較廣狹也遑俟遠其秦皇漢武平是故論治者戒之狄嘗謂秦制不始之秦者始皇漢武之經營有可以傳之後世者有不始之秦者罷候置守銷兵徙豪傑是也不始之秦者啓上谷雲中九原並陰山歷高闕以爲塞也不可傳之後世者封泰山祠汾陰望至海待邊是也可傳之後世者斥匈奴嚴臨塞增北戍實新秦是也而

110 兩鎮三關通志□□卷 （明）尹耕纂修 明刻本 二册

半葉十行二十一字，白口，四周單邊。框高23.1厘米，廣17厘米。存二卷（二十一至二十二）。

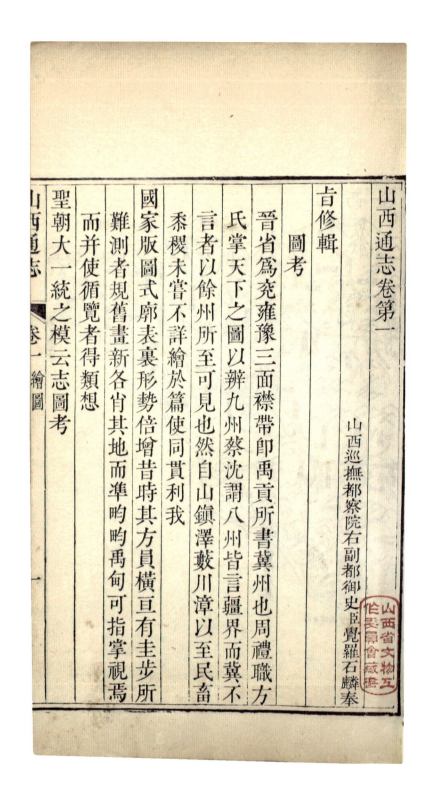

111　[雍正]山西通志二百三十卷　（清）覺羅石麟修　（清）儲大文纂　清雍正十二年（1734）刻本　一百冊

半葉十二行二十三字，小字雙行同，白口，四周雙邊，單黑魚尾。框高 20.2 厘米，廣 14.6 厘米。入選第二批《山西省珍貴古籍名録》（00266）。

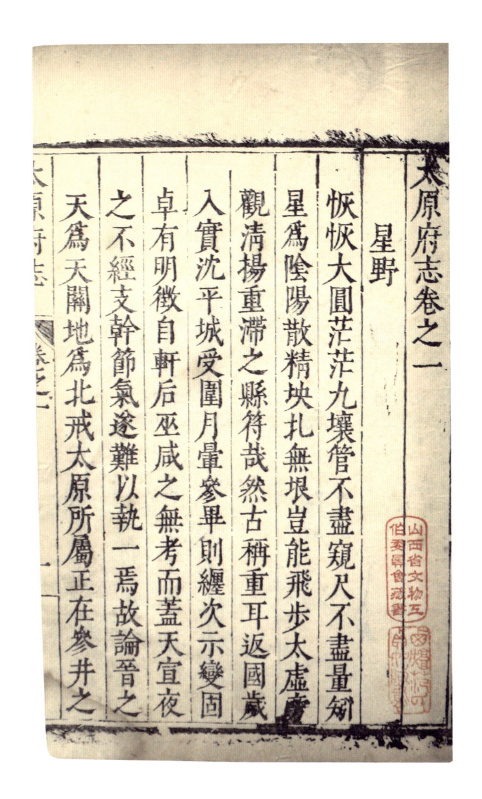

太原府志卷之一

星野

恢恢大圓茫茫九壤管不盡窺尺不盡量矧

星爲陰陽散精块扎無根豈能飛步太虛廖

觀清揚重滯之縣符哉然古稱重耳返國歲

入實沈平城受圍月暈參畢則纏次示變固

卓有明徵自軒后巫咸之無考而蓋天宣夜

之不經支幹節氣遂難以執一焉故論晉之

天爲天關地爲北戒太原所屬正在參井之

112　[萬曆] 太原府志二十六卷　（明）關廷訪修　（明）張慎言纂　明萬曆四十年（1612）
刻本　八冊

　　半葉九行十八字，小字雙行同，白口，四周雙邊，單黑魚尾。框高 21 厘米，廣 15.3 厘
米。藏印 "閑田張氏聞三藏書"（朱文）、"西城范氏貞如藏書"（朱文）。范貞如舊藏。
入選第二批山西省珍貴古籍名録（00267）。

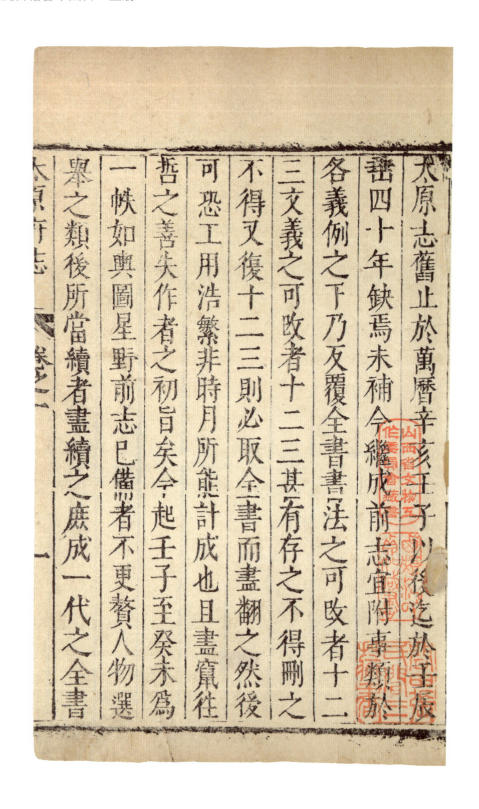

113 ［順治］太原府志四卷 （清）佚名纂修 清順治十一年（1654）刻本 四册
　　半葉九行十八字，小字雙行同，白口，四周雙邊，單黑魚尾。框高 21 厘米，廣 15.3 厘米。藏印"閒田張氏閩三藏書"（朱文）、"西城范氏貞如藏書"（朱文）。范貞如舊藏。入選第二批山西省珍貴古籍名録（00267）。

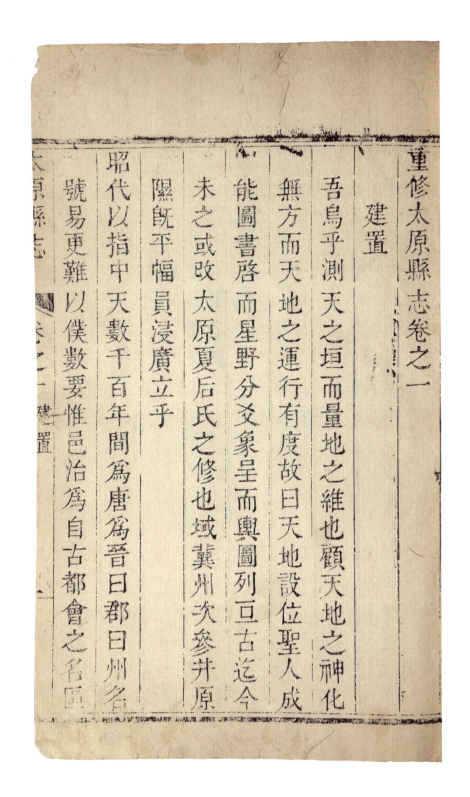

重修太原縣志卷之一

建置

吾烏乎測天之垣而量地之維也顧天地之神化

無方而天地之運行有度故曰天地設位聖人成

能圖書啓而星野分爻象呈而輿圖列亘古迄今

未之或改太原夏后氏之修也域冀州次參井原

隰旣平幅員浸廣立乎

昭代以指中天數千百年間爲唐爲晉曰郡曰州名

號易更難以僕數要惟邑治爲自古都會之名區

太原縣志　卷之一　建置

114　［雍正］重修太原縣志十六卷　（清）龔新　（清）沈繼賢修　（清）高若岐等纂　清雍正九年（1731）刻本　四册

　　半葉九行二十字，小字雙行同，白口，四周雙邊，單黑魚尾。框高 19.7 厘米，廣 14.5 厘米。藏印"西城范氏貞如藏書"（朱文）。内封題"太原縣志　海寧沈鶴書纂輯　本署藏板""雍正九年重修"。范貞如舊藏。

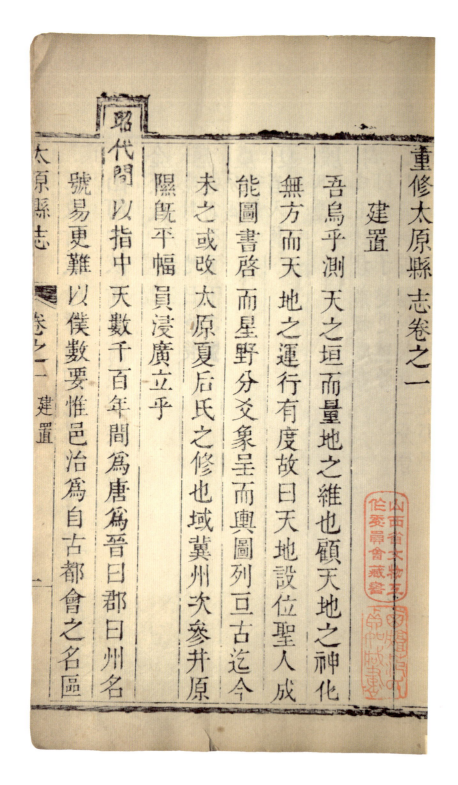

115　[雍正]重修太原縣志十六卷　（清）龔新　（清）沈繼賢修　（清）高若岐等纂　清雍正九年（1731）刻本　四冊

　　半葉九行二十字，小字雙行同，白口，四周雙邊，單黑魚尾。框高 19.5 厘米，廣 14.3 厘米。藏印"西城范氏貞如藏書"（朱文）。內封題"太原縣志　海寧沈鶴書纂輯　本署藏板""雍正九年重修"。范貞如舊藏。入選第二批《山西省珍貴古籍名錄》（00268）。

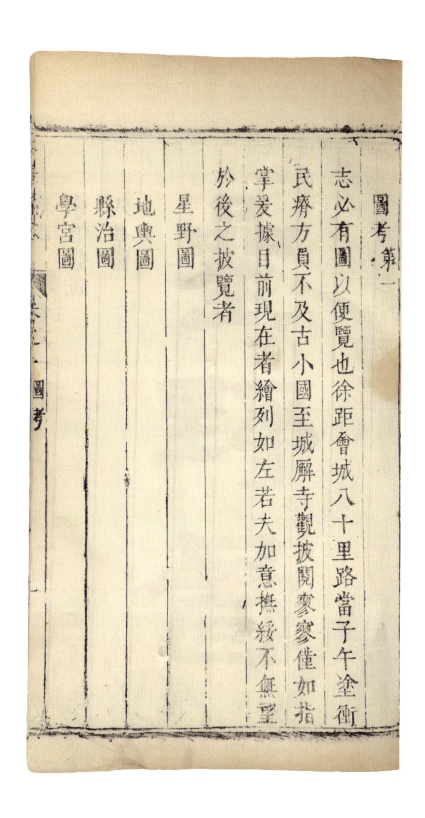

圖考第一

志必有圖以便覽也徐距會城八十里路當子午塗衝

民療方員不及古小國至城廨寺觀披閱參蓼僅如指

掌爰據目前現在者繪列如左若夫加意撫綏不無望

於後之披覽者

星野圖

地輿圖

縣治圖

學宮圖

116　［康熙］徐溝縣志四卷　（清）王嘉謨纂修　清康熙五十一年（1712）刻本　四冊

半葉九行二十二字，小字雙行同，白口，四周雙邊，單黑魚尾。框高 22.3 厘米，廣 14.5 厘米。有圖。入選第三批《山西省珍貴古籍名錄》（00465）。

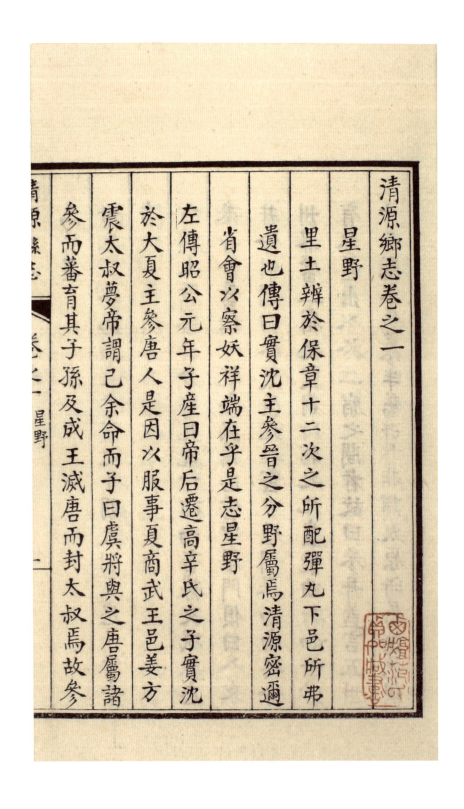

117 ［乾隆］清源鄉志十八卷首一卷 （清）王勳祥修 （清）王效尊纂 清抄本 四冊

半葉九行二十字，白口，四周雙邊，單黑魚尾。框高 18.6 厘米，廣 13.2 厘米。藏印"西城范氏貞如藏書"（朱文）。范貞如舊藏。

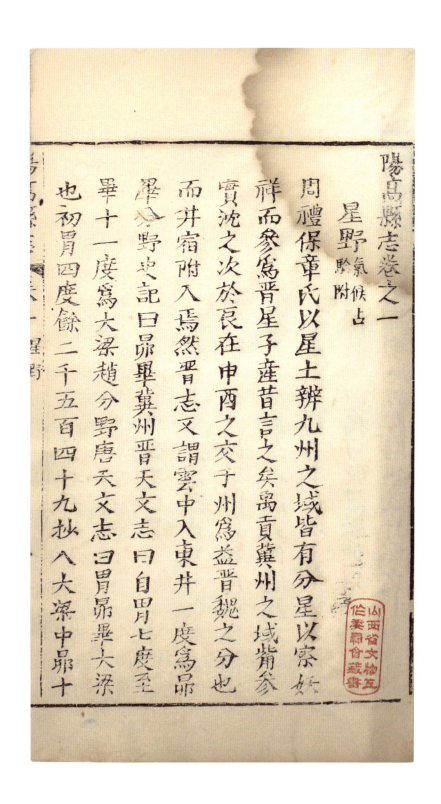

118　［雍正］陽高縣志六卷　（清）房裔蘭修　（清）蘇之芬纂　清雍正七年（1729）刻本　六冊

　　半葉九行二十一字，小字雙行同，白口，四周單邊，單黑魚尾。框高 22.5 厘米，廣 15.5 厘米。入選第二批《山西省珍貴古籍名録》（00271）。

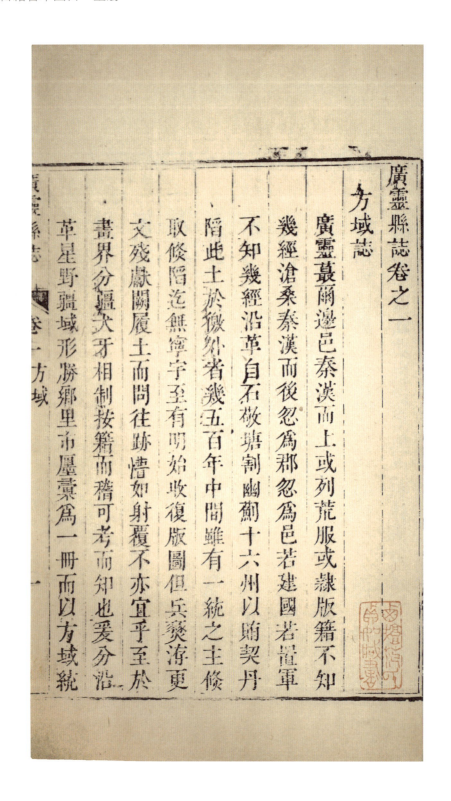

119　[乾隆]廣靈縣誌十卷首一卷末一卷　　（清）郭磊纂修　清乾隆十九年（1754）刻本　四册
　　半葉十行二十二字，小字雙行同，白口，四周雙邊，單黑魚尾。框高 19.2 厘米，廣
14.5 厘米。藏印“西城范氏貞如藏書”（朱文）。內封題“廣靈縣誌　乾隆甲戌年鎸”。有圖。
范貞如舊藏。

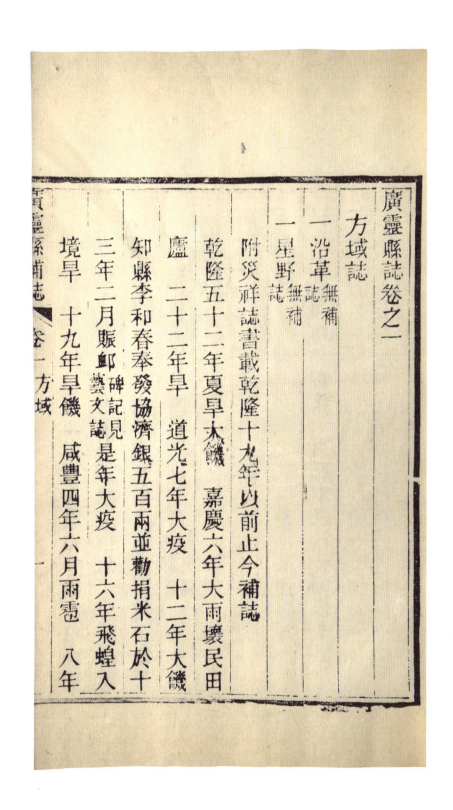

120 ［光緒］廣靈縣補誌十卷首一卷 （清）楊亦銘纂修 清光緒七年（1881）刻本 二冊

半葉十行二十二字，小字雙行同，白口，四周雙邊，單黑魚尾。框高18.6厘米，廣14.5厘米。藏印“西城范氏貞如藏書”（朱文）。内封題“廣靈縣補誌 光緒辛巳年鐫 京都琉璃廠漱潤齋王振豪刊板”。范貞如舊藏。

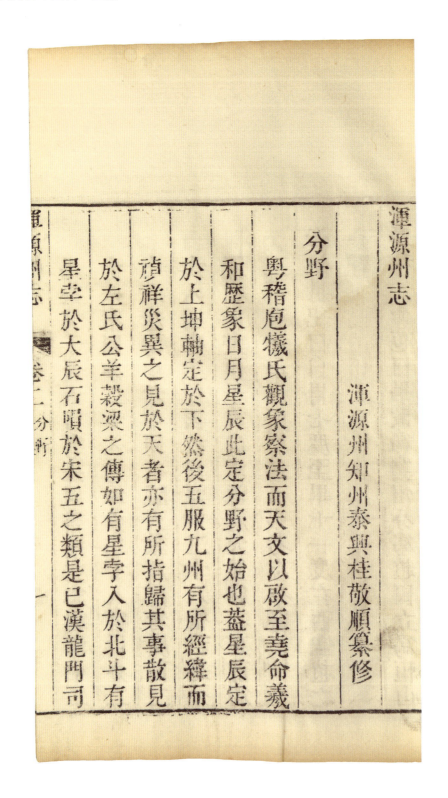

渾源州志

渾源州知州泰與桂敬順纂修

分野

粵稽庖犧氏觀象察法而天文以啟至堯命羲

和歷象日月星辰此定分野之始也蓋星辰定

於上坤輔定於下然後五服九州有所經緯而

疹祥災異之見於天者亦有所指歸其事散見

於左氏公羊穀梁之傳如有星孛入於北斗有

星孛於大辰石隕於宋五之類是巳漢龍門司

121　［乾隆］渾源州志十卷　　（清）桂敬順纂修　清乾隆二十八年（1763）刻同治九年（1870）
孔廣培增刻本　五冊
　　半葉九行二十字，白口，左右雙邊，單黑魚尾。框高18.2厘米，廣14.5厘米。藏印"西
城范氏貞如藏書"（朱文）。內封題"渾源州志　乾隆癸未重鐫　州署藏板"。范貞如舊藏。
入選第二批《山西省珍貴古籍名録》（00272）。

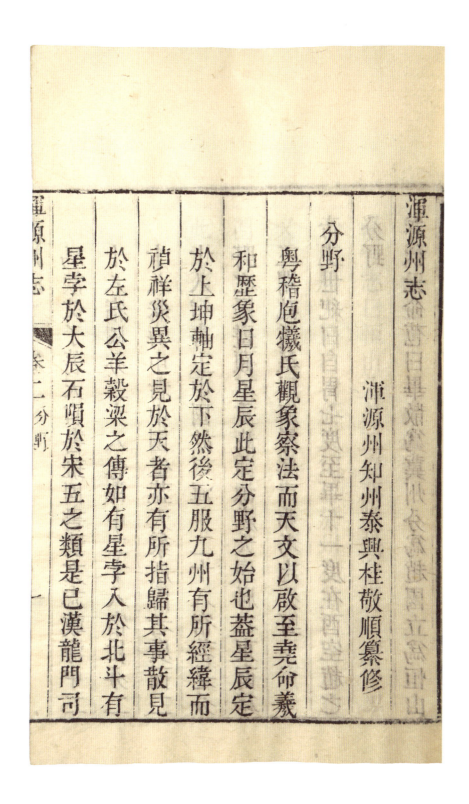

渾源州志

渾源州知州泰興桂敬順纂修

分野

粵稽庖犧氏觀象察法而天文以啟至堯命羲和歷象日月星辰此定分野之始也蓋星辰定而後五服九州有所經緯而坤軸定於下然後五服九州有所經緯而於上坤軸定於下然後五服九州有所指歸其事散見禎祥災異之見於天者亦有所指歸其事散見於左氏公羊穀梁之傳如有星孛入於北斗有星孛於大辰石隕於宋五之類是已漢龍門司

122　［乾隆］渾源州志十卷　（清）桂敬順纂修　清乾隆二十八年（1763）刻同治九年（1870）孔廣培增刻本　五册

　　半葉九行二十字，白口，左右雙邊，單黑魚尾。框高18.2厘米，廣14.6厘米。內封題“渾源州志　乾隆癸未重鐫　州署藏板”。

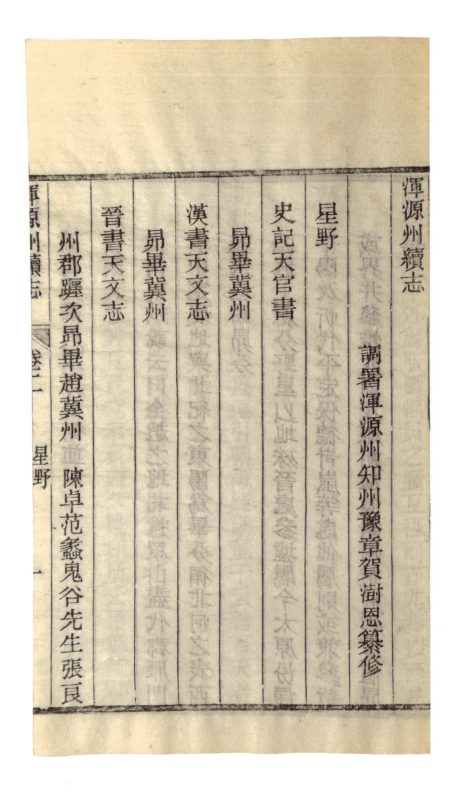

123 ［光緒］渾源州續志十卷 （清）賀澍恩修 （清）程績等纂 清光緒七年（1881）刻本 六冊

半葉九行二十二字，小字雙行同，白口，左右雙邊，單黑魚尾。框高 18.7 厘米，廣 14.6 厘米。内封題"渾源州續志 光緒辛巳鐫 州署藏板"。卷一末鐫"京都琉璃廠漱潤齋刻字鋪王振豪刊刻全志"。有圖。

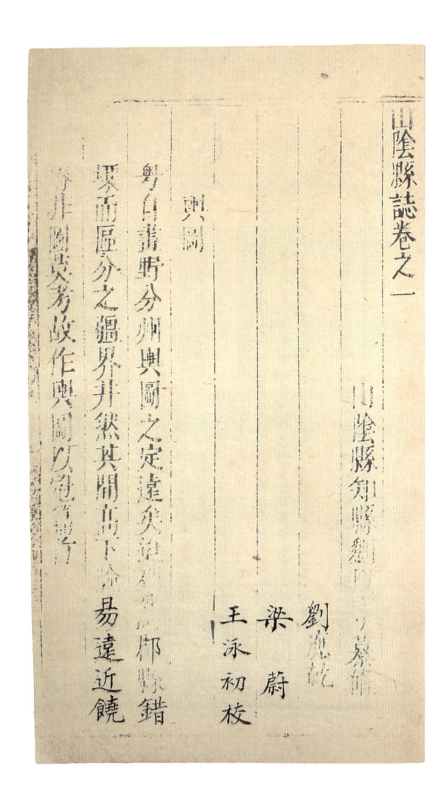

124　[崇禎] 山陰縣誌六卷　（明）劉以守纂修　明崇禎二年（1629）刻本（卷四、六抄配）　四册
　　半葉九行二十字，小字雙行同，白口，四周雙邊，單黑魚尾。框高22.5厘米，廣14.7厘米。
藏印"壇縣陳監光藏書"（朱文）。有描欄補字。

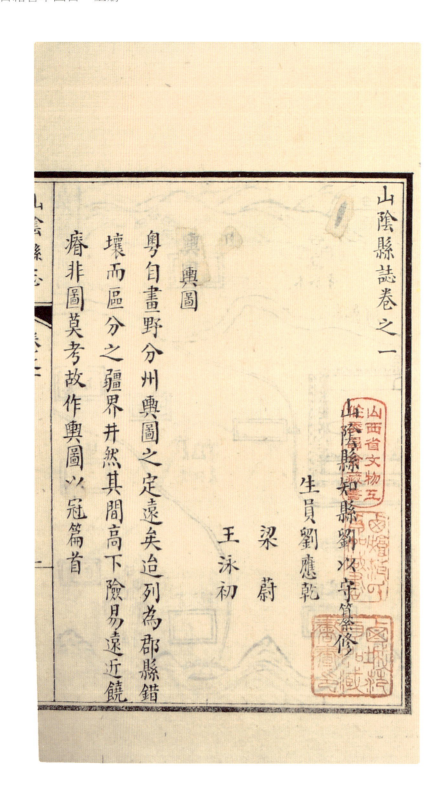

125 ［崇禎］山陰縣誌六卷 （明）劉以守纂修 民國三十三年（1944）范貞如抄本 二册
半葉九行二十字，小字雙行同，白口，四周雙邊，單黑魚尾。框高18.7厘米，廣13.5厘米。
藏印"西城范貞如藏書畫印"（朱文）、"西城范氏貞如藏書"（朱文）。有題記"民國甲
申八月西城范氏貞如依崇禎二年劉以守纂修本鈔"。范貞如舊藏。

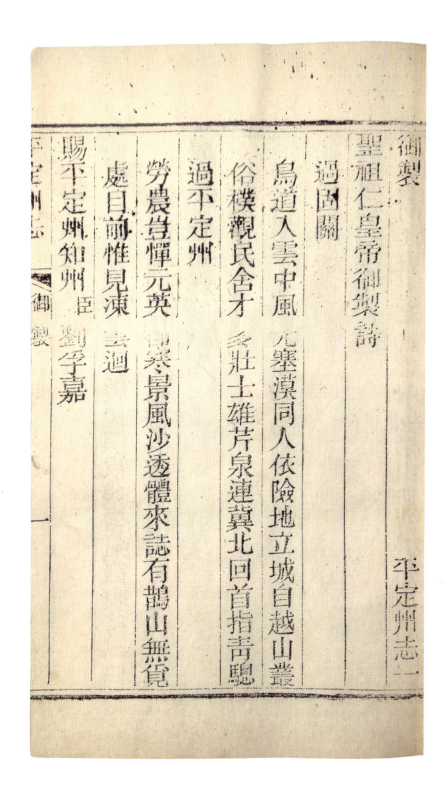

御製

聖祖仁皇帝御製詩

過固關

鳥道入雲中風　兀塞漠同人依險地立城自越山巒

俗樸觀民舍才　壯士雄芹泉連冀北回首青驄

過平定州

勞農豈憚元英　驚寒景風沙透體來誌有鵲山無覓

處自前惟見凍　云迴

賜平定州知州　臣劉孚嘉

平定州志　御製

平定州志二

126　［乾隆］平定州志十卷圖一卷　（清）金明源修　（清）竇忻　（清）張佩芳纂　清乾隆五十五年（1790）湧雲樓刻本　十冊

　　半葉九行二十一字，小字雙行同，白口，四周雙邊，單黑魚尾。框高17.8厘米，廣13.4厘米。藏印"西城范氏貞如藏書"（朱文）。内封題"平定州志　乾隆庚戌年鐫　湧雲樓藏板"。范貞如舊藏。

127　[乾隆] 重修襄垣縣志八卷　（清）李廷芳修　（清）徐珏　（清）陳于廷纂　清乾隆四十七年（1782）刻本　八冊

　　半葉十行二十一字，小字雙行同，白口，四周雙邊，單黑魚尾。框高 18.5 厘米，廣 14.3 厘米。內封題"襄垣縣志""乾隆四十七年重修"。有圖。

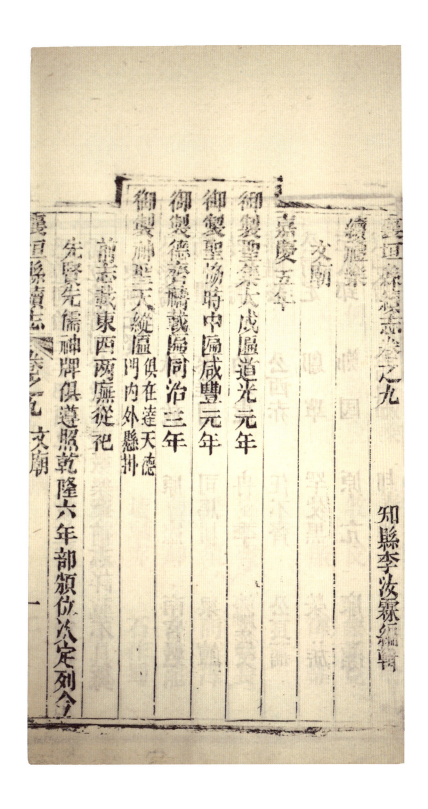

128　［光緒］襄垣縣續志二卷　　（清）李汝霖纂修　清光緒六年（1880）刻本　二册

　　半葉十行二十一字，小字雙行同，白口，上下雙邊，單黑魚尾。框高 18.5 厘米，廣
14.3 厘米。本書二卷乃續乾隆志八卷之後，分別爲卷九、十。

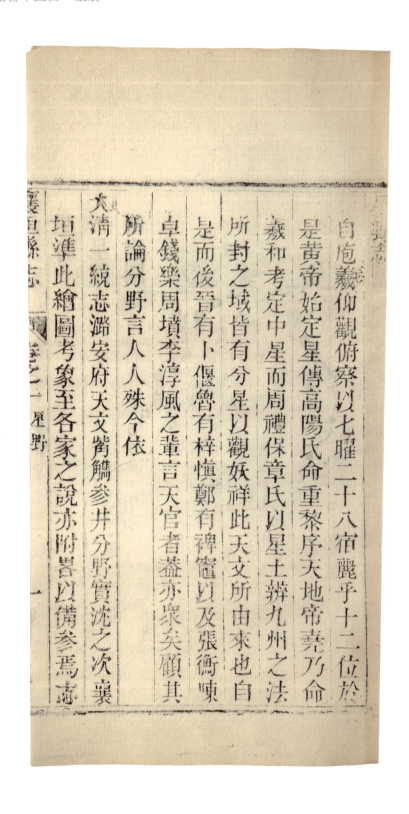

129 ［乾隆］重修襄垣縣志八卷 （清）李廷芳修 （清）徐玨 （清）陳于廷纂 清乾隆
四十七年（1782）刻本 八冊
　　半葉十行二十一字，小字雙行同，白口，四周雙邊，單黑魚尾。框高18.8厘米，廣14厘米。
內封題“襄垣縣志　乾隆四十七年重修”。有圖。

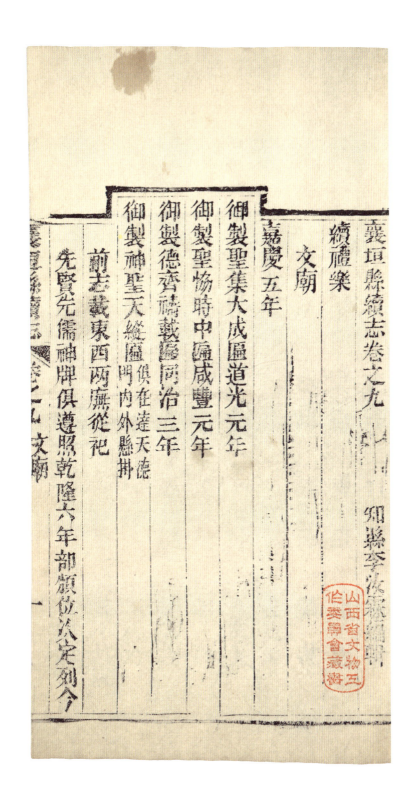

130　［光緒］襄垣縣續志二卷　（清）李汝霖纂修　清光緒六年（1880）刻本　二册

　　半葉十行二十一字，小字雙行同，白口，上下雙邊，單黑魚尾。框高18.8厘米，廣14厘米。本書二卷乃續乾隆志八卷之後，分别爲卷九、十。

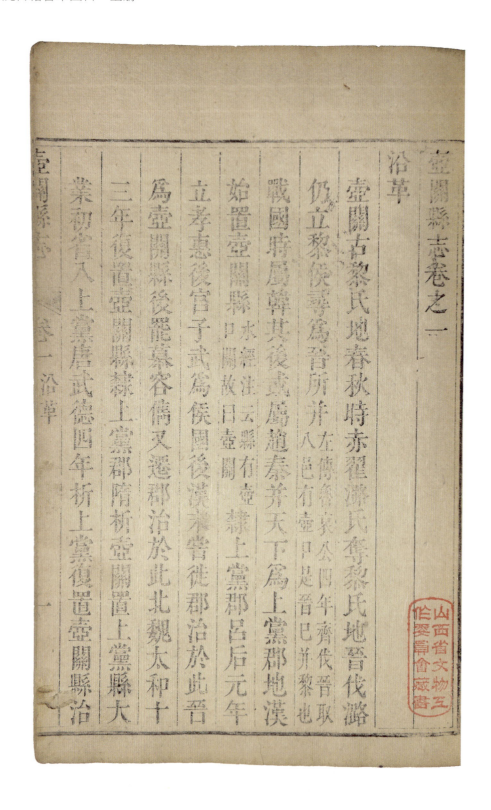

131　[乾隆]壺關縣志十八卷　（清）楊宸等修　（清）馮文止等纂　清乾隆三十五年（1770）刻本　四册

　　半葉十行二十一字，小字雙行同，白口，四周雙邊，單黑魚尾。框高18.9厘米，廣14厘米。內封題"壺關縣志　乾隆庚寅年鐫　官衙藏板"。有圖。

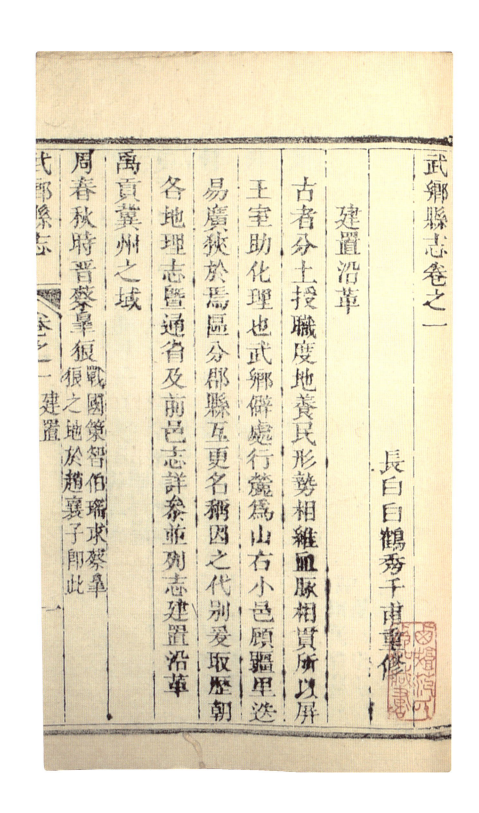

132　[乾隆]武鄉縣志六卷首一卷　（清）白鶴修　（清）史傳遠纂　清乾隆五十五年（1790）
刻本　六册
　　　半葉九行二十二字，小字雙行同，白口，四周雙邊，單黑魚尾。框高18.7厘米，廣14厘米。
藏印"西城范氏貞如藏書"（朱文）。范貞如舊藏。

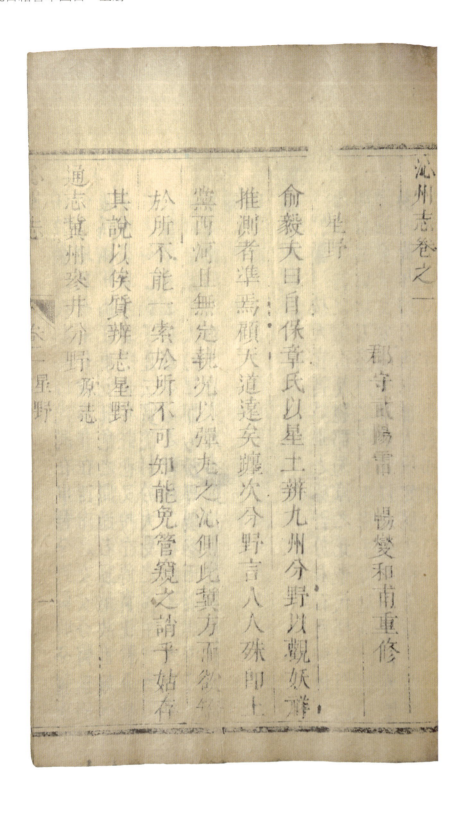

133 ［乾隆］沁州志十卷首一卷 　（清）葉士寬等纂修 　（清）姚學瑛續修 　（清）姚學甲續纂 　清乾隆三十六年（1771）增刻本 　十冊

　　半葉九行二十一字，小字雙行同，白口，四周雙邊，單黑魚尾。框高20.9厘米，廣15厘米。

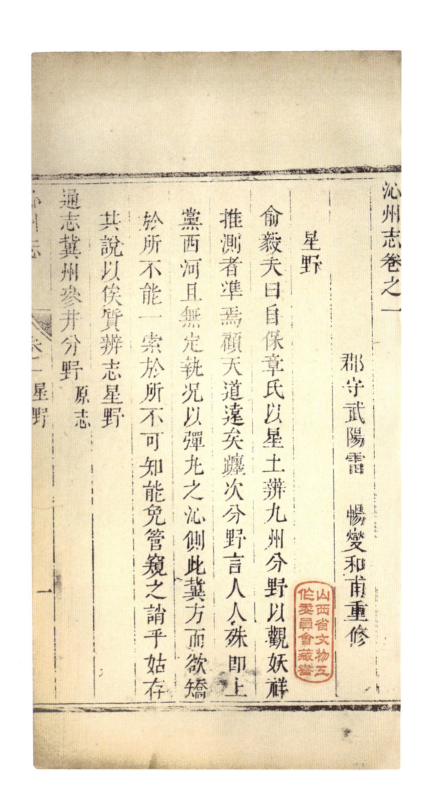

134　[乾隆]沁州志十卷首一卷　（清）葉士寬等纂修　（清）姚學瑛續修　（清）姚學甲續

纂　清乾隆三十六年（1771）增刻本　十冊

半葉九行二十一字，小字雙行同，白口，四周雙邊，單黑魚尾。框高20.9厘米，廣16厘米。

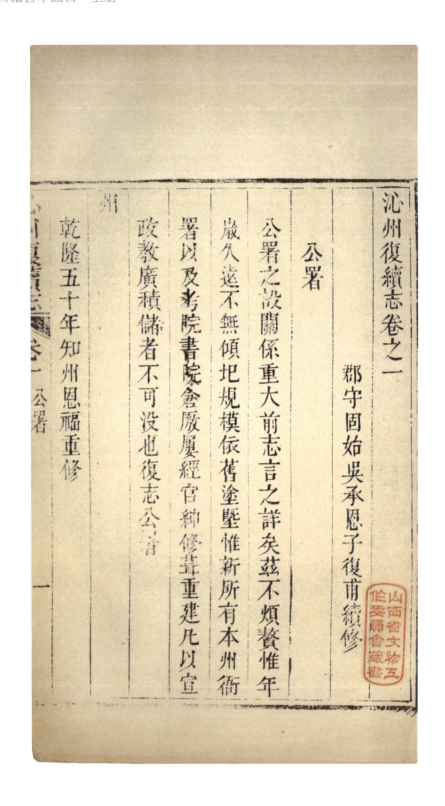

135 ［光緒］沁州復續志四卷末一卷 （清）吳承恩纂修 清光緒六年（1880）刻本 四册
　　半葉九行二十一字，小字雙行同，白口，四周雙邊，單黑魚尾。框高19.7厘米，廣
15.3厘米。

136　［乾隆］高平縣志二十二卷　　（清）傅德宜修　　（清）戴純纂　清乾隆三十九年（1774）刻本　八冊

　　半葉十行二十二字，小字雙行同，白口，四周雙邊，單黑魚尾。框高19.2厘米，廣14.1厘米。入選第二批《山西省珍貴古籍名録》（00281）。

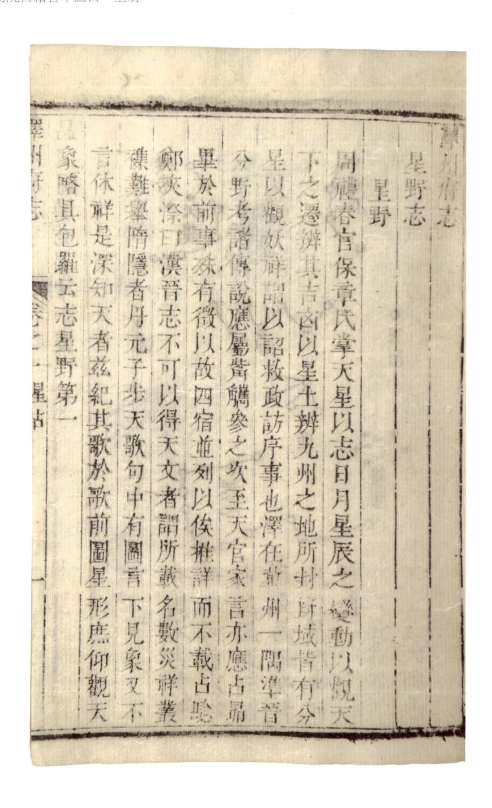

137 ［雍正］澤州府志五十二卷　（清）朱樟修　（清）田嘉穀纂　清雍正十三年（1735）刻本（卷三第八葉抄配）　八册

　　半葉十二行二十三字，小字雙行同，白口，四周雙邊，單黑魚尾。框高 19.8 厘米，廣 14.5 厘米。存三十六卷（一至三十六）。

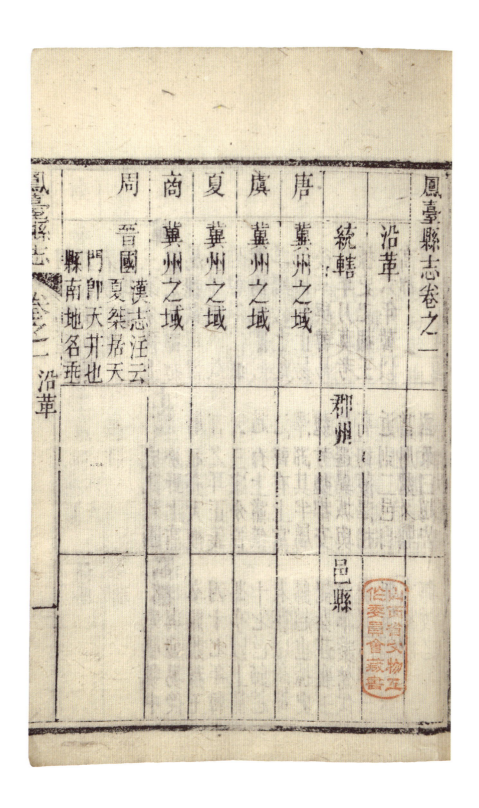

138　［乾隆］鳳臺縣志二十卷首一卷　（清）林荔修　（清）姚學甲纂　清乾隆四十九年（1784）
刻本　十册

　　半葉九行二十二字，小字雙行同，白口，四周雙邊，單黑魚尾。框高18.3厘米，廣
14.2厘米。有圖。

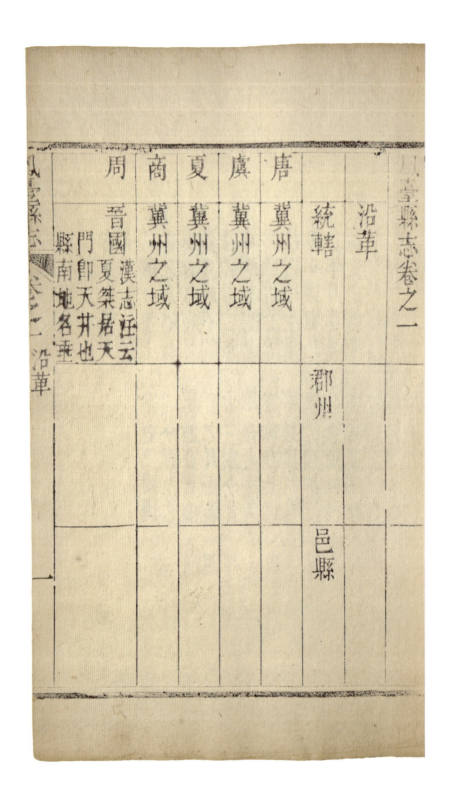

139 ［乾隆］鳳臺縣志二十卷首一卷 （清）林荔修 （清）姚學甲纂 清乾隆四十九年（1784）
刻本 九冊

半葉九行二十二字，小字雙行同，白口，四周雙邊，單黑魚尾。框高 18.3 厘米，廣
14.3 厘米。存十八卷（一至十二、十五至二十）。有圖。

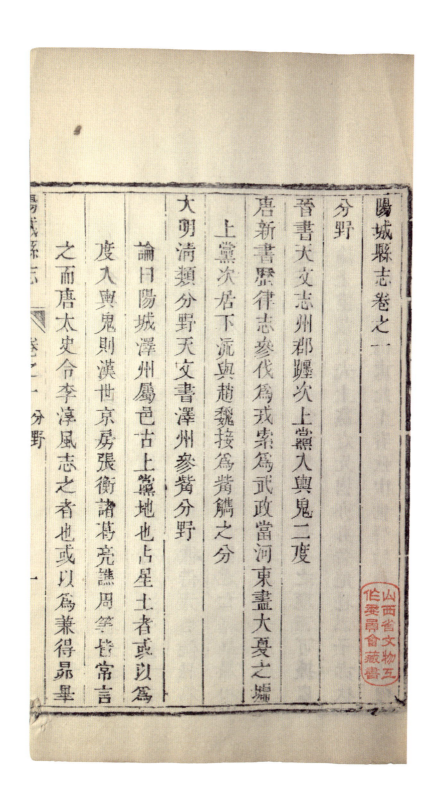

陽城縣志卷之一

分野

晉書天文志州郡躔次上黨入與鬼二度

唐新書縣律志參伐為戎索為武政當河東盡大夏之墟

上黨次居下流與趙魏接為觜觿之分

大明清類分野天文書澤州參觜分野

論曰陽城澤州屬邑古上黨地也占星土者或以為

度入與鬼則漢世京房張衡諸葛亮譙周筹皆常言

之而唐太史令李淳風志之者也或以為兼得昴畢

140 ［乾隆］陽城縣志十六卷 （清）楊善慶修 （清）田懋纂 清乾隆二十年（1755）刻本 八冊

半葉九行二十二字，小字雙行同，白口，四周雙邊，單黑魚尾。框高 19.2 厘米，廣 14.3 厘米。

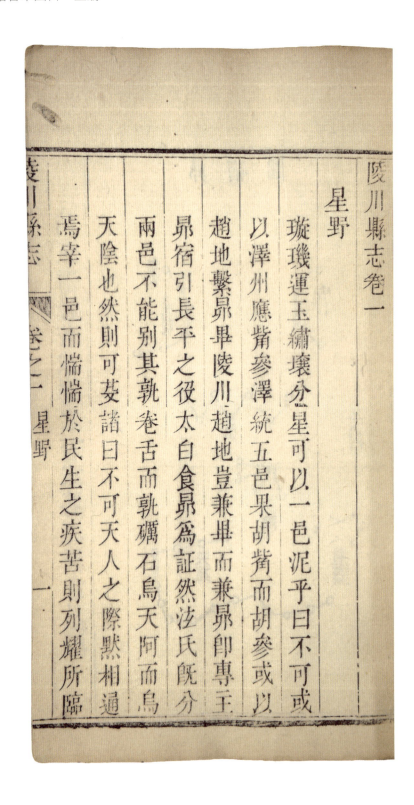

陵川縣志卷一

星野

璇璣運玉繡壤分星可以一邑泥乎曰不可或

以澤州應觜參澤統五邑冞胡觜而胡參或以

趙地繫昴畢陵川趙地豈兼畢而兼昴卽專主

昴宿引長平之役太白食昴爲証然泫氏既分

兩邑不能別其孰卷舌而孰礪石烏天阿而烏

天陰也然則可芟諸曰不可天人之際默相遇

焉宰一邑而惴惴於民生之疾苦則列耀所臨

141　[乾隆]陵川縣志三十卷首一卷　（清）程德炯纂修　清乾隆四十四年（1779）刻本　十册
半葉九行二十字，小字雙行同，白口，四周雙邊，單黑魚尾。框高 19.3 厘米，廣 12.9 厘米。

忻州志卷一

　　　　　　　　　　知州賓容遬編輯

沿革 疆城附

忻州地表

　忻州總部　　　郡國　　州縣

唐　冀

虞　并

叟　冀

裔　冀

周　并　　晉

忻州志　　卷一 沿革　　　一

142　[乾隆] 忻州志六卷　（清）賓容遬纂修　清乾隆十二年（1747）刻本　六册
半葉十行二十二字，小字雙行同，白口，四周雙邊，單黑魚尾。框高20厘米，廣13.7厘米。

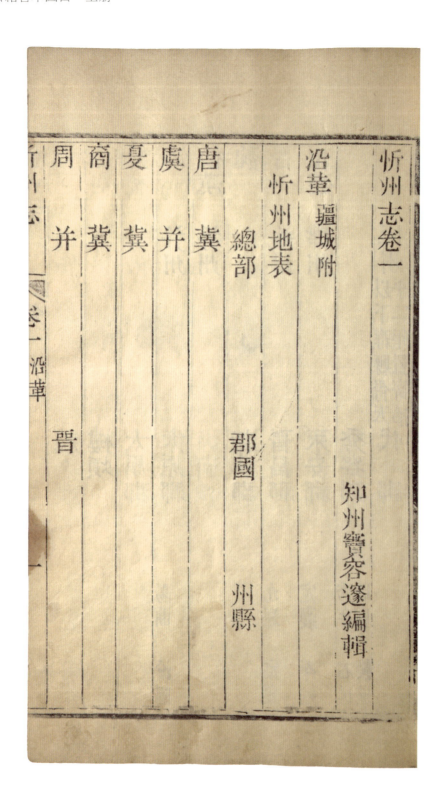

143　[乾隆]忻州志六卷　　（清）竇容邃纂修　清乾隆十二年（1747）刻本　五册

半葉十行二十二字，小字雙行同，白口，四周雙邊，單黑魚尾。框高 20 厘米，廣 13.5 厘米。存五卷（一至五）。

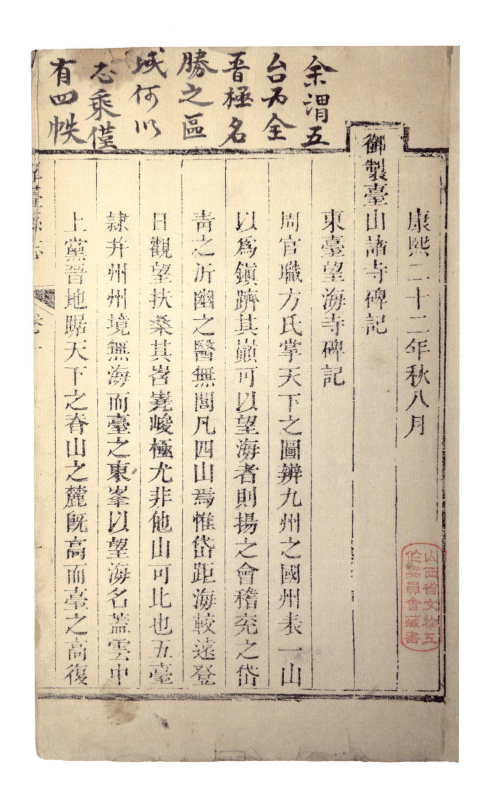

144　［乾隆］五臺縣志八卷　（清）王秉韜纂修　清乾隆四十五年（1780）刻本　佚名批
注　四冊

　　半葉九行二十字，小字雙行同，白口，四周雙邊，單黑魚尾。框高19.5厘米，廣14.9厘米。
入選第三批《山西省珍貴古籍名録》（00466）。

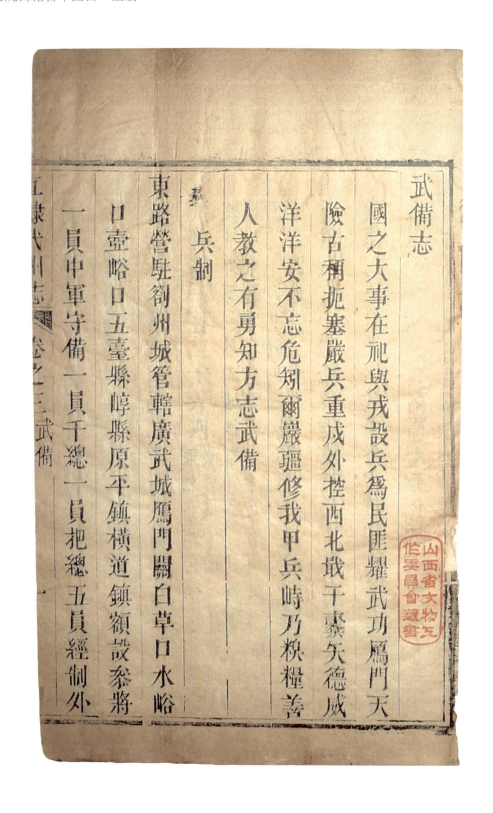

145　[乾隆]直隸代州志六卷　（清）吳重光纂修　清乾隆五十年（1785）刻本　六冊
　　半葉九行二十字，小字雙行同，白口，四周雙邊，單黑魚尾。框高19.5厘米，廣14.7厘米。
存五卷（二至六）。

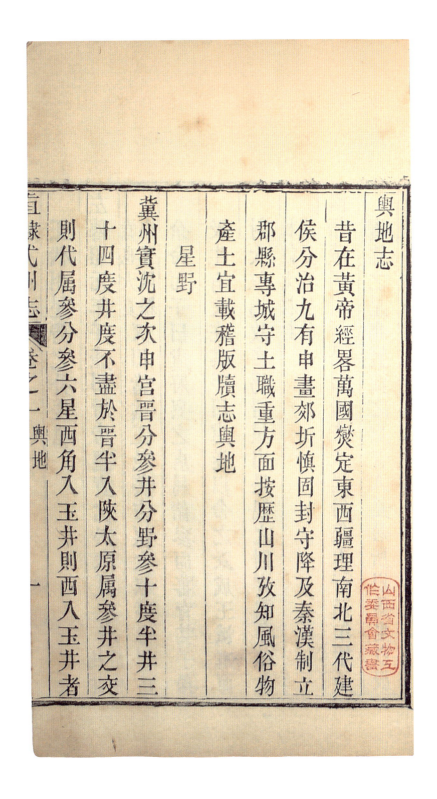

與地志

昔在黃帝經畧萬國爕定東西疆理南北三代建

侯分治九有申畫郊圻慎固封守降及秦漢制立

郡縣專城守土職重方面按歷山川玦知風俗物

產土宜載稽版牘志與地

　星野

冀州實沈之次申宮晉分參井分野參十度半井三

十四度井度不盡於晉半入陝太原屬參井之交

則代屬參分參六星西角入玉井則西入玉井者

146　［乾隆］直隸代州志六卷　（清）吳重光纂修　清乾隆五十年（1785）刻本　八册
半葉九行二十字，小字雙行同，白口，四周雙邊，單黑魚尾。框高19.4厘米，廣14.7厘米。

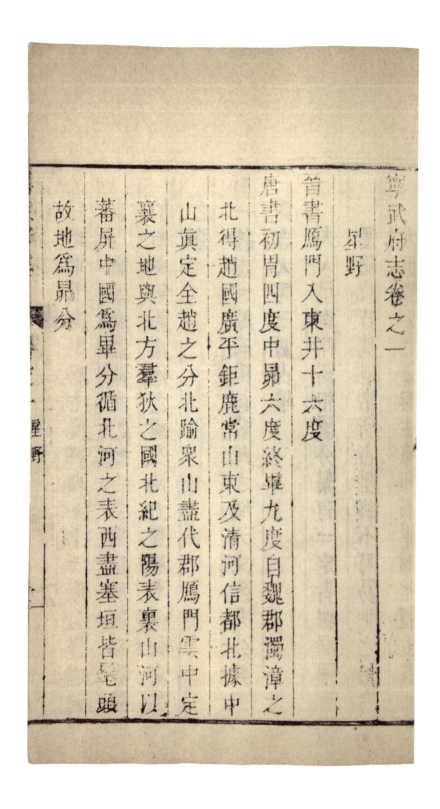

147 ［乾隆］寧武府志十二卷首一卷 （清）周景柱修 （清）李維梓纂 清乾隆十七年（1752）
刻本 六冊

半葉九行二十字，小字雙行同，白口，左右雙邊，單黑魚尾。框高19.6厘米，廣14.5厘米。

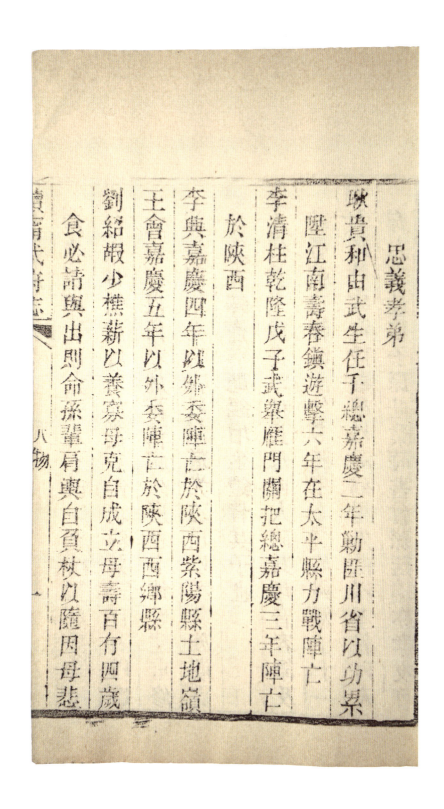

思義孝弟

玟貴和由武生任于總嘉慶二年勦匪川省以功累

墜江南壽春鎮遊擊六年在太平縣力戰陣亡

李清柱乾隆戊子武鄉雁門關把總嘉慶三年陣亡

於陝西

李興嘉慶四年以外委陣亡於陝西紫陽縣土地嶺

王會嘉慶五年以外委陣亡於陝西西鄉縣

劉紹報少樵薪以養寡母克自成立母壽百有四歲

食必請與出則命孫輩肩輿自貢杖以隨因母悲

148　[咸豐]續寧武府志不分卷　（清）常文遴　（清）阿克達春纂修　清咸豐七年（1857）
刻本　一册

　　半葉九行二十字，小字雙行同，白口，四周單邊，單黑魚尾。框高19.6厘米，廣14.5厘米。

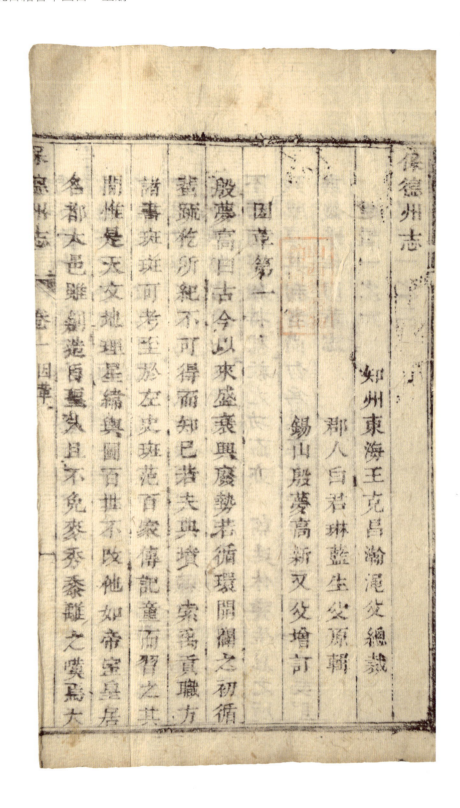

149　［乾隆］保德州志十二卷首一卷　（清）王克昌修　（清）王秉韜續纂修　清乾隆五十年（1785）增刻本　十冊

　　半葉十行二十二字，小字雙行同，白口，四周雙邊，單黑魚尾。框高 22.5 厘米，廣 15.7 厘米。

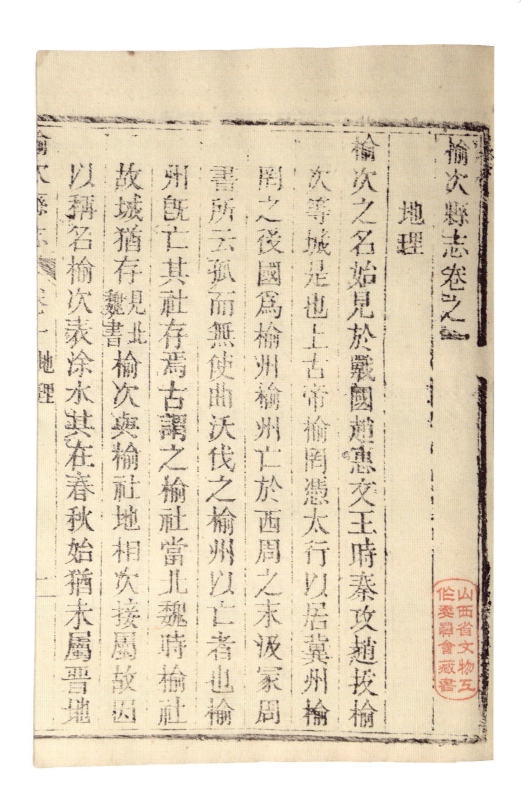

150　［乾隆］榆次縣志十四卷首一卷　（清）錢之青修　（清）張天澤　清乾隆十三年（1748）
思鳳堂刻本　佚名批注　五冊

　　半葉九行十九字，小字雙行同，白口，四周雙邊，單黑魚尾。框高 19.7 厘米，廣 14.7
厘米。內封題"榆次縣志　乾隆十三年脩　思鳳堂藏板"。入選第三批《山西省珍貴古籍名
録》（00467）。

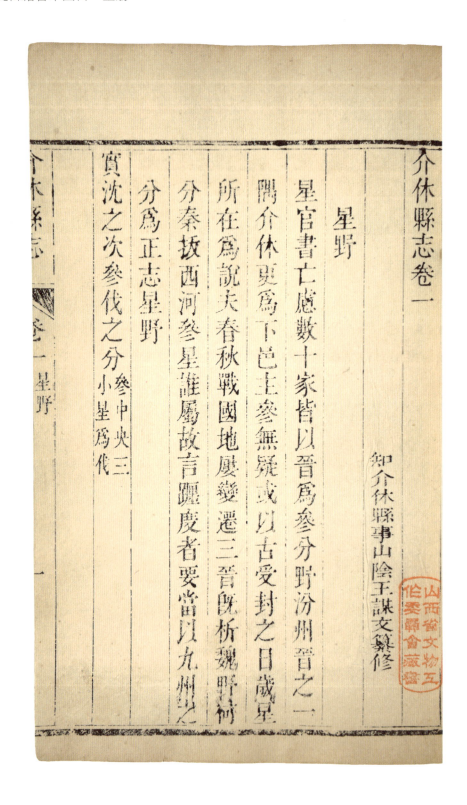

151　［乾隆］介休縣志十四卷　　（清）王謀文纂修　　清乾隆三十五年（1770）刻本　八冊

　　半葉十行二十一字，小字雙行同，白口，四周雙邊，單黑魚尾。框高 19.5 厘米，廣 13.8 厘米。有圖。入選第三批《山西省珍貴古籍名録》（00472）。

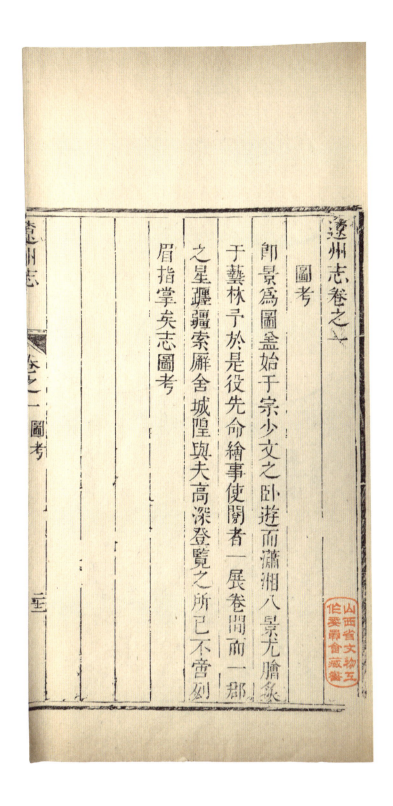

即景爲圖盖始于宗少文之卧遊而瀟湘八景尤膾炙

于藝林予於是役先命繪事使閱者一展卷間而一郡

之星躔疆索廨舍城隍與夫高深登覽之所已不啻刻

眉指掌矣志圖考

圖考

遼州志卷之一

152　［雍正］遼州志八卷　（清）徐三俊修　（清）葛附鳳等纂　清雍正十一年（1733）刻
本　四册

半葉九行二十二字，小字雙行同，白口，四周雙邊，單黑魚尾。框高 21.4 厘米，廣
14.8 厘米。藏印“西城范氏貞如藏書”（朱文）。有圖。范貞如舊藏。

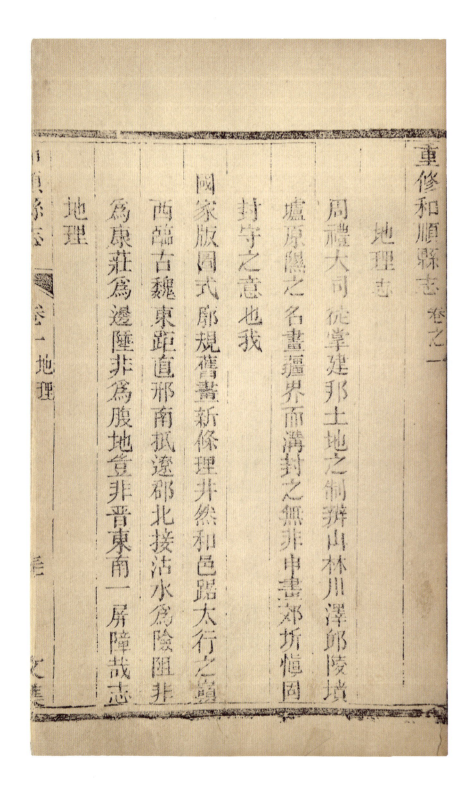

153 ［乾隆］重修和順縣志八卷首一卷 （清）黃玉衡修 （清）賈訒纂 清乾隆三十三年（1768）
刻本 四册

半葉九行二十二字，小字雙行同，白口，四周雙邊，單黑魚尾。框高19.2厘米，廣
14.5厘米。內封題"和順縣志 乾隆戊子重刊 學斯樓藏板"。入選第三批《山西省珍貴
古籍名録》（00468）。

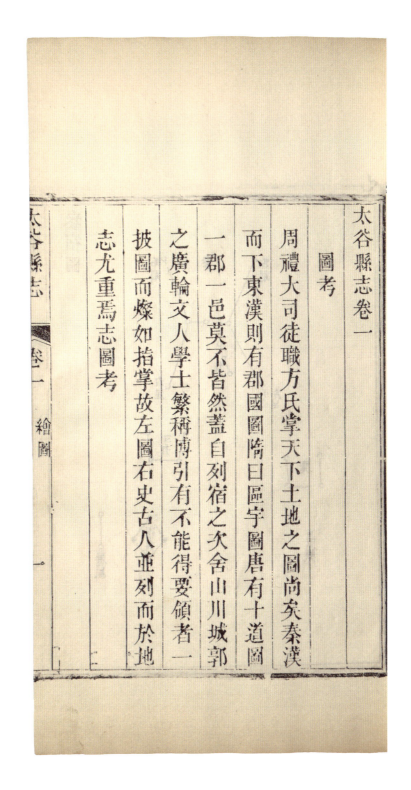

太谷縣志卷一

圖考

周禮大司徒職方氏掌天下土地之圖尚矣秦漢
而下東漢則有郡國圖隋曰區宇圖唐有十道圖
一郡一邑莫不皆然蓋自列宿之次舍山川城郭
之廣輪文人學士繁稱博引有不能得要領者一
披圖而燦如指掌故左圖右史古人並列而於地
志尤重焉志圖考

太谷縣志　卷一　繪圖　一

154　［乾隆］太谷縣志八卷　　（清）郭晉修　　（清）管粵秀纂　　清乾隆六十年（1795）刻
本　八冊
　　半葉九行二十字，小字雙行同，白口，四周雙邊，單黑魚尾。框高19.3厘米，廣14.7厘米。
藏印"西城范氏貞如藏書"（朱文）。内封題"太谷縣志　乾隆六十年重修　本衙藏版"。
范貞如舊藏。入選第三批《山西省珍貴古籍名録》（00469）。

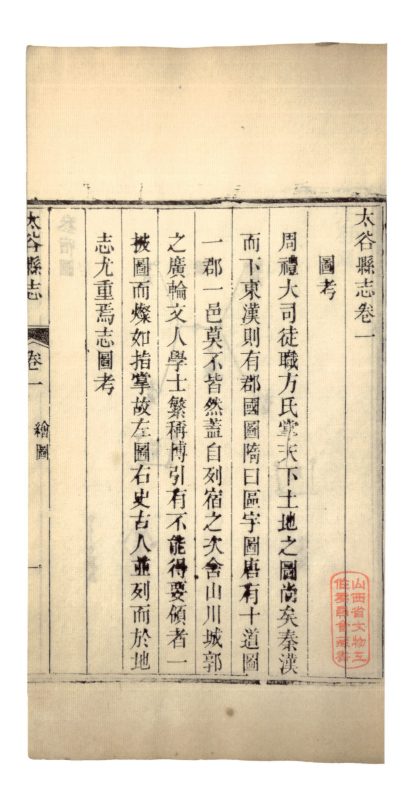

155 ［乾隆］太谷縣志八卷 （清）郭晉修 （清）管粵秀纂 清乾隆六十年（1795）刻
本 八冊

半葉九行二十字，小字雙行同，白口，四周雙邊，單黑魚尾。框高19.1厘米，廣14.7厘米。
內封題"太谷縣志 乾隆六十年重修 本衙藏版"。

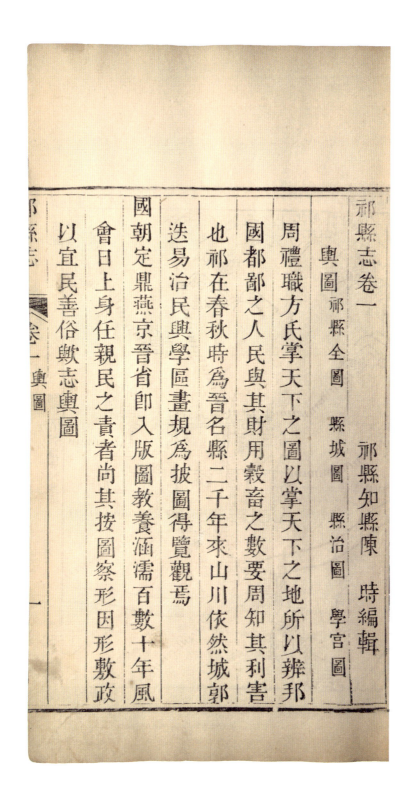

祁縣志卷一

輿圖祁縣全圖　縣城圖　縣治圖　學宮圖

　　　　　　　祁縣知縣陳　時編輯

周禮職方氏掌天下之圖以掌天下之地所以辨邦

國都鄙之人民與其財用穀畜之數要周知其利害

也祁在春秋時爲晉名縣二千年來山川依然城郭

迭易治民與學區畫規爲披圖得覽觀焉

國朝定鼎燕京晉省即入版圖教養涵濡百數十年風

會日上身任親民之責者尚其按圖察形因形敷政

以宜民善俗歟志輿圖

郡系志　　卷一輿圖　　一

156　［乾隆］祁縣志十六卷　　（清）陳時纂修　　清乾隆四十五年（1780）刻本　　八冊

　　半葉九行二十一字，小字雙行同，白口，四周雙邊，單黑魚尾。框高 19.7 厘米，廣 14.1 厘米。有圖。入選第三批《山西省珍貴古籍名録》（00470）。

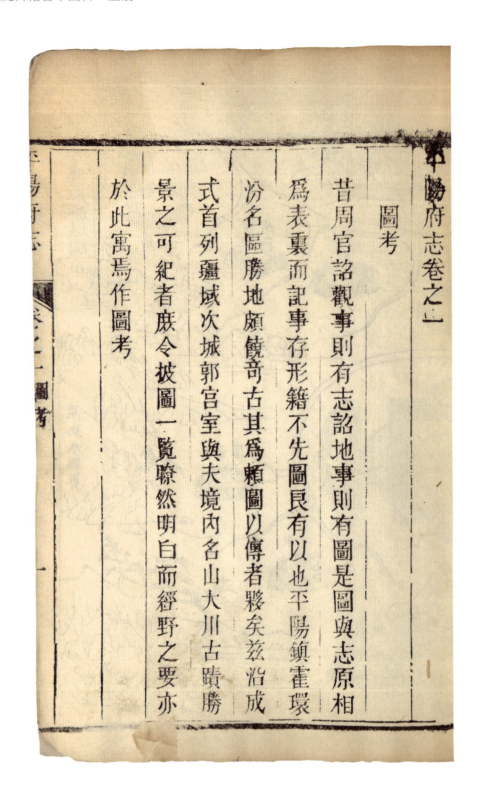

157　[雍正] 平陽府志三十六卷　（清）章廷珪修　（清）安治等纂　清乾隆元年（1736）刻
本　十八冊

半葉九行二十二字，小字雙行同，白口，四周雙邊，單黑魚尾。框高 21.7 厘米，廣
15.8 厘米。

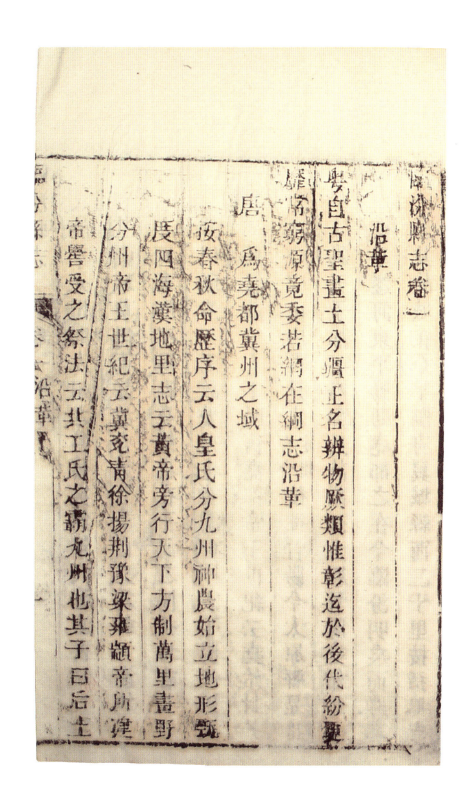

158　［乾隆］臨汾縣志十卷首一卷末一卷　（清）高塘　（清）吳士淳修　（清）呂淙　（清）吳克元纂　清乾隆四十四年（1779）刻本　七册

　　半葉九行二十二字，小字雙行同，白口，四周單邊，單黑魚尾。框高 20.3 厘米，廣 14.6 厘米。有圖。

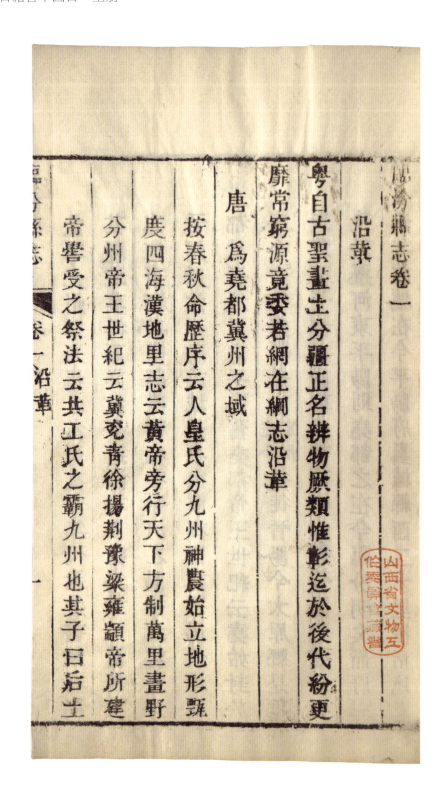

159 ［乾隆］臨汾縣志十卷首一卷末一卷 （清）高嵣 （清）吳士淳修 （清）呂淙 （清）吳克元纂 清乾隆四十四年（1779）刻本 七冊

半葉九行二十二字，小字雙行同，白口，四周單邊，單黑魚尾。框高20.3厘米，廣14.7厘米。有圖。入選第三批山西省珍貴古籍名録（00477）。

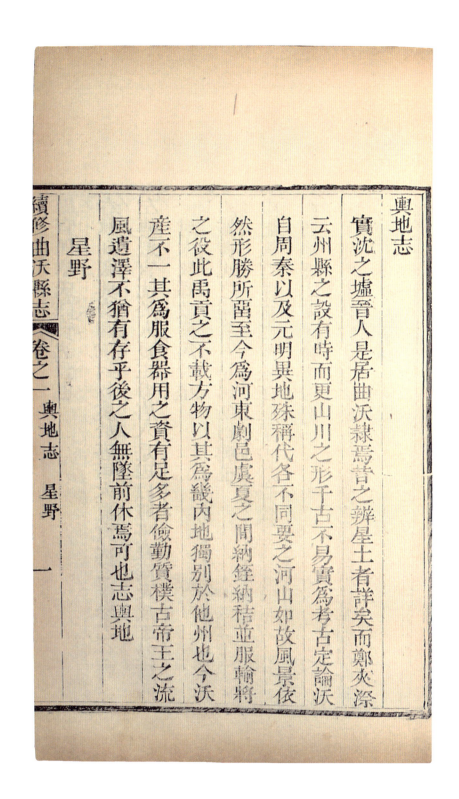

160 ［乾隆］續修曲沃縣志八卷 （清）侯長熺修 （清）王安恭纂 清嘉慶元年（1796）刻本 八冊

半葉九行二十五字，小字雙行同，白口，四周雙邊，單黑魚尾。框高 18.9 厘米，廣 14.8 厘米。內封題"續修曲沃縣志 嘉慶丙辰年鑴 本衙藏版"。

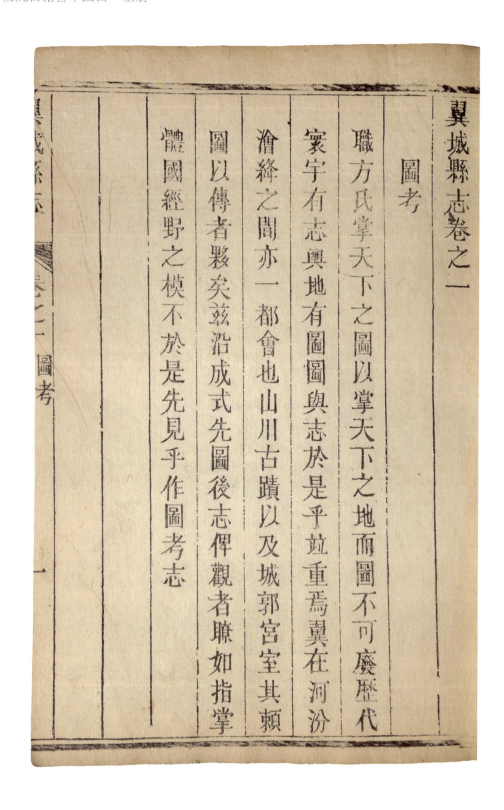

161 ［乾隆］翼城縣志二十八卷 （清）許崇楷纂修 清乾隆三十六年（1771）刻本 八冊

半葉九行二十二字，小字雙行同，白口，四周雙邊，單黑魚尾。框高22.1厘米，廣16厘米。有圖。入選第三批《山西省珍貴古籍名録》（00478）。

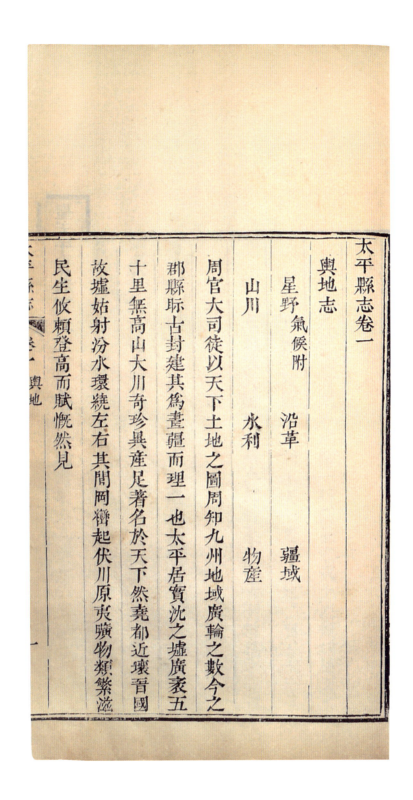

太平縣志卷一

輿地志

星野氣候附　　　沿革

山川　　　　　　水利　　　物產

周官大司徒以天下土地之圖周知九州地域廣輪之數今之
郡縣昉古封建其爲畫疆而理一也太平居實沈之墟廣袤五
十里無高山大川奇珍異產足著名於天下然堯都近壤晉國
故墟姑射汾水環繞左右其間阿巒起伏川原夷曠物類繁滋
民生攸賴登高而賦慨然見

162　［道光］太平縣志十六卷首一卷　　（清）李炳彥修　　（清）梁栖鸞纂　清道光刻本　八冊
　　　半葉九行二十五字，小字雙行同，白口，四周雙邊，單黑魚尾。框高 19.2 厘米，廣 14.7
厘米藏印“西城范氏貞如藏書”（朱文）。有圖。范貞如舊藏。

245

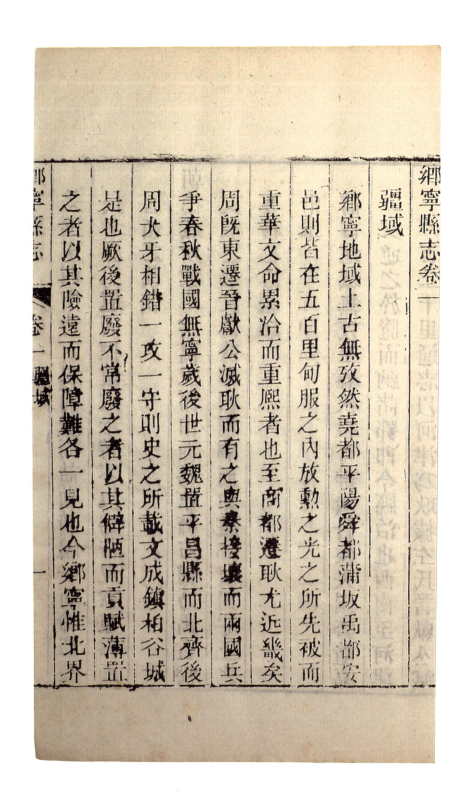

163　[乾隆]鄉寧縣志十五卷　（清）葛清等纂修　清乾隆四十九年（1784）刻本　四冊

　　半葉十行二十一字，小字雙行同，白口，左右雙邊，單黑魚尾。框高 18.7 厘米，廣 15.8 厘米。藏印"西城范氏貞如藏書"（朱文）。内封題"鄉寧縣志　乾隆甲辰　官衙藏板"。范貞如舊藏。

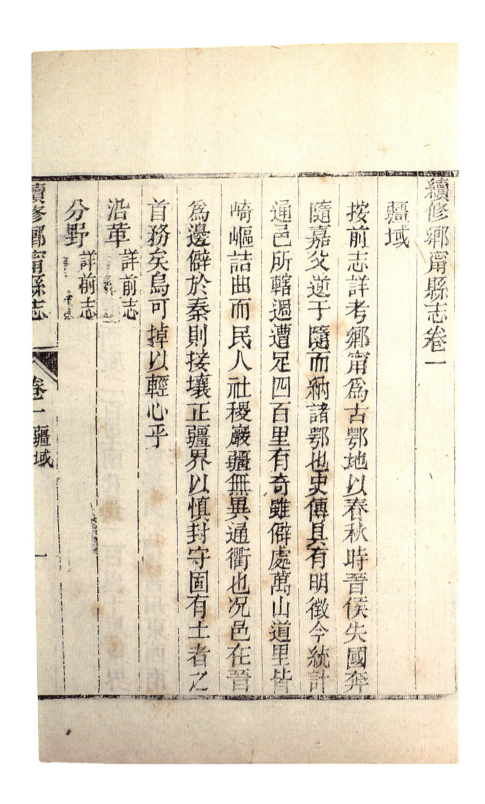

164　[光緒] 續修鄉寧縣志十五卷　（清）馮安瀾　（清）李義銘修　（清）崔鍾淦等纂　清光緒七年（1881）刻本　二冊

　　半葉十行二十一字，小字雙行同，白口，左右雙邊，單黑魚尾。框高 18.7 厘米，廣 15.8 厘米。藏印"西城范氏貞如藏書"（朱文）。范貞如舊藏。

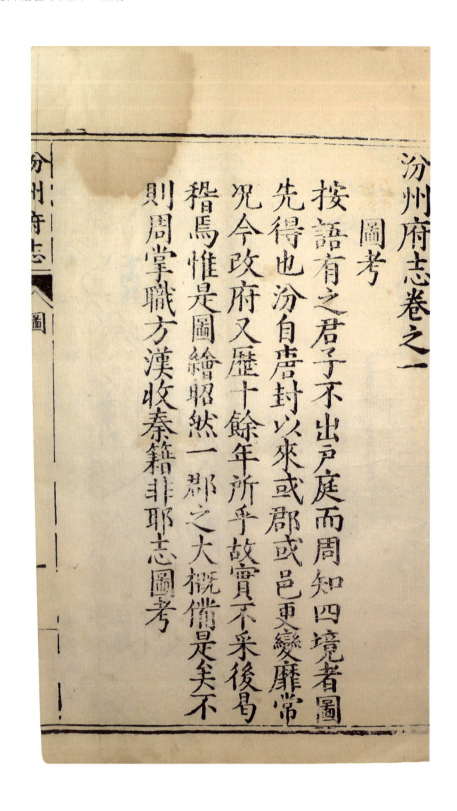

165　［萬曆］汾州府志十六卷　（明）王道一等纂修　明萬曆刻本　六冊

半葉九行十八字，小字雙行同，白口，四周雙邊，單黑魚尾。框高22.6厘米，廣15.8厘米。

248

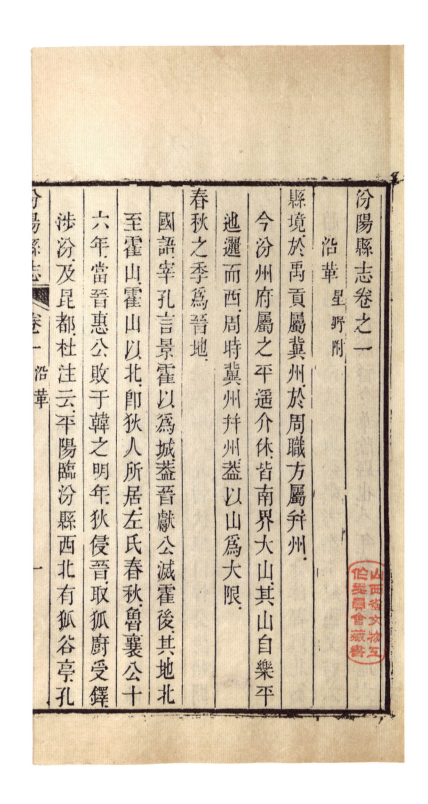

166 ［乾隆］汾陽縣志十四卷首一卷 （清）李文起修 （清）戴震纂 清乾隆三十七年（1772）
刻本 八册

　　半葉十行二十一字，小字雙行同，白口，左右雙邊，單黑魚尾。框高 19.4 厘米，廣
13.5 厘米。有圖。入選第二批《山西省珍貴古籍名録》（00280）。

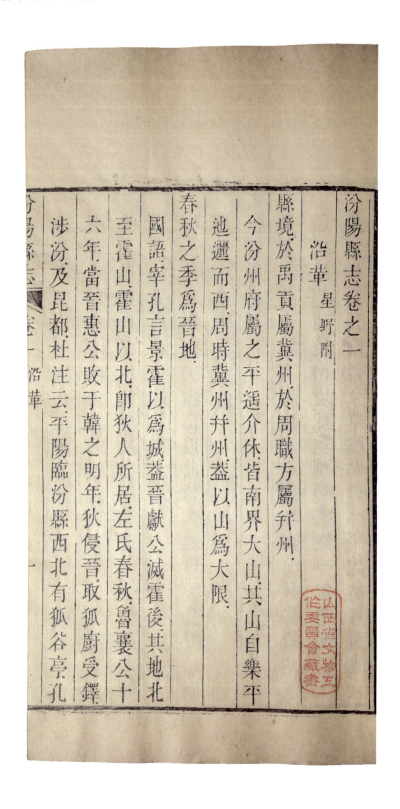

167　[乾隆]汾陽縣志十四卷首一卷　（清）李文起修　（清）戴震纂　清乾隆三十七年（1772）
刻本　六册

　　半葉十行二十一字，小字雙行同，白口，左右雙邊，單黑魚尾。框高 19.7 厘米，廣
13.4 厘米。藏印"閒田張氏聞三藏書"（朱文）。有圖。

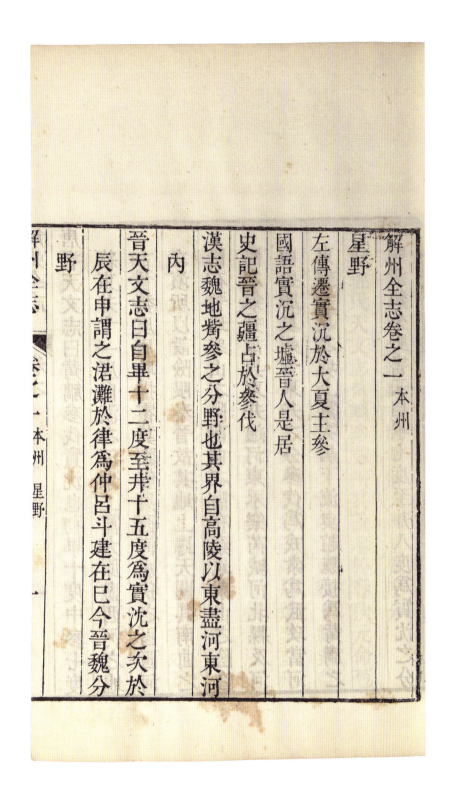

168　［乾隆］解州全志十八卷圖一卷　（清）言如泗修　（清）畢宿燾等纂　清乾隆二十九年（1764）刻嘉慶增刻重印本　四册

　　半葉十行二十一字，小字雙行同，白口，左右雙邊，單黑魚尾。框高18.5厘米，廣15.6厘米。藏印"西城范貞如藏書畫印"（朱文）、"西城范氏貞如藏書"（朱文）。范貞如舊藏。入選第三批《山西省珍貴古籍名録》（00480）。

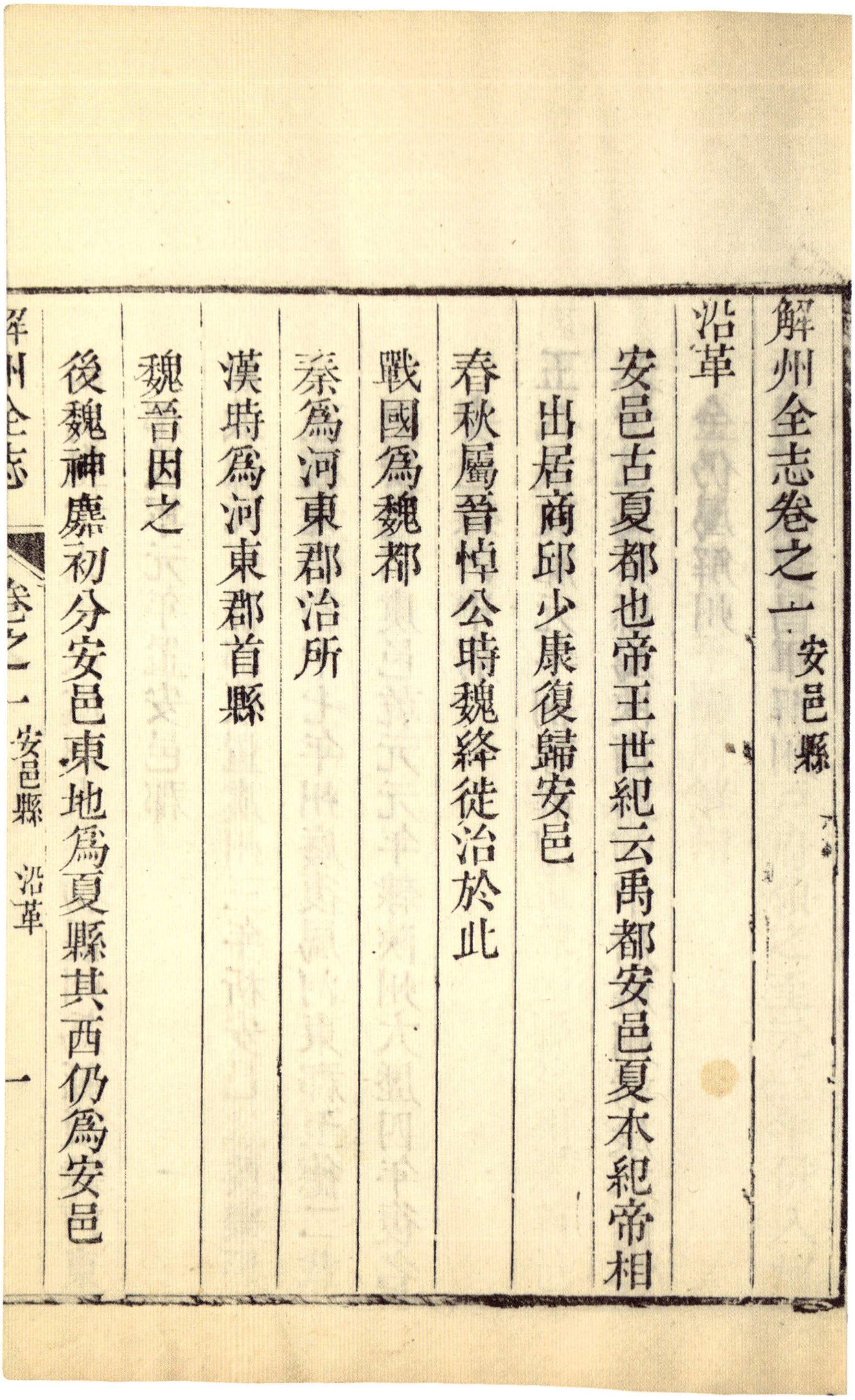
解州全志卷之一 安邑縣

沿革

安邑古夏都也帝王世紀云禹都安邑夏本紀帝相

出居商邱少康復歸安邑

春秋屬晉悼公時魏絳徙治於此

戰國爲魏都

秦爲河東郡治所

漢時爲河東郡首縣

魏晉因之

後魏神䴥初分安邑東地爲夏縣其西仍爲安邑

解州全志 卷之一 安邑縣 沿革 一

169 ［乾隆］解州安邑縣志十六卷首一卷 （清）言如泗修 （清）吕瀶等纂 清乾隆二十九年（1764）刻本 四册

半葉十行二十一字，小字雙行同，白口，左右雙邊，單黑魚尾。框高 19.4 厘米，廣 15.9 厘米。版心上題“解州全志”。入選第三批《山西省珍貴古籍名録》（00481）。

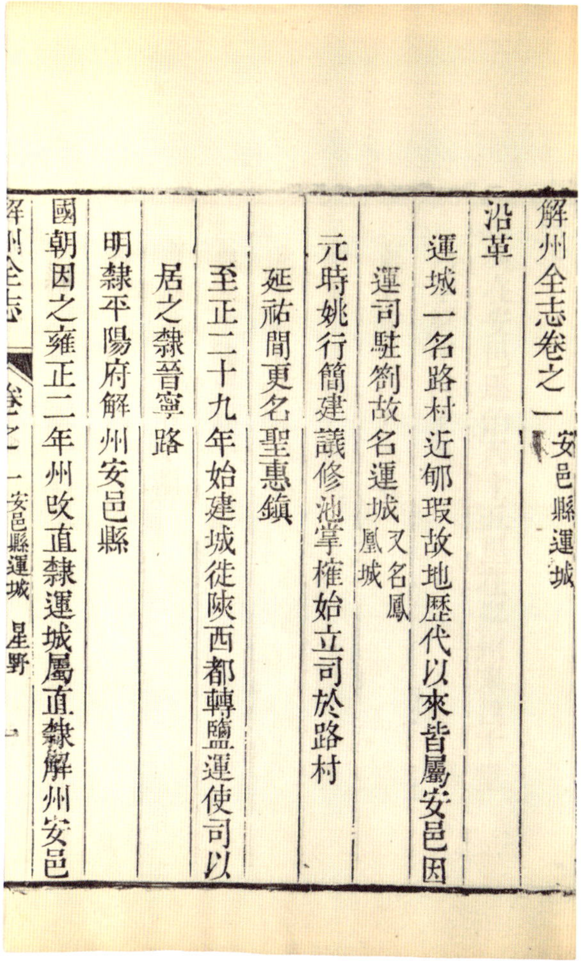
解州全志卷之一　安邑縣運城
沿革
運城一名路村近郇瑕故地歷代以來皆屬安邑因
運司駐劄故名運城又名鳳凰城
元時姚行簡建議修池掌権始立司於路村
延祐間更名聖惠鎮
至正二十九年始建城徙陝西都轉鹽運使司以
居之隸晉寧路
明隸平陽府解州安邑縣
國朝因之雍正二年州改直隸運城屬直隸解州安邑
解州全志　卷之一　安邑縣運城　星野　一

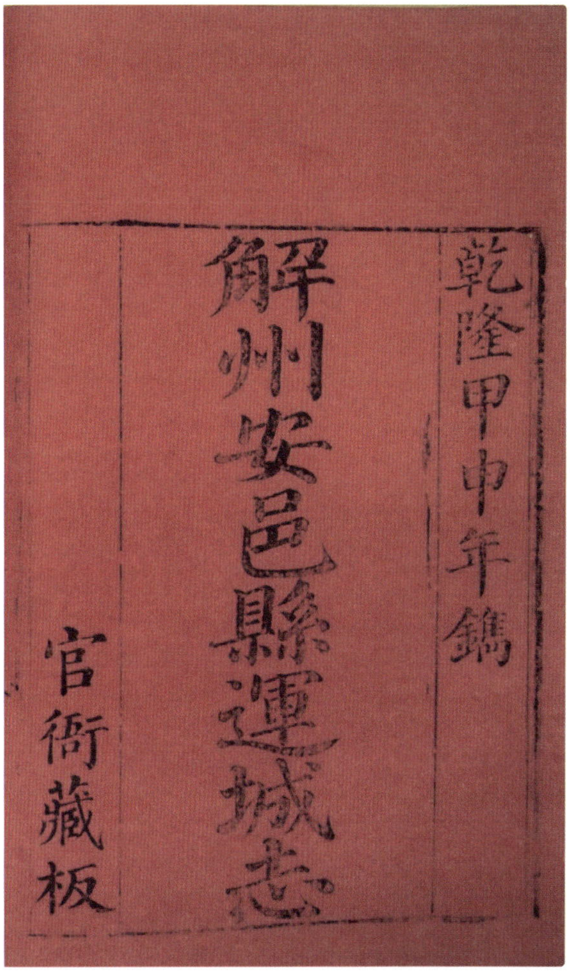
乾隆甲申年鐫
解州安邑縣運城志
官衙藏板

170　**［乾隆］解州安邑縣運城志十六卷首一卷**　（清）言如泗修　（清）熊名相　（清）呂瀶等纂　清乾隆二十九年（1764）刻本　四册

半葉十行二十一字，小字雙行同，白口，左右雙邊，單黑魚尾。框高19厘米，廣15.8厘米。内封題“解州安邑縣運城志　乾隆甲申年鐫　官衙藏板”。版心上題“解州全志”。

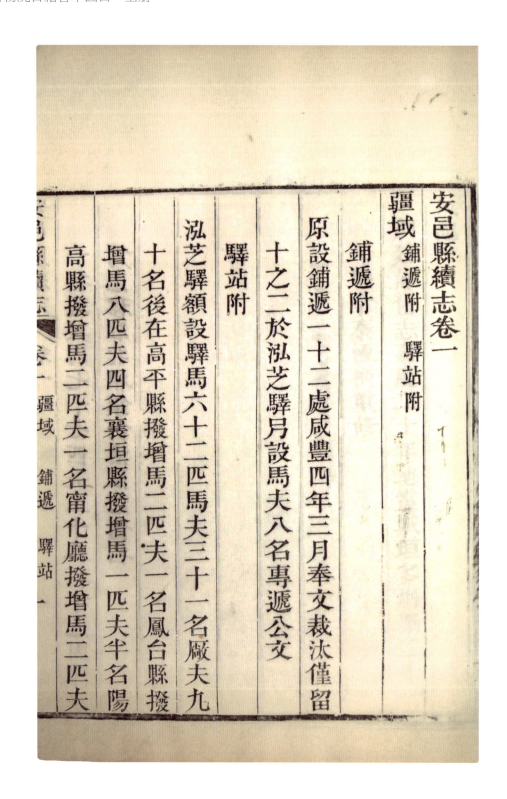

171 ［光緒］安邑縣續志六卷首一卷 　（清）趙輔堂修 　（清）張承熊纂 　清光緒六年（1880）

刻本 　二冊

　　半葉十行二十一字，小字雙行同，白口，左右雙邊，單黑魚尾。框高 18.1 厘米，廣

15.8 厘米。有圖。

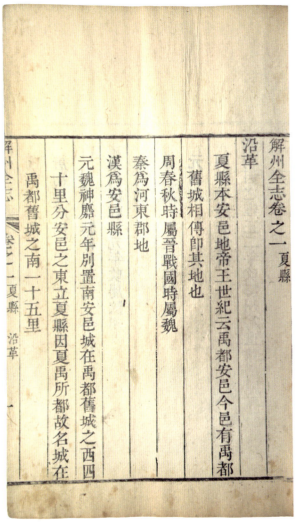

172　［乾隆］解州夏縣志十六卷首一卷　　（清）言如泗修　　（清）李遵唐纂　清乾隆二十九年（1764）刻本　四册

　　半葉十行二十一字，小字雙行同，白口，左右雙邊，單黑魚尾。框高18.3厘米，廣15.8厘米。內封題"解州夏縣志　乾隆甲申年鐫　官衙藏板"。版心上題"解州全志"。有圖。入選第三批《山西省珍貴古籍名録》（00482）。

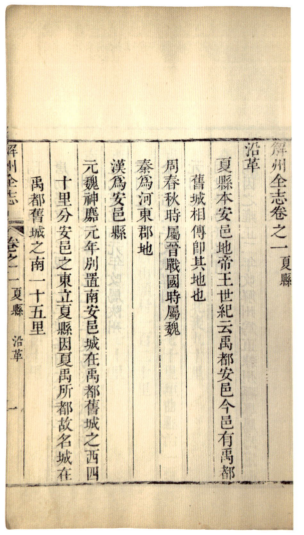

173 ［乾隆］解州夏縣志十六卷首一卷 （清）言如泗修 （清）李遵唐纂 清乾隆二十九年
（1764）刻本 四冊

　　半葉十行二十一字，小字雙行同，白口，左右雙邊，單黑魚尾。框高18.3厘米，廣16厘米。
內封題"解州夏縣志 乾隆甲申年鐫 官衙藏板"。版心上題"解州全志"。有圖。

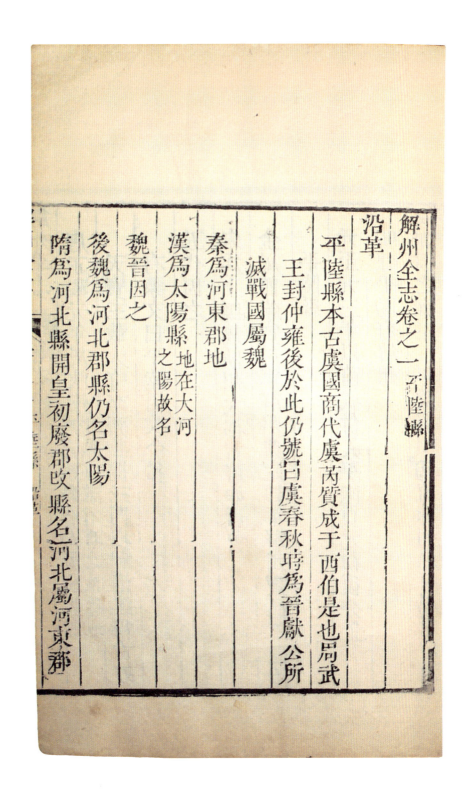

174　［乾隆］解州平陸縣志十六卷首一卷　　（清）言如泗修　　（清）韓夔典等纂　清乾隆
二十九年（1764）刻本　四册

半葉十行二十一字，小字雙行同，白口，左右雙邊，單黑魚尾。框高18.4厘米，廣
15.4厘米。内封題"平陸縣志　乾隆癸未纂輯　本衙藏板"。版心上題"解州全志"。有圖。

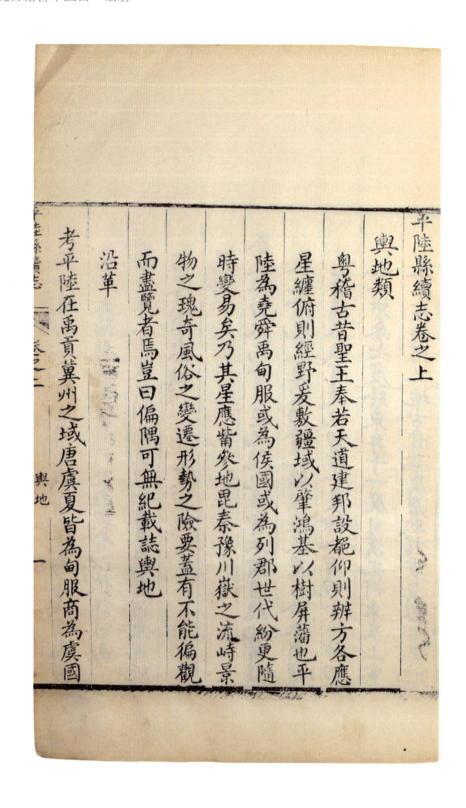

175　[光緒]平陸縣續志二卷首一卷末一卷　（清）劉鴻遠修　（清）沈承恩纂　清光緒六年
（1880）刻本　二册

　　半葉十行二十二字，小字雙行同，白口，四周單邊，單黑魚尾。框高18.4厘米，廣
15.4厘米。内封題"平陸縣續志　光緒庚辰纂輯　本衙藏板"。

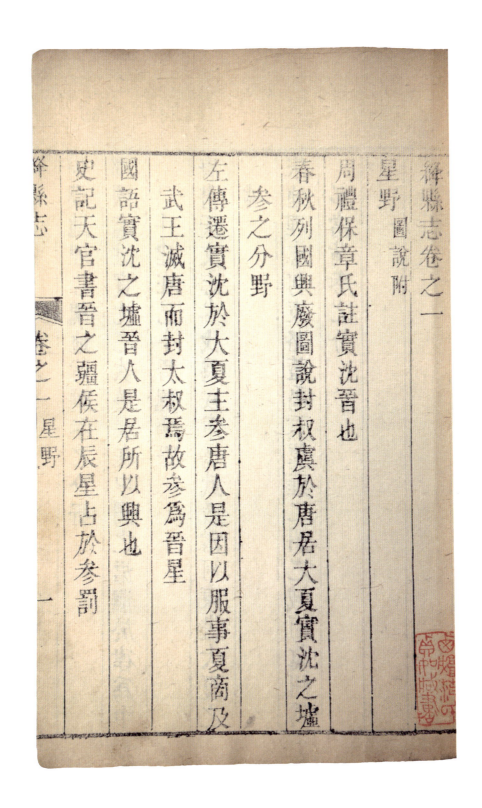

176 ［乾隆］絳縣志十四卷 （清）拉昌阿修 （清）王本智纂 清乾隆三十年（1765）刻本 四册

半葉九行二十字，小字雙行同，白口，左右雙邊，單黑魚尾。框高20.2厘米，廣15.2厘米。內封題"絳縣志 乾隆乙酉年鐫 官衙藏板"。有圖。

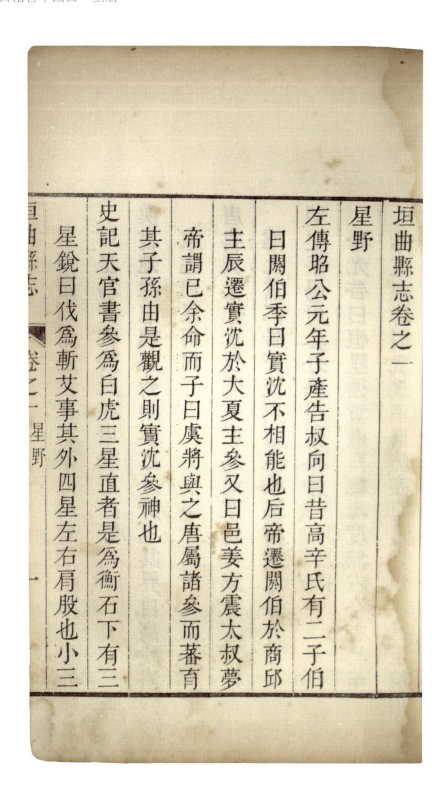

177 ［乾隆］垣曲縣志十四卷 （清）湯登泗纂修 清乾隆三十一年（1766）刻本 王貫三題
識 六冊

半葉九行二十字，小字雙行同，白口，左右雙邊，單黑魚尾。框高19.1厘米，廣15.6厘米。
內封題“垣曲縣志 乾隆丙戌年鐫 官衙藏板”。

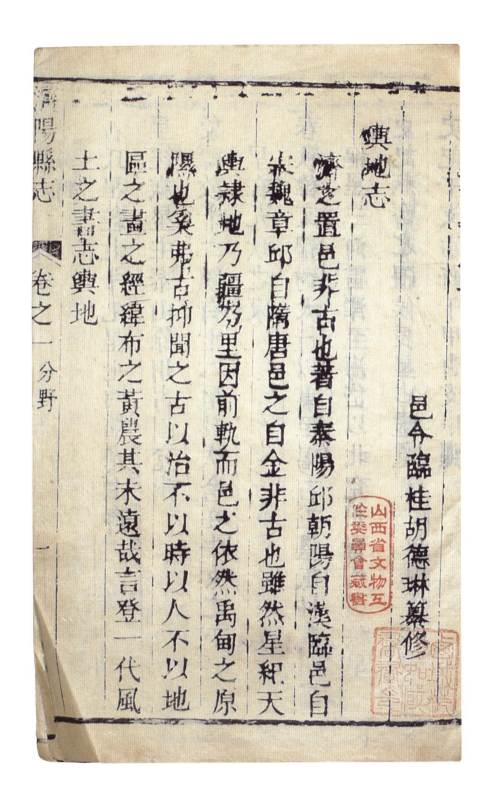

178　［乾隆］濟陽縣志十四卷首一卷　（清）胡德琳修　（清）何明禮　（清）章承茂纂　清乾隆三十年（1765）刻本　九册

半葉九行二十一字，小字雙行同，白口，四周單邊，單黑魚尾。框高 20.2 厘米，廣 14.8 厘米。藏印“西城范貞如藏書畫印”（朱文）。有圖。范貞如舊藏。

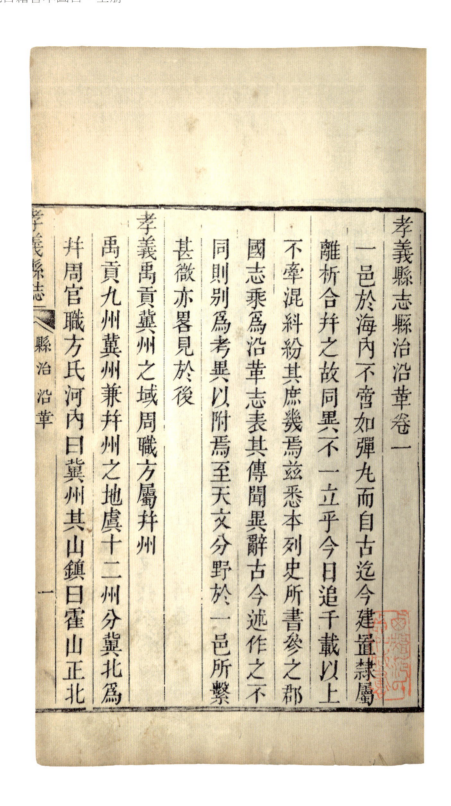

179 ［乾隆］孝義縣志二十卷 （清）鄧必安纂修 清乾隆三十五年（1770）刻本 八冊

半葉十行二十字，小字雙行同，白口，左右雙邊，單黑魚尾。框高18.1厘米，廣14.7厘米。藏印"西城范氏貞如藏書"（朱文）。范貞如舊藏。入選第三批《山西省珍貴古籍名録》（00475）。

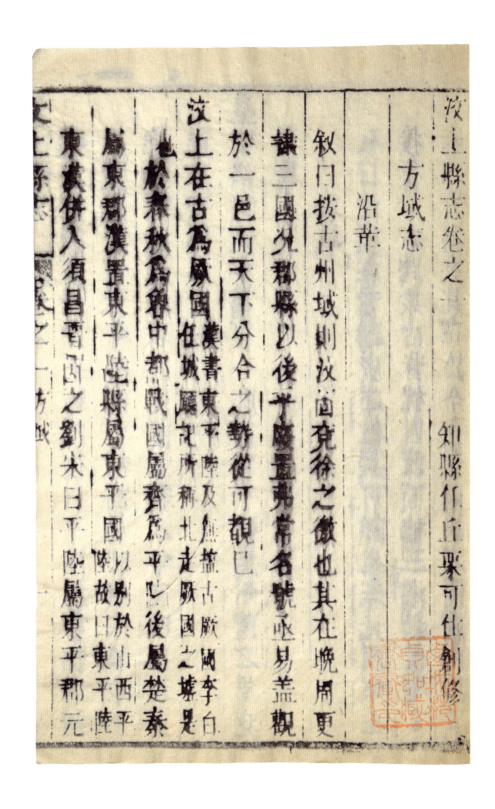

180　［萬曆］汶上縣志八卷　（明）栗可仕修　（明）王命新纂　清康熙五十六年（1717）補
刻本　二册

　　半葉十行二十字，小字雙行同，白口，四周單邊，單黑魚尾。框高21.4厘米，廣14.8厘米。
藏印"西城范貞如藏書畫印"（朱文）。范貞如舊藏。

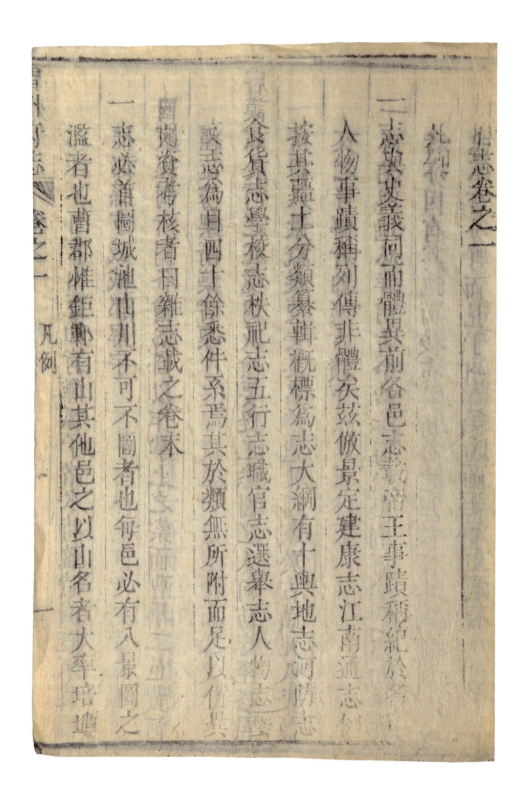

181　［乾隆］曹州府志二十二卷　（清）周尚質等修　（清）李登明　（清）謝冠纂　清乾隆
二十一年（1756）刻本　十二冊

　　半葉十行二十四字，小字雙行同，白口，四周單邊，單黑魚尾。框高22.4厘米，廣15.5厘米。
藏印“西城范貞如藏書畫印”（朱文）。有圖。范貞如舊藏。

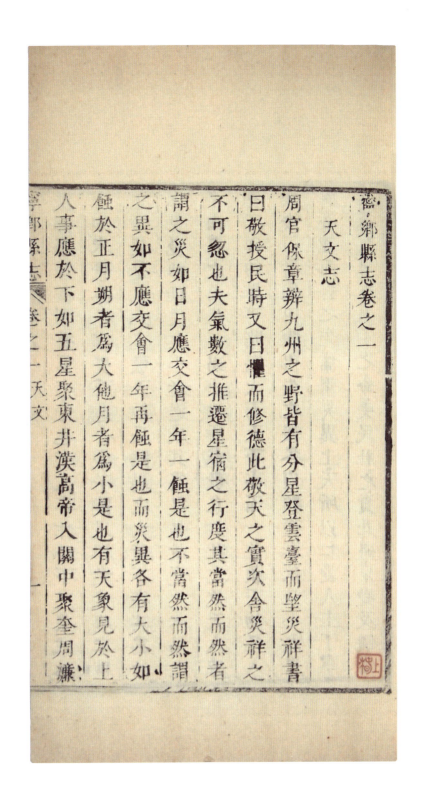

寧鄉縣志卷之一

天文志

周官保章辨九州之野皆有分星登雲臺而望災祥書
日敬授民時又曰懼而修德此敬天之實次舍災祥之
不可忽也夫氣數之推遷星宿之行慶其當然而然者
謂之災如日月應交會一年一蝕是也不常然而然謂
之異如不應交會一年再蝕是也而災異各有大小如
蝕於正月朔者爲大他月者爲小是也有天象見於上
人事應於下如五星聚東井漢高帝入關中聚奎周濂

寧鄉縣志 卷之一 天文

一

182 ［康熙］寧鄉縣志十卷首一卷 （清）呂履恒纂修 清康熙四十一年（1702）刻本 二冊
半葉九行二十一字，小字雙行同，白口，四周單邊，單黑魚尾。框高20厘米，廣14.4厘米。
藏印"西城范氏貞如藏書"（朱文）。有圖。入選第三批《山西省珍貴古籍名録》（00471）。
范貞如舊藏。

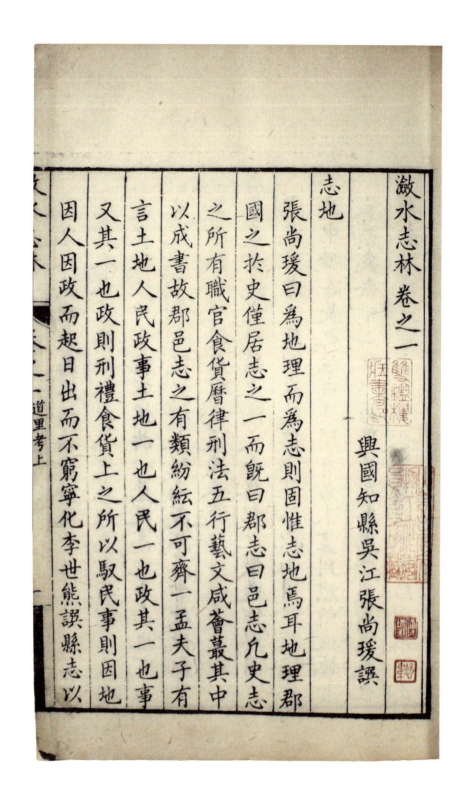

183 瀲水志林二十六卷 （清）張尚瑗撰 清康熙五十年（1711）刻本 五冊

半葉十行二十一字，黑口，左右雙邊，單黑魚尾。框高 18.8 厘米，廣 14 厘米。存二十二卷（一至二十二）。藏印"傅沅叔藏書記"（朱文）、"雙鑑樓藏書印"（朱文）、"沅叔"（朱文）、"傅增湘"（白文）。傅增湘舊藏。

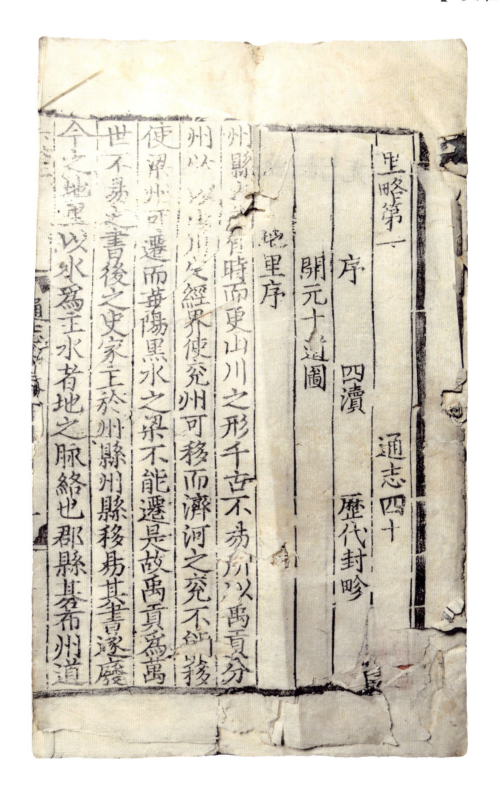

184　通志二百卷　（宋）鄭樵撰　元大德三山郡庠刻元明遞修本　十四冊

　　半葉九行二十一字，小字雙行同，白口，左右雙邊，雙對黑魚尾。框高30厘米，廣20.7厘米。存三十七卷（四十至七十六）。藏印"雙鑑樓藏書印"（朱文）、"傅沅叔藏書記"（朱文）。版心下題刻工：子留、升高、江太等；又題字數。包背裝，爲明代原裝，曾藏清內閣大庫。傅增湘舊藏。

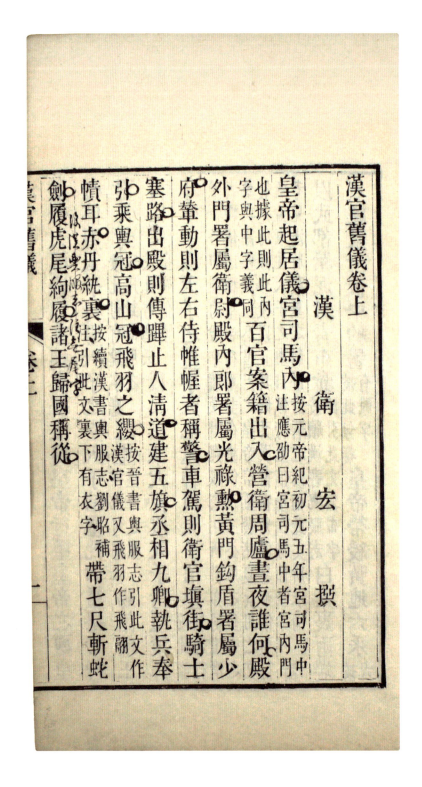

185　漢官舊儀二卷補遺一卷　（漢）衞宏撰　清乾隆三十八年（1773）武英殿刻本　傅增湘
題識　一冊

　　半葉十行二十一字，小字雙行同，黑口，四周雙邊，單黑魚尾。框高21.4厘米，廣15厘米。
封面有傅增湘題識"此即莫目所載內刻十行本也。流傳頗希。未知同時所刻尚有其它書否。
乙未六月得於維陽　沅叔"。傅增湘舊藏。

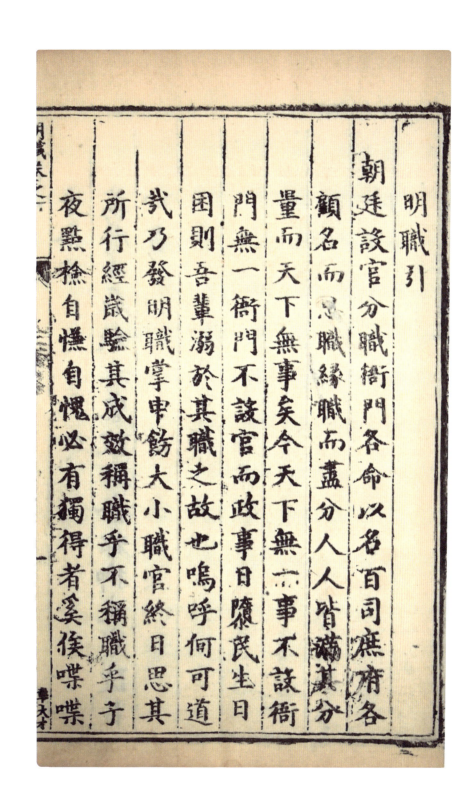

明職引

朝廷設官分職衙門各命以名百司庶府各
顧名而思職緣職而盡分人人皆滿其分
量而天下無事矣令天下無一事不設衙
門無一衙門不設官而政事日隳民生日
困則吾輩溺於其職之故也嗚呼何可道
我乃發明職掌申飭大小職官終日思其
所行經歲驗其成效稱職乎不稱職乎子
夜黙檢自懍自愧必有獨得者奚俟喋喋

186　**實政錄七卷**　（明）呂坤撰　明萬曆二十六年（1598）趙文炳刻本　十冊
　　半葉九行十八字，白口，四周雙邊，單黑魚尾。框高 21.2 厘米，廣 14.2 厘米。藏印"王琳瑞"（朱文）。版心下題刻工：章大才、馬伯亮等。

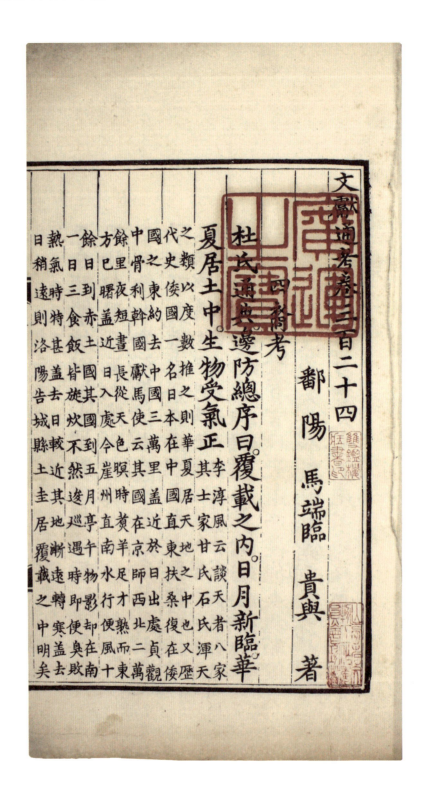

187　文獻通考三百四十八卷　（元）馬端臨撰　明嘉靖三年（1524）司禮監刻本　一冊

　　半葉十行二十字，小字雙行同，粗黑口，四周雙邊，雙對黑魚尾。框高26.1厘米，廣17.6厘米。存四卷（三百二十四至三百二十七）。藏印“廣運之寶”（朱文）、“雙鑑樓藏書印”（朱文）。傅增湘舊藏。

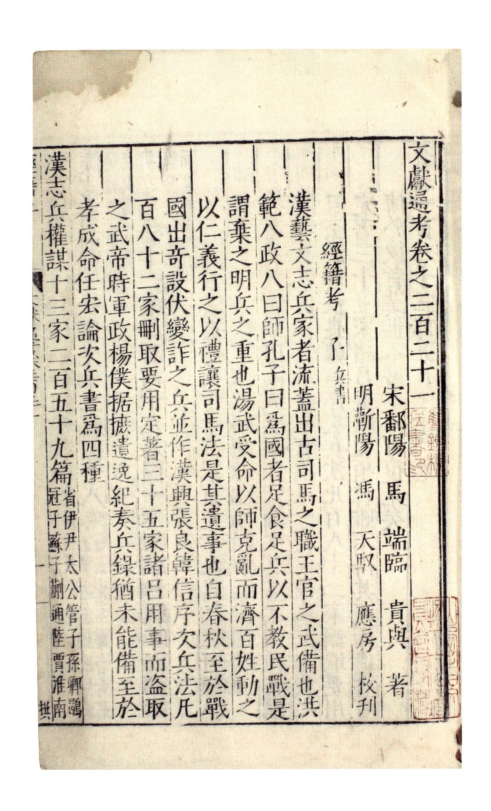

文獻通考卷之二百二十一

經籍考 子 兵書

宋鄱陽 馬端臨 貴與 著
明蘄陽 馮天馭 應房 校刊

漢藝文志兵家者流蓋出古司馬之職王官之武備也洪
範八政八曰師孔子曰為國者足食足兵以不教民戰是
謂棄之明兵之重也湯武受命以師克亂而濟百姓動之
以仁義行之以禮讓司馬法是其遺事也自春秋至於戰
國出奇設伏變詐之兵並作漢與張良韓信序次兵法凡
百八十二家刪取要用定著三十五家諸呂用事而盜取
之武帝時軍政楊僕捃摭遺逸紀奏兵錄猶未能備至於
孝成命任宏論次兵書為四種

漢志兵權謀十三家二百五十九篇冠子蘇子蒯通陸賈淮南
省伊尹太公管子孫卿鵑

188 文獻通考三百四十八卷　（元）馬端臨撰　明嘉靖馮天馭刻本　朱筆圈點　五冊

半葉十三行二十四字，白口，左右雙邊，單黑魚尾。框高 19.8 厘米，廣 14.2 厘米。存
二十九卷（二百二十一至二百四十九）。藏印“雙鑑樓藏書印”（朱文）、“傅沅叔藏書印”
（朱文）。版心下題刻工：子留、升高、江太等。傅增湘舊藏。

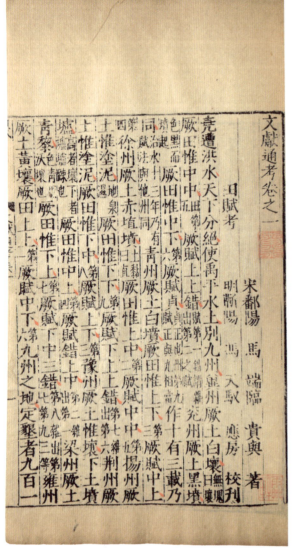

189 文獻通考三百四十八卷首一卷 （元）馬端臨撰 明嘉靖馮天馭刻萬曆崇禎遞修本 郭象升題跋 四十六册

　　半葉十三行二十四字，小字雙行同，白口，左右雙邊，單黑魚尾。框高 19.4 厘米，廣 14.4 厘米。存二百十卷（一至三十九、一百至一百三十一、一百六十四至一百九十七、二百四十四至三百四十八）。藏印“靈軒”（朱文）、“東山草堂”（白文）、“禪心俠骨”（白文）、“郭象升印”（白文）、“黃”（白文）。版心下題“崇禎三年重刊”。

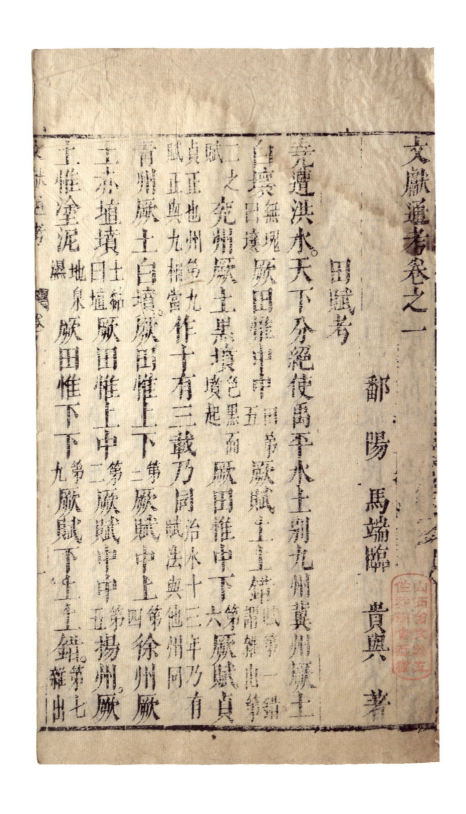

文獻通考卷之一

鄱陽　馬端臨　貴與　著

田賦考

堯遭洪水。天下分絕使禹平水土別九州冀州厥土
白壤〔無塊〕厥田惟中中〔田第五〕厥賦〔上上第一錯雜出第二〕
兗州厥土黑墳〔色黑而墳起〕厥田惟中下〔第六〕厥賦貞
〔正也州第九相當作十有三載乃同賦法與他州同〕
青州厥土白墳〔土白而墳起〕厥田惟上下〔第三〕厥賦
中上〔第四〕徐州厥
土赤埴墳〔土赤而黏曰埴墳起也〕厥田惟上中〔第二〕厥賦中中〔第五〕揚州厥
土惟塗泥〔地泉濕〕厥田惟下下〔第九〕厥賦下上上錯〔第七雜出

190　文獻通考三百四十八卷　（元）馬端臨撰　明末刻本　一百十一冊

半葉十行二十字，小字雙行同，白口，四周單邊，單黑魚尾。框高21.2厘米，廣14.7厘米。

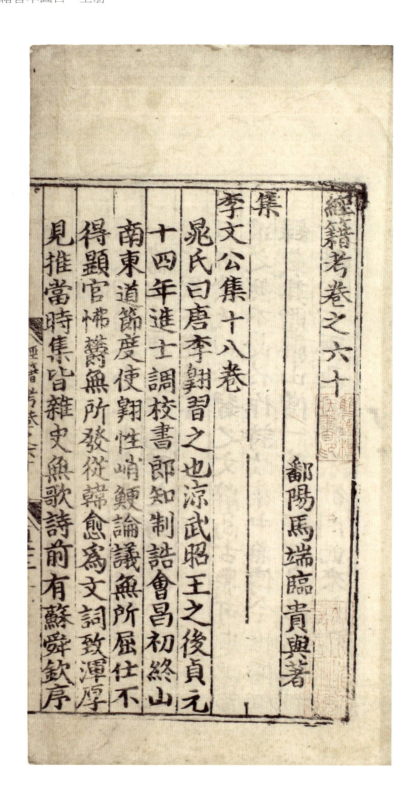

191 經籍考七十六卷 （元）馬端臨撰 明刻本 一冊

半葉十行十八字，白口，四周雙邊，雙順黑魚尾。框高 18.4 厘米，廣 12 厘米。存二卷（六十至六十一）。藏印"雙鑑樓藏書印"（朱文）。傅增湘舊藏。

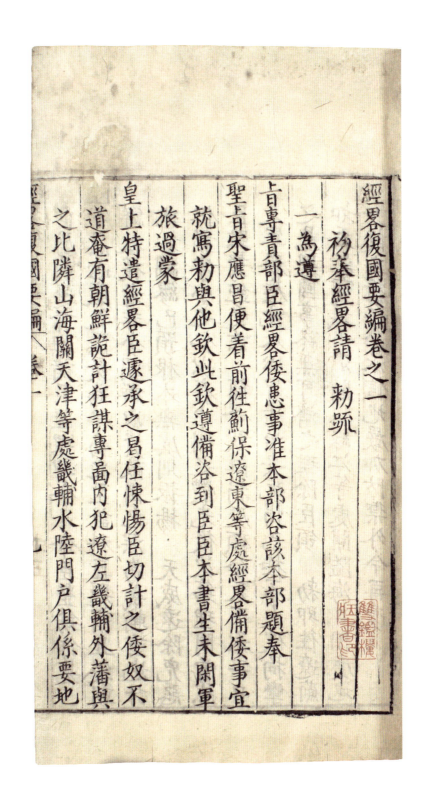

192　經畧復國要編十四卷　（明）宋應昌撰　後附一卷　明萬曆刻本　五冊

　　半葉十行二十至二十一字，白口，四周單邊，單白魚尾。框高 20.2 厘米，廣 14 厘米。
存十三卷（一至七、十至十四、附一卷）。藏印"雙鑑樓藏書印"（朱文）、"傅沅叔藏書
記"（朱文）。傅增湘舊藏。

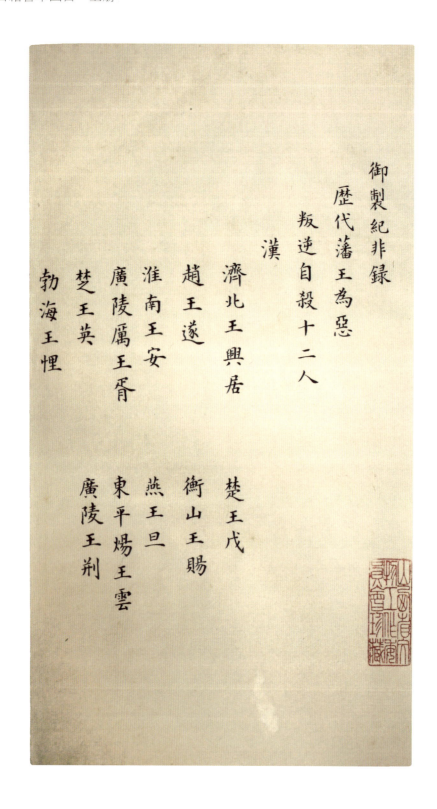

御製紀非録

歷代藩王為惡

叛逆自殺十二人

漢

濟北王興居　　楚王戊

趙王遂　　　　衡山王賜

淮南王安　　　燕王旦

廣陵屬王胥　　東平煬王雲

楚王英　　　　廣陵王荊

勃海王悝

193　御製紀非録不分卷　　（明）太祖朱元璋撰　民國傅氏雙鑑樓抄本　傅增湘題識　一冊
　　半葉十行二十字。無欄格。藏印"雙鑑樓藏書印"（朱文）、"傅沅叔藏書記"（朱文）。
封面有傅增湘題識"御製紀非録　借徐司業藏鈔本過録　庚午盛夏書潛記"。傅增湘舊藏。

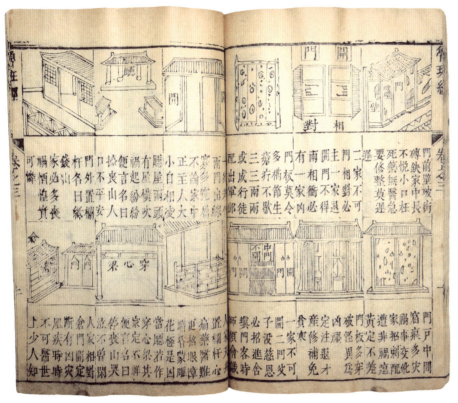

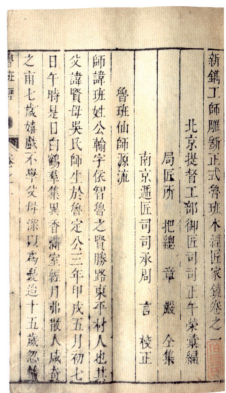

194　新鐫工師雕斲正式魯班木經匠家鏡三卷附靈驅解法洞明真言秘書不分卷　（明）午榮　（清）章嚴撰　清刻本　一冊

　　半葉九行二十字，白口，四周單邊，單黑魚尾。框高19厘米，廣12.4厘米。藏印"西城范氏貞如舊藏書"（朱文）。內封題"新鐫正式匠家鏡　魯班經　附秘訣仙機"。范貞如舊藏。

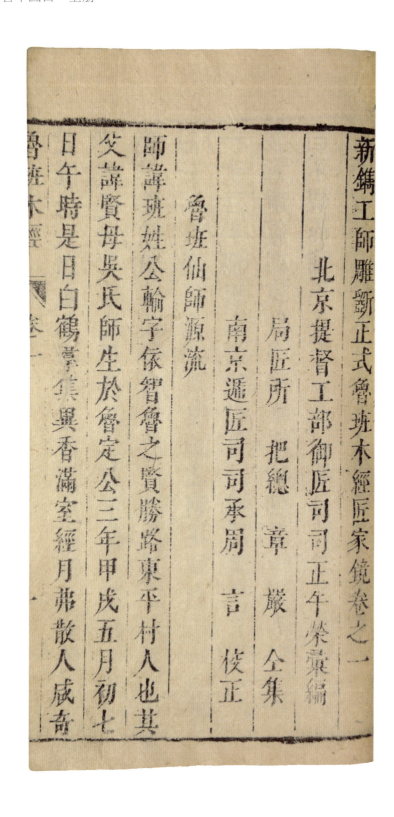

195　新鎸工師雕斵正式魯班木經匠家鏡二卷　（明）午榮　章嚴撰　清古吳三多齋刻本　二册
　　半葉八行二十字，白口，四周單邊，單黑魚尾。框高18.2厘米，廣11.5厘米。内封題"工
師雕斵正式　魯般木經　匠家鏡　古吳三多齋梓"。

大金德運圖說

省判

貞祐二年正月二十二日丞相面奉金有本朝德運
公事教高量呈檢本部照得德運之說五經不載惟
家語有云古之王者易代改号取法五行終始相生
自漢以來並用其說故以庖犧氏為木德神農為火
德黄帝為土德少昊為金德顓頊為水德歷代相承
各以一德興運周而復始自明昌四年十二月十一
日奉章宗勅肯本朝德運仰商量當時本部為事闕
頭叚呈乞都省集省臺寺監七品以上官同同共議

大金德運畫說

一

196 御製大金德運圖說一卷　清抄本　朱筆圈點　一冊
　　半葉十行二十字。無欄格。批注云“此自文瀾閣本外別無傳本”。傅增湘舊藏。

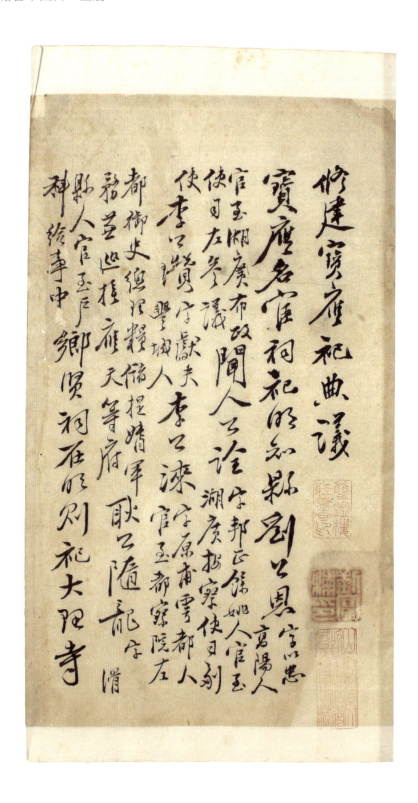

197　修建寶應祀典議不分卷　　（清）劉寶楠撰　稿本　一冊

　　半葉六行十一字。無欄格。藏印"劉寶楠印"（白文）、"雙鑑樓藏書印"（朱文）。
金鑲玉裝。傅增湘舊藏。

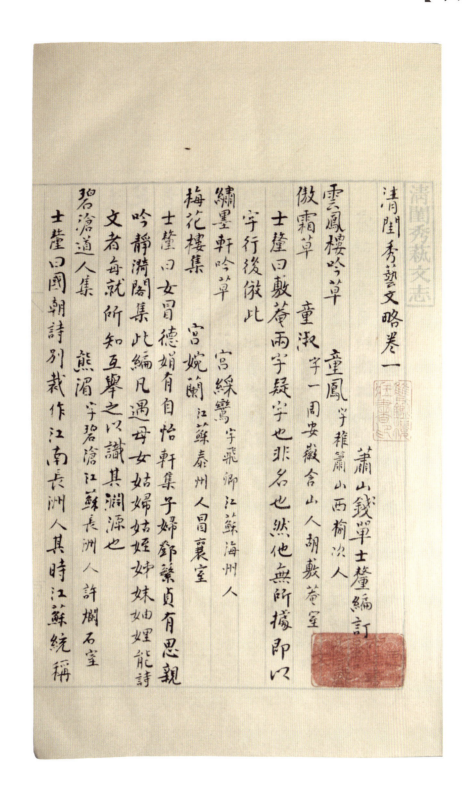

清閨秀藝文略卷一

蕭山錢單士釐編訂

清閨秀藝文志

雲鳳樓吟草　　童鳳　字稚簫山西榆次人

傲霜草　　童淑　字一周安徽舍山人胡藪菴室

士釐曰敷菴兩字疑字也非名也然他無所據即以

字行後傲此

繡墨軒吟草　　宮綵鸞　字飛卿江蘇海州人

梅花樓集　　宮婉蘭　江蘇泰州人冒襄室

士釐曰女冒德娟有自怡軒集子婦鄧薲貞有思親

吟靜漪閣集此編凡遇母女姑婦姑姪姊妹姪娌能詩

文者每就所知互舉之以識其淵源也

碧滄道人集　　熊湄　字碧滄江蘇長洲人許櫚石室

士釐曰國朝詩別裁作江南長洲人其時江蘇統稱

198　清閨秀藝文略四卷　單士釐編訂　稿本　四冊

　　半葉十三行二十字不等，白口，四周單邊，單白魚尾。框高 19.5 厘米，廣 14.6 厘米。藏印"雙鑑樓藏書印"（朱文）。傅增湘舊藏。

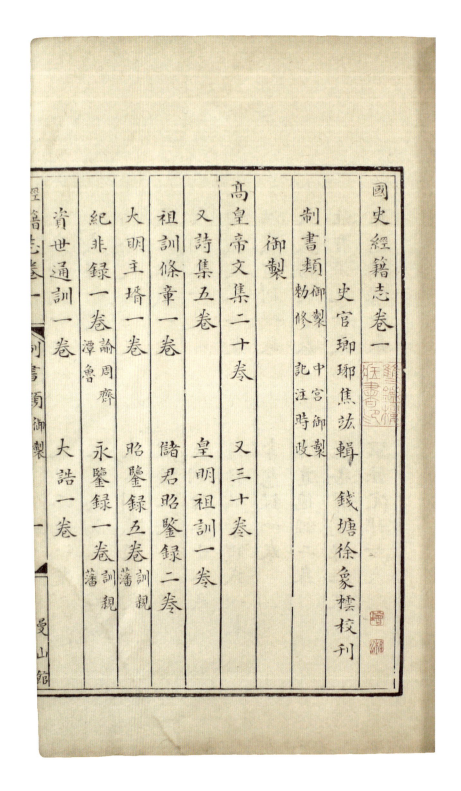

199 國史經籍志六卷 （明）焦竑輯 （明）徐象橒校 清康熙三十五年（1696）抄本 傅增湘跋 四冊

半葉十行十九字，白口，四周雙邊，雙對黑魚尾。框高19.1厘米，廣13.7厘米。藏印"汲古閣"（朱文）、"孫從添印"（白文）、"慶增氏"（朱文）、"雙鑑樓藏書印"（朱文）、"增湘"（朱文）、"企驎軒"（白文）。版心下題"曼山館"。傅增湘舊藏。

欽定四庫全書總目卷一

經部總敘

經稟聖裁垂型萬世刪定之旨如日中天無所容

其贊述所論次者詁經之說而已自漢京以後垂

二千年儒者沿波學凡六變其初專門授受遞稟

師承非惟詁訓相傳莫敢同異卽篇章字句亦恪

守所聞其學篤實謹嚴及其弊也拘王弼王肅稍

持異議流風所扇或信或疑越孔賈啖趙以及北

宋孫復劉敞等各自論說不相統攝及其弊也雜

經部　總敘

一

200　欽定四庫全書總目二百卷首四卷　（清）紀昀等撰　清乾隆武英殿刻本　一百三十二冊

半葉九行二十一字，小字雙行十九字，白口，左右雙邊。框高 14.9 厘米，廣 11.1 厘米。

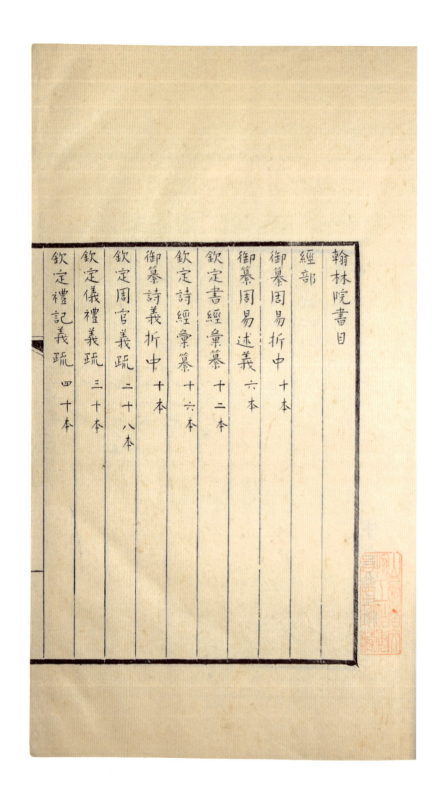

201　翰林院書目不分卷　佚名輯　民國傅氏雙鑑樓抄本　二册

半葉十行字數不等，細黑口，四周單邊，單黑魚尾。框高 16.7 厘米，廣 13.4 厘米。欄外下鎸"撵三異齋校録"。傅氏雙鑑樓據清末翰林院查點重編稿本轉録。傅增湘舊藏。

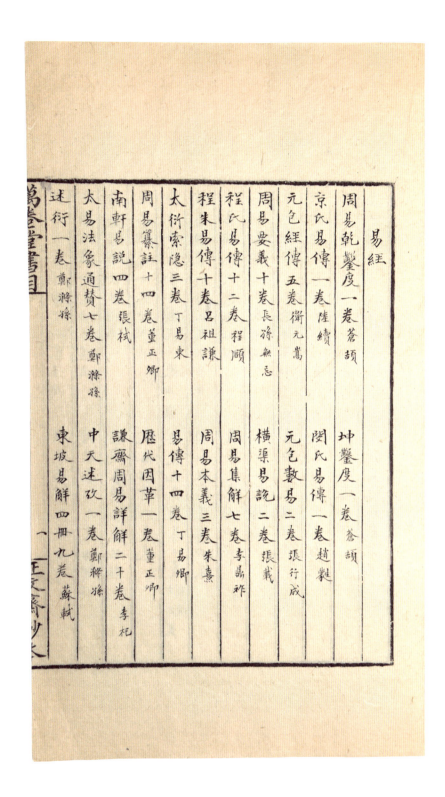

易經

周易乾鑿度一卷 蒼頡　　坤鑿度一卷 蒼頡

京氏易傳一卷 陸績　　　關氏易傳一卷 趙蕤

元包經傳五卷 衛元嵩　　元包數易二卷 張行成

周易要義十卷 長孫無忌　橫渠易說二卷 張戴

程氏易傳十二卷 程頤　　周易集解七卷 李鼎祚

程朱易傳十卷 呂祖謙　　周易本義三卷 朱熹

太衍索隱三卷 丁易東　　易傳十四卷 丁易卿

周易纂註十四卷 董正卿　歷代因革一卷 董正卿

南軒易說四卷 張栻　　　謙齋周易詳解二十卷 李杞

太易法象通贊七卷 鄭滁孫　中天述攷一卷 鄭滁孫

述衍一卷 鄭滁孫　　　　東坡易解四冊九卷 蘇軾

萬卷堂書目

正文齋抄本

202　萬卷堂書目四卷　（明）朱睦㮮藏　正文齋抄本　一冊

半葉十二行二十四字，白口，四周單邊。框高 19 厘米，廣 14.6 厘米。存二卷（易經一卷、醫家一卷）。版心上題"萬卷堂書目"，下題"正文齋抄本"。

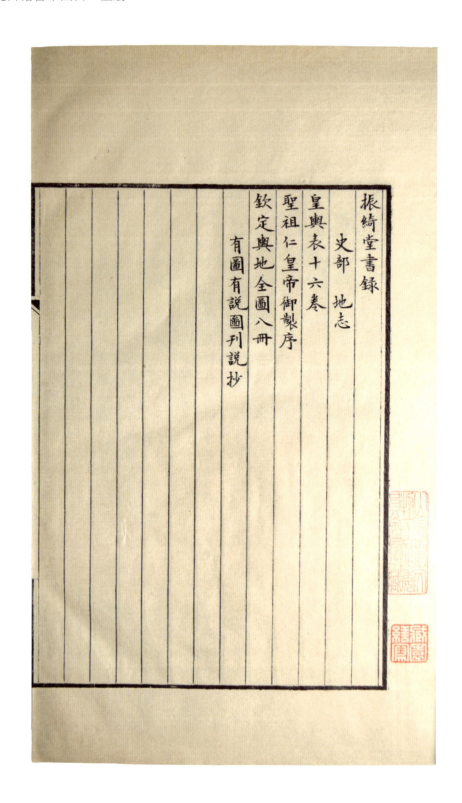

203　振綺堂書録不分卷　　（清）汪遠孫藏　民國傅氏雙鑑樓抄本　傅增湘批校　六册

　　半葉十三行二十五字，黑口，左右雙邊，單黑魚尾。框高 20 厘米，廣 14.4 厘米。存六册（史部地方志一册、子部二册、集部三册）。藏印"藏園繕寫"（白文）。欄外下鐫"雙鑑樓鈔藏善本"。傅增湘舊藏。

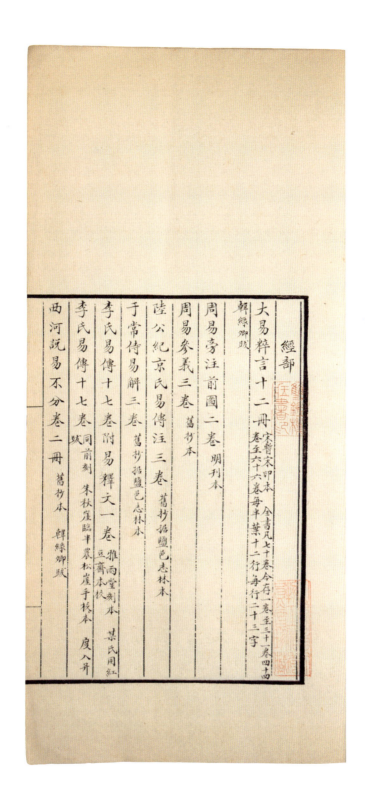

204　松江韓氏書目不分卷　佚名撰　舊抄本　一冊

　　半葉十行字數不等，細黑口，左右雙邊。框高 16.5 厘米，廣 12.2 厘米。藏印"雙鑑樓藏書印"（朱文）、"傅沅叔藏書記"（朱文）。傅增湘舊藏。

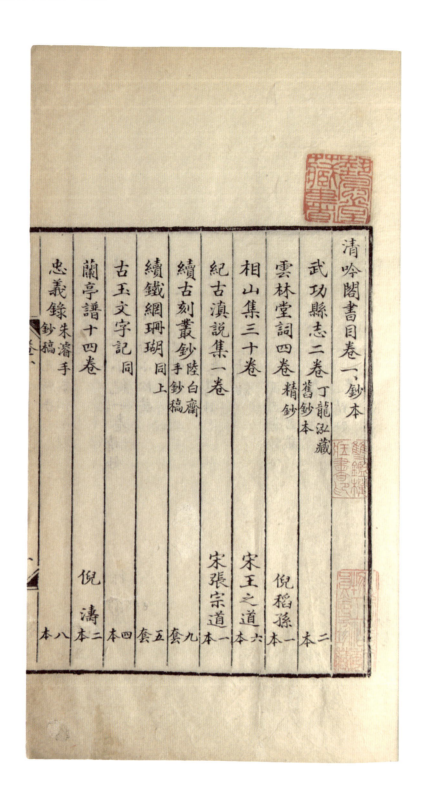

205　清吟閣書目四卷　　（清）瞿世瑛編　清繆氏藝風堂抄本　一冊

　　半葉十行字數不等，細黑口，左右雙邊，雙對黑魚尾。框高 17.1 厘米，廣 14 厘米。藏印"繆荃孫藏"（朱文）、"藝風堂藏書"（朱文）、"雙鑑樓藏書印"（朱文）、"傅沅叔藏書記"（朱文）。經清繆荃孫、傅增湘遞藏。

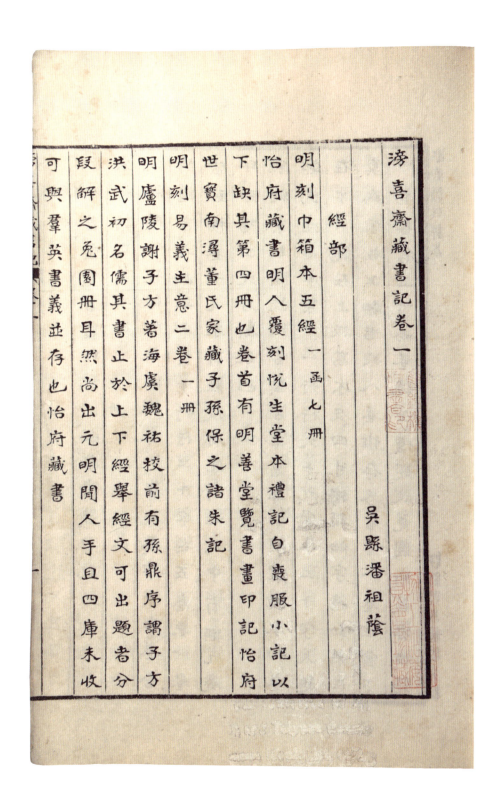

滂喜齋藏書記卷一

吳縣潘祖蔭

經部

明刻巾箱本五經 一函七冊

怡府藏書明人覆刻悅生堂本禮記白喪服小記以下缺其第四冊也卷首有明善堂覽書畫印記怡府

世寶南潯董氏家藏子孫保之諸朱記

明刻易義生意二卷 一冊

明盧陵謝子方著海虞魏祐校前有孫鼎序謂子方

洪武初名儒其書止於上下經舉經文可出題者分

段解之兔園冊耳然尚出元明間人手且四庫未收

可與羣英書義並存也怡府藏書

206　滂喜齋藏書記三卷　（清）潘祖蔭撰　民國傅氏雙鑑樓抄本　一冊

半葉十二行二十字，白口，左右雙邊，單黑魚尾。框高23厘米，廣14.5厘米。藏印"雙鑑樓藏書印"（朱文）、"傅沅叔藏書記"（朱文）。傅增湘舊藏。

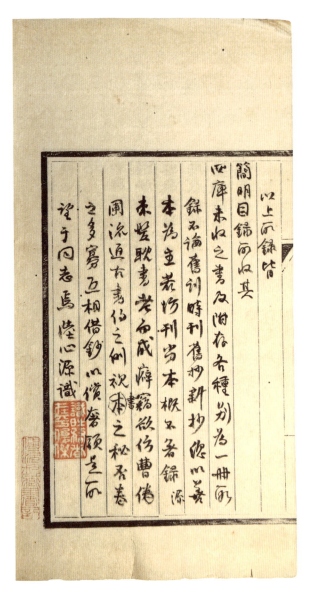
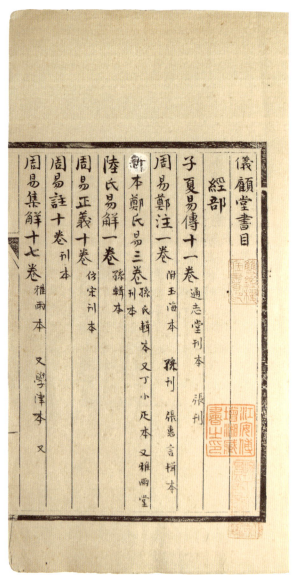

207　儀顧堂書目不分卷　（清）陸心源撰　清陸樹聲抄本　陸心源跋　一冊

半葉九行字數不等，白口，四周雙邊，單黑魚尾。框高 19.7 厘米，廣 13.6 厘米。藏印"雙鑑樓藏書印"（朱文）、"江安傅增湘藏書之印"（朱文）、"傅沅叔藏書記"（朱文）。傅增湘舊藏。

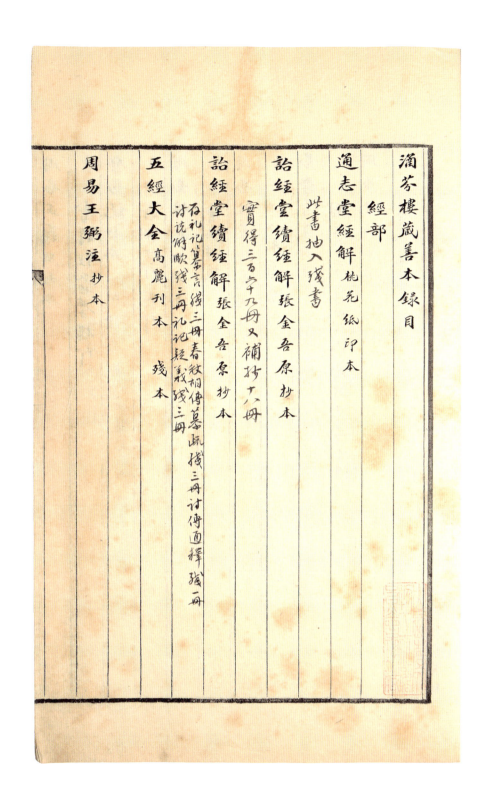

半葉十二行字數不等，白口，左右雙邊，單黑魚尾。框高 20.1 厘米，廣 14.7 厘米。欄外上鐫"江安傅氏鈔本"。傅增湘舊藏。

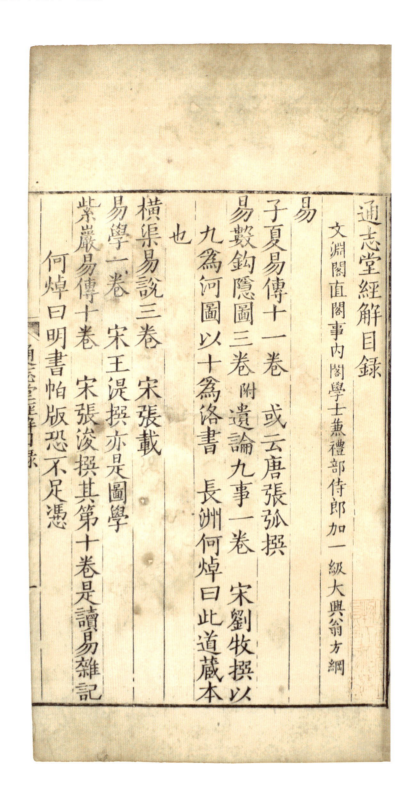

209　通志堂經解目録一卷　　（清）翁方綱撰　清乾隆五十七年（1792）翁氏家刻本　一冊
　　　半葉十一行二十字，白口，左右雙邊，單黑魚尾。框高 20.8 厘米，廣 15 厘米。

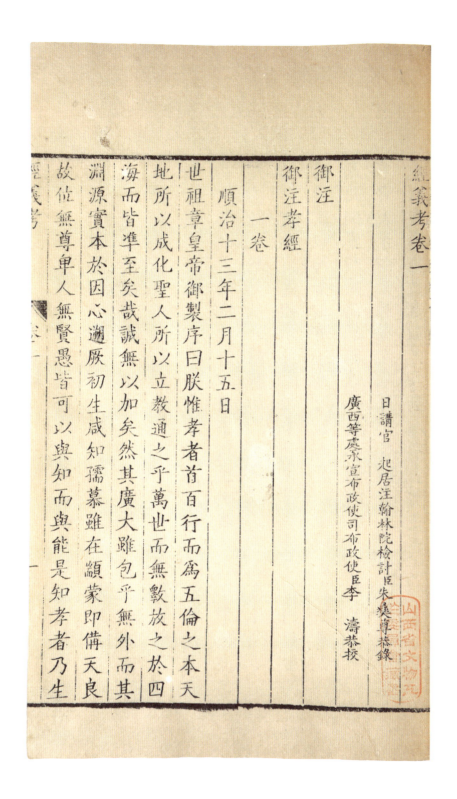

210　經義考三百卷目録二卷　（清）朱彝尊撰　清乾隆二十一年（1756）盧見曾刻本（卷二八六、二九九至三〇〇原缺）　四十八册

　　半葉十二行二十三字，白口，四周單邊，單黑魚尾。框高 19.5 厘米，廣 14 厘米。藏印"經研博物"（朱文）。内封題"經義考　朱竹垞太史編　曝書亭藏板"。

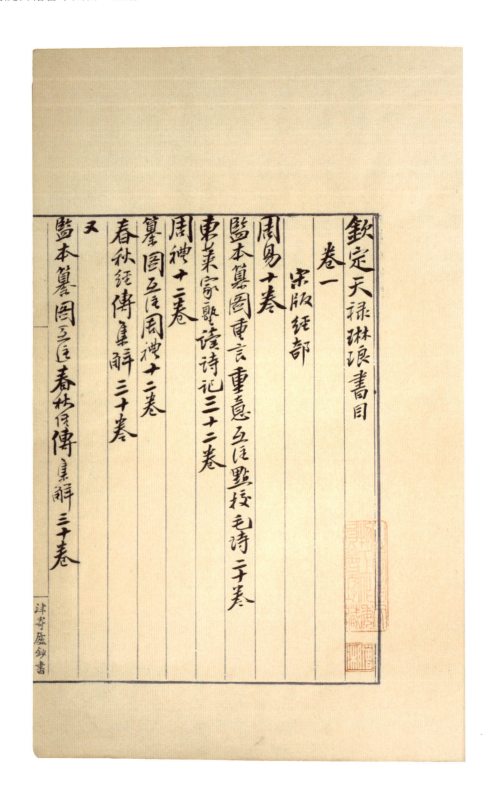

211　欽定天禄琳琅書目二十卷　　（清）于敏中等奉敕編　民國傅氏雙鑑樓抄本　傅增湘題
識　一冊

　　半葉十一行字數不等，白口，左右雙邊。框高 17.5 厘米，廣 13.4 厘米。藏印"增湘"（白
文）。版心下鎸"津寄廬鈔書"。傅增湘抄録。傅增湘舊藏。

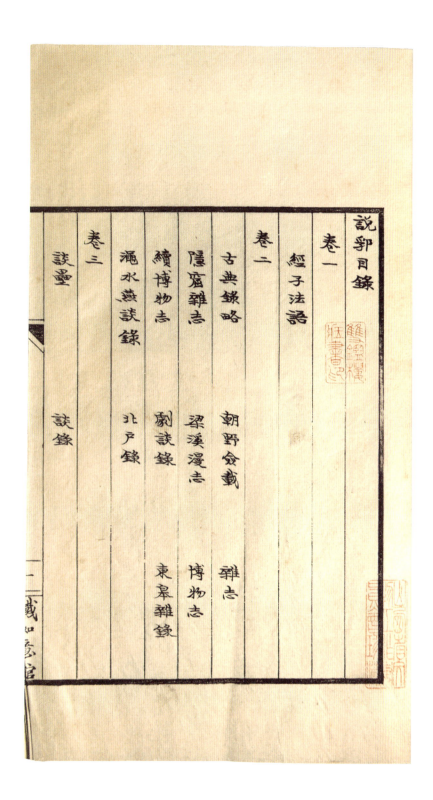

212　說郛目錄不分卷　（明）陶宗儀編纂　民國張宗祥抄本　傅增湘題識　一冊

　　半葉十行字數不等，白口，四周單邊，單黑魚尾。框高17.9厘米，廣13.8厘米。藏印"薑
庵"（朱文）、"雙鑑樓藏書印"（朱文）。版心下題"鐵如意館"。張宗祥據明鈔本手錄。
傅增湘舊藏。

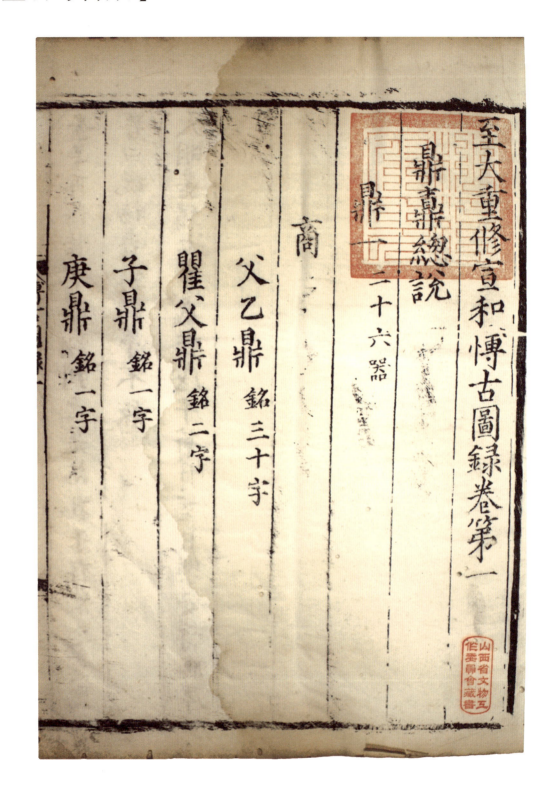

213　至大重修宣和博古圖録三十卷　（宋）王黼等撰　明嘉靖七年（1528）蔣暘刻本　三十册

半葉八行十七字，白口，左右雙邊，單黑魚尾。框高 29.9 厘米，廣 23.5 厘米。藏印"松江藏書"（朱文）。

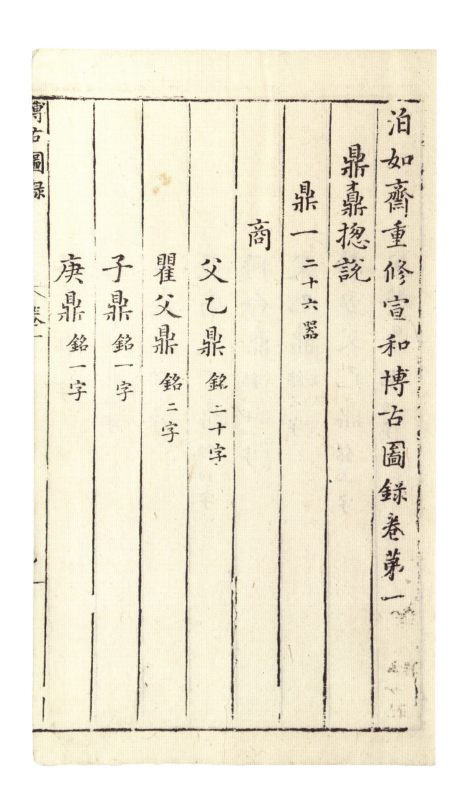

214 泊如齋重修宣和博古圖録三十卷 （宋）王黼等撰　明萬曆十六年（1588）泊如齋刻本　二十冊

　　半葉八行十七字，白口，四周單邊，單白魚尾。框高24.8厘米，廣15.5厘米。内封題"博古圖　丁南羽　吳左千繪圖　劉季然書録　本立堂藏板"。目録尾題"黃德時刻"。

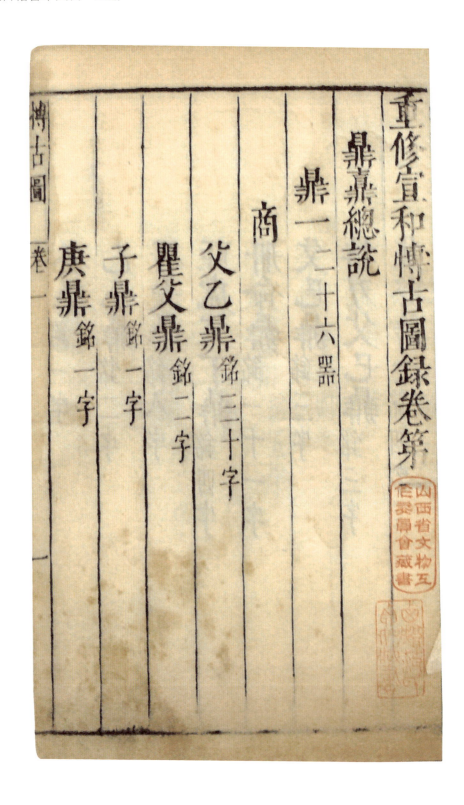

215　重修宣和博古圖録三十卷　（宋）王黼等撰　明萬曆二十七年（1599）于承祖刻崇禎九年（1636）于道南修補印本　十四册

半葉八行十七字，白口，四周單邊。框高 20.8 厘米，廣 13.8 厘米。藏印"西城范氏貞如藏書"（朱文）。范貞如舊藏。

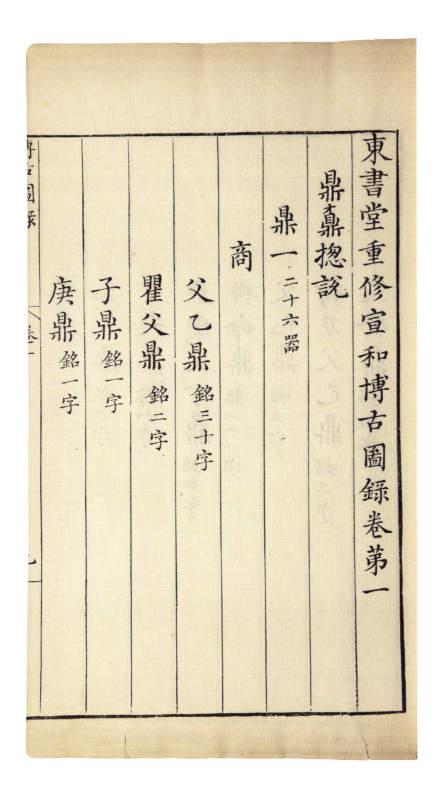

216　亦政堂重修宣和博古圖録三十卷　　（宋）王黼等撰　亦政堂重修考古圖十卷　　（宋）吕大臨撰　亦政堂重修考古玉圖二卷　　（元）朱德潤撰　清乾隆十八年（1753）黃晟槐蔭草堂刻後印本　八冊

半葉八行十七字，白口，四周單邊，單白魚尾。框高24.4厘米，廣15.5厘米。存九卷（東書堂重修宣和博古圖録卷一、亦政堂重修宣和博古圖録卷二至六、九至十、二十七）。

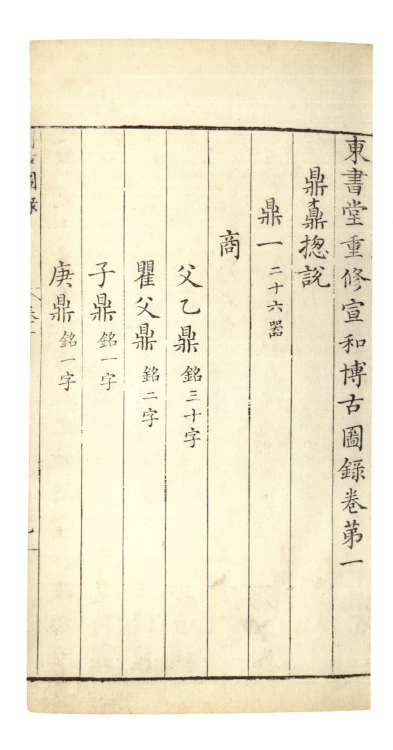

217　亦政堂重修宣和博古圖録三十卷　（宋）王黼等撰　亦政堂重修考古圖十卷　（宋）呂大臨撰　亦政堂重修考古玉圖二卷　（元）朱德潤撰　清乾隆十八年（1753）黃晟槐蔭草堂刻後印本　二十冊

　　半葉八行十七字，白口，四周單邊，單白魚尾。框高24厘米，廣15.2厘米。内封題"博古圖　天都黃曉峰鑑定　亦政堂藏板""乾隆壬申年秋月"；"考古圖　天都黃曉峰鑑定　亦政堂藏板""乾隆壬申年秋月"；"古玉圖　天都黃曉峰鑑定　亦政堂藏板""乾隆壬申年秋月"。

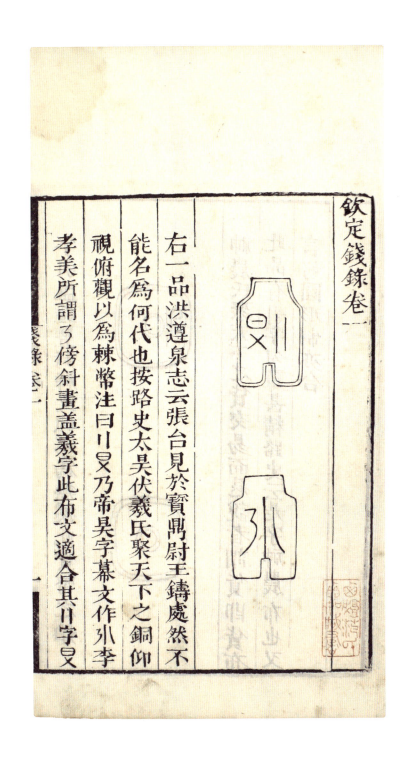

孝美所謂了傍斜畫盖義字此布文適合其川字乃

視俯觀以為棘幣注曰川乃帝吳字幕文作外李

能名為何代也按路史太昊伏羲氏聚天下之銅仰

右一品洪遵泉志云張台見於寶鼎尉王鑄處然不

欽定錢錄卷一

218　欽定錢錄十六卷　（清）梁詩正等輯　清刻本　四冊

半葉九行二十一字，黑口，四周單邊。框高 19.7 厘米，廣 14.3 厘米。藏印"西城范氏貞如藏書"（朱文）。范貞如舊藏。

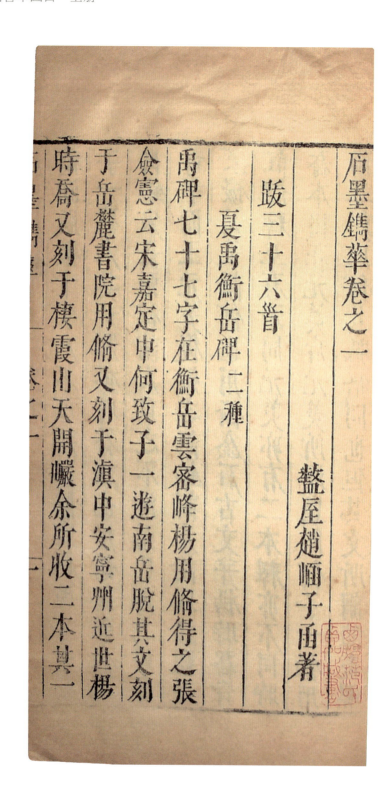

時喬又刻于棲霞山天開巖余所收二本其一

于岳麓書院用脩又刻于滇中安寧州近世楊

僉憲云宋嘉定申何致子一遊南岳脫其六文刻

禹碑七十七字在衡岳雲密峰楊用脩得之張

夏禹衡岳碑二種

跋三十六首

石墨鐫華卷之一

鳌居趙崡子函著

219　石墨鐫華八卷　（明）趙崡撰　明萬曆四十六年（1618）刻本　四冊

　　半葉八行十八字，白口，四周單邊。框高 21.5 厘米，廣 13.7 厘米。藏印"西城范氏貞如藏書"（朱文）。范貞如舊藏。

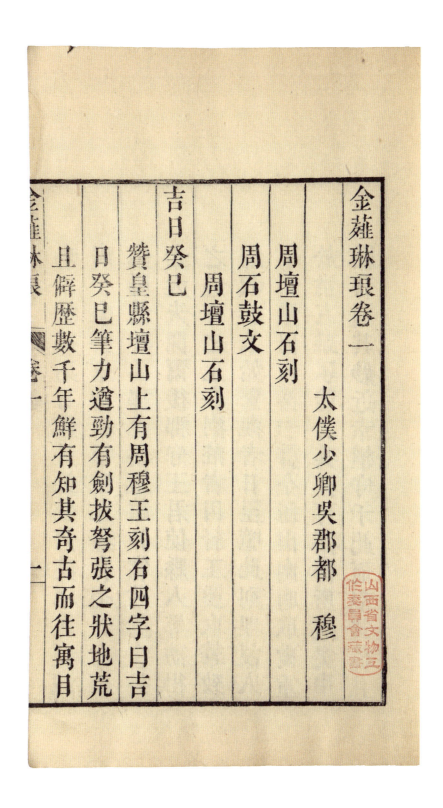

220　金薤琳琅二十卷　（明）都穆撰　補遺一卷　（清）宋振譽撰　清乾隆四十三年（1778）
汪荻洲刻本　六冊

　　半葉九行十八字，小字雙行同，白口，四周單邊，單黑魚尾。框高19.2厘米，廣13.5厘米。
有牌記"金薤琳琅　芸香書屋汪宅發兌　住杭城萊市橋馬所巷內"。

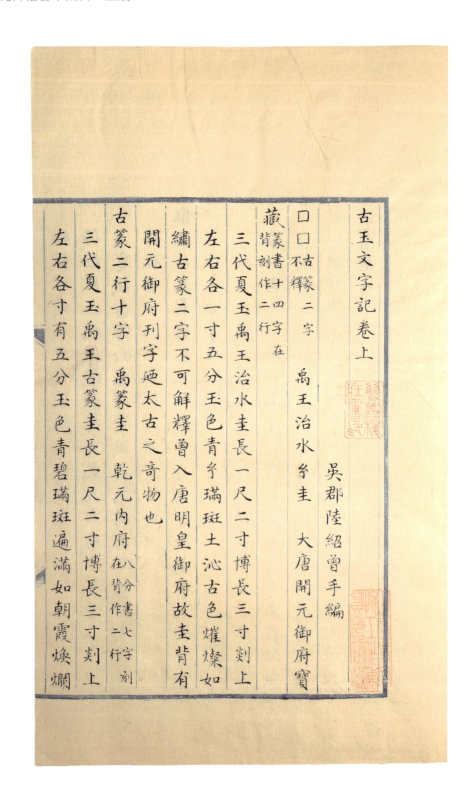

221 古玉文字記二卷 （清）陸紹曾輯 民國傅氏雙鑑樓抄本 一册

　　半葉十一行二十一字，小字雙行同，白口，左右雙邊，雙對藍魚尾。框高 19.9 厘米，廣 14.5 厘米。藏印"雙鑑樓藏書印"（朱文）、"傅沅叔藏書記"（朱文）。欄外下鎸"企驎軒寫本"。傅氏雙鑑樓據清濟寧李氏磨墨亭叢書本傳寫。傅增湘舊藏。

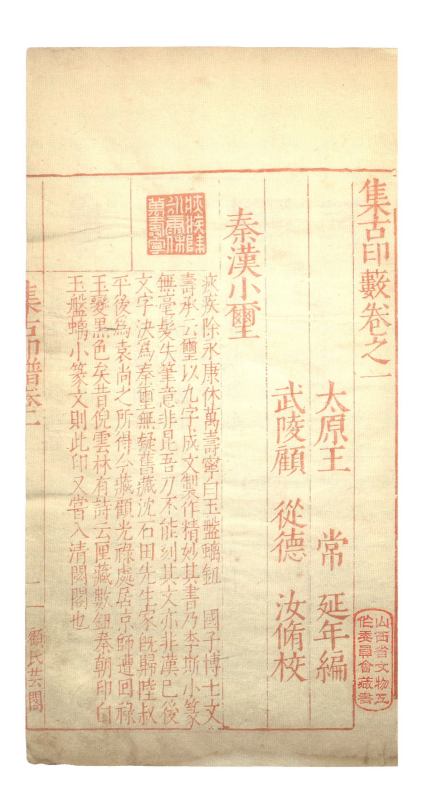

222　集古印藪四卷　（明）王常編　（明）顧從德校　明淵雅堂刻朱印本　四冊

半葉行字不等，白口，四周單邊。框高20.9厘米，廣14.3厘米。内封題"集古印譜　悉遵原篆　淵雅堂藏"。版心下題"顧氏芸閣"。

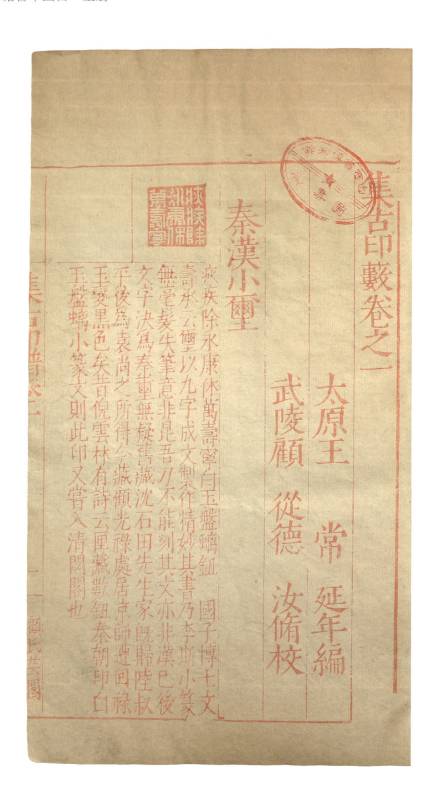

223　集古印藪四卷　（明）王常編　（明）顧從德校　明淵雅堂刻朱印本　八册

半葉行字不等，白口，四周單邊。框高20.3厘米，廣13厘米。内封題"集古印譜　悉遵原篆　淵雅堂藏"。版心下題"顧氏芸閣"。

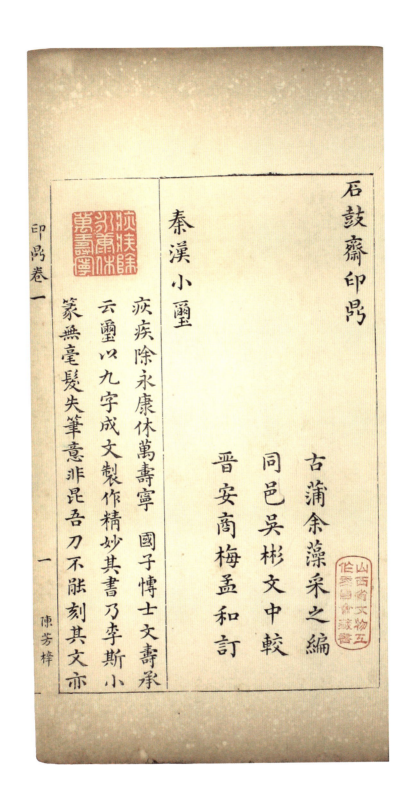

224　石鼓齋印鼎九卷　（明）余藻編　明崇禎元年（1628）自刻本　八冊

半葉行字不等，白口，四周單邊。框高 20.4 厘米，廣 14.3 厘米。內封題"莆陽余采之石鼓齋印鼎"。版心下題刻工：陳芬、陳玄等。包背裝。

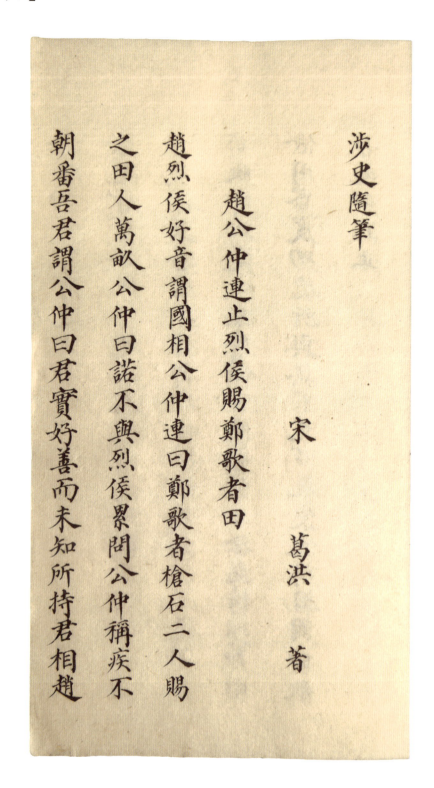

涉史隨筆

宋　葛洪　著

趙公仲連止烈侯賜鄭歌者田

趙烈侯好音謂國相公仲連曰鄭歌者槍石二人賜
之田人萬畝公仲曰諾不與烈侯累問公仲稱疾不
朝番吾君謂公仲曰君實好善而未知所持君相趙

225　涉史隨筆一卷　（宋）葛洪撰　附宋史傳略一卷　清抄本　一册
　　半葉六行二十字不等。無欄格。藏印“養心殿藏”（朱文）。

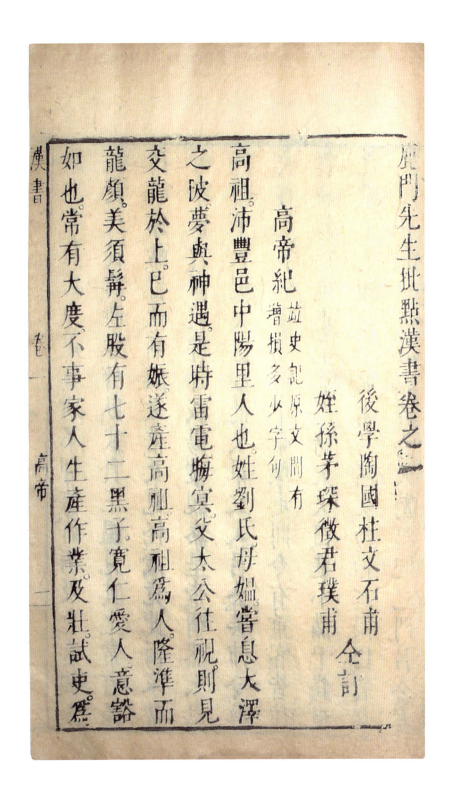

226　鹿門先生批點漢書九十三卷　　（明）茅坤輯并批點　明崇禎八年（1635）茅瑞徵刻本　三十二册

　　半葉九行十九字，白口，四周單邊。框高21.1厘米，廣14.9厘米。內封題"箋註定本　漢書評林　歸安茅鹿門先生評釋　本衙藏板"。有佚名題詩。